开放式创新
基于PDMA的新产品开发要素分析

（美）查尔斯·诺布尔（Charles H. Noble）
（美）塞德·德米松格卢（Serdar S.Durmusoglu）　著
（美）艾比·格里芬（Abbie Griffin）

吴航　译

化学工业出版社
·北京·

自从亨利·切撒布鲁夫（Henry Chesbrough）在2005年的专著中提出开放式创新的概念以来，学者们对于开放式创新给予了足够的关注，并且从多个视角分析了企业应该如何实施开放式创新。本书正是对先前研究的集大成之作，收录了处于模糊前端的开放式创新、产品开发阶段的开放式创新、与大学合作的开放式创新、大项目的开放式创新、开放式创新的最佳实践与建议等方面的上乘佳作。认真研读完本书，你会找到清晰可用的并且能够帮你在公司实施开放式创新的工具、想法和原则。本书介绍了一些开放式创新方面的失败教训和成功经验，重点分析了开放式创新原则如何应用于新产品开发过程中的各个环节——从想法生成到评估、开发以及交付（即发布）。总之，本书将为读者提供一道开放式创新领域的大餐，让读者了解开放式创新领域的最前沿研究成果。

Open Innovation: New Product Development Essentials from the PDMA, edition/by Charles H. Noble, Serdar S. Durmusoglu, Abbie Griffin

ISBN 978-1-118-77077-1

Copyright © 2014 by Priduct Development and Management Association. All rights reserved. Authorized translation from the English language edition published by John Wiley & Sons, Inc.

本书中文简体字版由John Wiley & Sons, Inc授权化学工业出版社独家出版发行。
未经许可，不得以任何方式复制或抄袭本书的任何部分，违者必究。

北京市版权局著作权合同登记号：01-2015-3953

图书在版编目（CIP）数据

开放式创新：基于PDMA的新产品开发要素分析/（美）查尔斯·诺布尔（Charles H. Noble），（美）塞德·德米松格卢（Serdar S. Durmusoglu），（美）艾比·格里芬（Abbie Griffin）著；吴航译. —北京：化学工业出版社，2017.12

书名原文：Open Innovation: New Product Development Essentials from the PDMA

ISBN 978-7-122-31306-5

Ⅰ.①开… Ⅱ.①查…②塞…③艾…④吴… Ⅲ.①产品开发过程 Ⅳ.①F273.2

中国版本图书馆CIP数据核字（2017）第319519号

责任编辑：刘立梅　　　　　　　　　　　　　　文字编辑：李　曦
责任校对：宋　夏　　　　　　　　　　　　　　装帧设计：王晓宇

出版发行：化学工业出版社（北京市东城区青年湖南街13号　邮政编码100011）
印　　装：中煤（北京）印务有限公司
787mm×1092mm　1/16　印张17$\frac{1}{4}$　字数389千字　2019年1月北京第1版第1次印刷

购书咨询：010-64518888　　　售后服务：010-64518899
网　　址：http://www.cip.com.cn
凡购买本书，如有缺损质量问题，本社销售中心负责调换。

定　　价：96.00元　　　　　　　　　　　　　　　　　　版权所有　违者必究

目录 CONTENTS

引言　开放式创新之旅　/　001

第一部分　处于模糊前端的开放式创新　/　009

1　去除开放式创新的瓶颈：由基于专利技术网络的分析转向价值分析　/　010

1.1　专利分析和数据挖掘方法　/　010
1.2　识别开放式创新伙伴的专利分析　/　018
1.3　纳米技术案例研究　/　021
1.4　结论　/　027
参考文献　/　028
作者简介　/　028

2　便于机会识别的开放性前瞻研讨会　/　029

2.1　企业前瞻研讨会及其过程　/　030
2.2　开放前瞻的过程　/　031
2.3　开放前瞻过程的几个阶段　/　033
2.4　需要注意的几个陷阱　/　043
2.5　成功的关键　/　044
2.6　结论　/　047
参考文献　/　048
作者简介　/　048

第二部分　产品开发阶段的开放式创新　/　051

3　倾听虚拟客户的心声——产品创新过程中社交媒体的应用　/　053

3.1　引言　/　053
3.2　虚拟客户的心声　/　054
3.3　社交媒体现象　/　055
3.4　社交媒体在新产品开发阶段的应用　/　057
3.5　成功的因素　/　068
3.6　结论　/　070

参考文献 / 070
作者简介 / 071
致　　谢 / 071

4　预测、偏好和创意市场：企业如何利用员工的智慧 / 072

4.1　引言 / 072
4.2　公司内部的虚拟股票市场：预测、偏好与创意市场 / 073
4.3　预测、偏好和创意市场如何在公司内部运作 / 078
4.4　在公司内部实施股票市场 / 084
4.5　选择一个虚拟股票市场软件平台 / 087
4.6　结论 / 090
参考文献 / 090
作者简介 / 092

5　推动隐性知识与视觉思维技术融合以实现创造性的开放式创新合作 / 093

5.1　引言 / 093
5.2　视觉思维简介 / 094
5.3　视觉思维和开放式创新活动 / 098
5.4　理解隐性知识交流的挑战 / 101
5.5　在开放式创新团队中利用视觉思维 / 105
5.6　结论 / 112
资料来源 / 113
参考文献 / 114
作者简介 / 115

6　通过私人在线社区推动用户合作 / 116

6.1　引言 / 116
6.2　从事事争抢到事事合作的转变 / 116
6.3　众包、共同创造和结构化合作 / 118
6.4　私人在线社区 / 119
6.5　如何启动私人在线社区 / 131
6.6　结论 / 144
参考文献 / 144
作者简介 / 146

第三部分　与大学的开放式创新 / 147

7　跨越产学与不同学科边界的合作创新：企业如何与跨学科的老师及学生团队开展创新 / 148

7.1　引言 / 148

7.2　IPD 模式：解决开放式创新的主要挑战 / 149

　　7.3　概念原型：虚拟与实体原型 / 161

　　7.4　结论 / 164

　　参考文献 / 165

　　附录 A / 166

　　附录 B / 166

　　附录 C / 174

　　附录 D / 175

　　附录 E / 178

　　作者简介 / 181

8　开放式创新：产学合作产品开发框架 / 182

　　8.1　简介 / 182

　　8.2　开放式创新项目 / 183

　　8.3　产学开放式创新框架 / 184

　　8.4　开放式创新项目案例 / 188

　　8.5　开放式创新项目中合作企业的潜在收益 / 191

　　8.6　产学合作面临的挑战 / 193

　　8.7　从行业伙伴获得的反馈 / 193

　　8.8　成功的关键 / 194

　　8.9　应避免的陷阱 / 195

　　8.10　开放式创新项目的收益 / 196

　　8.11　结论 / 196

　　参考文献 / 197

　　作者简介 / 197

　　附录 A / 198

　　附录 B / 199

　　附录 C / 202

　　附录 D / 203

第四部分　大项目的开放式创新 / 205

9　应对特殊挑战的开放式创新途径探究 / 206

　　9.1　在创新的冲击波中遨游：特大问题起源 / 206

　　9.2　过程、目的和回报 / 207

　　9.3　结论 / 220

　　参考文献 / 221

　　作者简介 / 222

第五部分 开放式创新的最佳实践与建议 / 223

10 如何通过与小企业的合作提升开放式创新能力 / 224

10.1 简介 / 224
10.2 定义 / 225
10.3 开放式创新背景 / 225
10.4 两种途径：内部创新还是外包 / 226
10.5 如何在大型企业中建立创业精神 / 229
10.6 与小型企业合作的重要意义 / 233
10.7 结论 / 235
参考文献 / 235
作者简介 / 236

11 利用大数据推动开放式创新发展 / 237

11.1 开放式创新与大数据 / 237
11.2 大数据在当今世界的应用 / 242
11.3 实际中的大数据分析 / 244
11.4 成功的关键及应避免的陷阱 / 249
11.5 结论 / 250
参考文献 / 251
作者简介 / 253
致　　谢 / 253

12 美国生产力与质量中心最佳实践研究：利用开放式创新生成创意 / 254

12.1 开放式创新最佳实践研究 / 254
12.2 开放式创新最佳实践 / 255
12.3 11 种最佳开放式创新实践 / 256
12.4 开放式创新促动因素 / 265
12.5 结论 / 269
参考文献 / 269
作者简介 / 269

引言
开放式创新之旅

一直以来,企业创新的想法都秘而不宣,这是源于对竞争的恐惧以及对企业之外其他实体的一种总体的不信任感。从这个角度来讲(如图1所示),即使研发产品概念横跨了组织的多个职能部门,但这是一个"不透风"的过程,它不寻求或看重来自企业外部的输入,而且小心翼翼地保护着内部的概念,以防泄露出去。

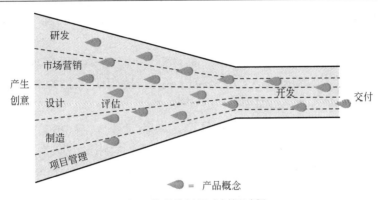

图1 典型的封闭式创新过程

通常认为,"开放式创新"是由亨利·切撒布鲁夫(Henry Chesbrough)在2005年的专著和之前的相关文章❶中提出来的,尽管这一概念在更早的相关讨论中就有所提及。切撒布鲁夫(Chesbrough)的定义强调组织在创新过程中要突破传统围墙、揭开创新过程的神秘面纱。他正式写道:"开放式创新是……有意使用知识的流入和流出来加速内部创新,并在外部使用创新来扩展市场。"简单来说,这是在形容创新过程的"烟囱"上打洞,带动好的想法、技术、材料和其他知识的流入,让企业很难将商业化的创意、概念和技术通过许可、联合经营以及其他方法流出企业。图2对此做出了大致说明。开放式创新(Open Innovation, OI)的益处从未如此明显,在此概念之下,很多创新模式越来越受欢迎,例如与消费者共同创造、众包、创意竞赛、合作设计等。

虽然人们最近才对这种方法非常关注,但开放式创新的相应要素事实上已经存在了几个世纪。如下事实可作证明:

---

❶ Chesbrough, Henry (2005), Open Innovation: The New Imperative for Creating and Profiting from Technology, Boston: Harvard Business Review Press.

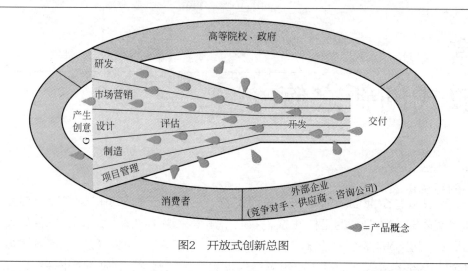

图2　开放式创新总图

□1714年，英国政府通过议会法案设立了经度奖，奖励那些能为船只经度开发更精确实用测量方法的人。获奖者是改良了经线仪的**约翰·哈里森**（John Harrison），奖金为14315英镑。

□1795年，拿破仑提供了12000法郎的奖金来鼓励食品保存方式的创新，一名叫**尼古拉斯·阿佩尔**（Nicholas Appert）的法国酿酒师兼糖果制作师开发了一种有效的罐装工艺来防止食品变质。

□1919年，纽约市的酒店主雷蒙德·奥泰格（Raymond Orteig）提供了25000美元的奖金奖励给首个从纽约直飞到巴黎及相反路径的联合飞行器的所有者。获奖者为**查尔斯·林德伯格**（Charles Lindbergh），他几乎不为人知，他于1927年凭借自己的飞行器"圣路易斯之魂"获奖，创造了历史。

□最近，X奖基金会资助了一个空间竞赛，并以总计1000万美元的奖金奖励给首个能实现在两星期内两次发射可回收载人航天飞机进入太空的非政府组织。

□美国礼来制药厂（Eli Lilly）在2001年首先提出现代众包的观点，那时他们开始（在线）公开发布研究课题供科学家和其他人士使用，从而完善自己的研发成果。由此，他们开创了一个新公司InnoCentive，来为其他公司提供众包服务。

□电子游戏行业使用"β邀请"已有几十年。这个模式可看作开放式创新众包的一种形式，其中一个软件开发者向用户发布了一个"β"（或早期，很可能有瑕疵的）版本，用于测试和补充。这导致短期内就有很多专家参与开发，因而产品得到了快速有效的改良。

虽然这些原则在过去一直有零星的实践，但近来对"开放式创新"思维的倡导已吸引越来越多人的关注，进而引发了对这一概念多方面的探讨，包括不同的角度和内涵的探讨。

尽管开放式创新目前非常盛行，也吸引了很多商品和服务公司的关注，但显然还需要考虑一些可能出现的问题。对此最大的担心是开放式创新失去控制，这表现在很多方面——竞争对手可能对你产品渠道的早期情况了然于胸，而且核心创意也可能会被别人窃取。让用户进入创新过程会给他们一种期待，使其认为自己的观点会被看重、被实施,而事实常常并非如此,这样可能会让用户失望,而这种担心也是合情合理的。最后一种担心则更为可怕,即认为"伟大"的想法并不是来自群众,因为群众的天性便是妥协和平庸。

对那些兴致勃勃开展开放式创新的公司,创意流失也可能是一个巨大挑战。举例来说,截止到本书写作之时,以群体创新为基础的网站 Quirky 已有 70 万用户为多个产品的创新过程或多或少作出了贡献,包括粗略的想法、品牌策略建议、设计灵感,等等。所有这些数目众多的群体创意,最终却只形成了 400 件上市产品。绝大部分想法和改良建议都被拒绝,或被网站的大部分其他用户否决,或经历了更加复杂的系统审核后,最终被公司内部市场、设计和制造专家们否决。这些说明了寻求开放式创新的公司似乎需要一种技能转化——从个体产品开发的专业技术,到从成千上万的备选创意中筛选和过滤出极少数"真正"具有潜力的创意。所以似乎很明显,企业不能把节省成本当作寻求开放式创新的主要理由。

虽然有这些顾虑,但对于开放式创新的关注仍以空前的速度增长。最近的一篇报道表明,61% 的企业正增加对开放式创新的投入,其主要焦点则为合作伙伴网络、创意生成项目、问题/解决网络和合作项目❶。有趣的是,这一研究还显示,开放式创新的主要动力来自公司的 CEO(首席执行官)阶层,而在中层以及管理职能层中却几乎没有拥护者。也许你就是这些中层乃至高层经理之一,受某个好心的 CEO 指派去研究一下开放式创新是什么,并且这是你第一次涉足这个领域。如果实际情况是这样,那你就来对了地方!

本书不是一部理论专著,不会论述开放式创新的理论基础,也不会提议不假思索地在未来的发展中追求开放式创新。在书中,你会找到清晰可用的并且能够帮你在公司实施开放式创新的工具、想法和原则。作者们有失败的教训,也有成功的经验,这些案例都会在这里得到分享。我们非常幸运能有这么多出类拔萃的创新专家,非常感谢他们愿意与我们分享这些经历。这是开放式创新之旅的故事集,虽然不是所有的故事都符合你的情况,但显然它们都会启发你改善自己的创新方式,进而发挥出创新的最大潜力。

在这本书里,我们考察了开放式创新原则如何应用于新产品开发过程的各个环节——从想法生成到评估、开发以及交付(即发布)。这些想法和技艺来自经验丰富的作者们。开放式创新的概念非常复杂,这种探索将有助于我们理解开放式创新的不同方面及其潜力。我们用几种方式总结了这些深刻的见解,其中包括一种开放式创新模式。我们认为你一定会喜欢这些故事,因为你在应用开放式创新时也会需要一些另辟蹊径的想法,而这些故事就是这些想法的源泉。

为什么要实施开放式创新?

正如很多开放式创新领域文章中所提到的一样,考虑实施开放式创新涉及很多原因。简单说来,原因包括:从外部引进关于创新挑战的新观念非常有价值,未必一定是本公司的创意才能获得利润,开放式创新能够缩短从产品开发到进入市场的

---

❶ Forrester (2012), "Open Innovation Expands New Product Opportunities," white paper (www.forrester.com).

过程，小型公司能有效积累创新资源，乃至赶超作为竞争对手的大型公司❶。很多公司同时为了"内部"和"外部"的创新利益而实施开放式创新。从内部来看，开放式创新能补充传统的内部研发不足。从外部来看，开放式创新能为开发新市场赢得机会，而这些机会若来自传统的开发渠道，则无法完成成熟创意。

主流媒体上有大量开放式创新的成功案例，包括喜力啤酒（Heineken）的"Ideas Brewery"（创意酿造厂）。这是一个开放式创新门户，旨在为特定问题寻求创意解决方案。该门户曾征询过如何更好地理解60岁以上的啤酒消费者的需求，获奖创意包括：酿造更具水果风味和甜味的啤酒以适应老年人的口味，在啤酒配方中加入铁元素（老人身体所需的重要微量元素），以及更简单的开瓶方式和包装概念❷。

还有个更特别的例子，2010年，美国国防部启动了一项大型开放式创新项目，克服一系列设计难题来设计下一代步兵作战车辆。他们的目标是收集更多的创意，从而以更低的成本开发最终的产品。在开发下一代快速可适应地面车辆（Fast Adaptable Next-Generation Ground Vehicle, FANG）项目时，美国国防部设置了三个独立的挑战。该项目开始于2013年，那些想设计车辆核心部件的人们广泛参与了进来，他们的参与动力很可能是为了获得400万美元的奖金。迄今为止，第一轮比赛已收到超过200个方案，而军方对这些方案的质量之高颇为惊讶，他们会继续使用这一方法❸。

尽管有这些成功的案例，但仍然有一些人认为开放式创新非常危险，或至少不是特别值得。比如，激浪（Mountain Dew）公司最近发布了一款苹果口味的产品，并决定通过举办一个众包比赛（名为"Dub the Dew"）让顾客给新饮料命名，从而争取消费者的支持。出乎意料，因为他们的目标市场人群非常年轻而且随意，大家发现选出的"前10名"的命名提案包括"啰唆的奶奶""糖尿病"等。显然，激浪公司失去了对比赛的控制。最终，公司取消了比赛，并用了非常没有创意的"苹果味激浪"作为最终的产品名❹。

而在一个最近的案例里，麦当劳决定用推特（Twitter）主题标签"麦当劳故事"来鼓励消费者分享自己在麦当劳的经历。不幸的是，结果不是他们希望的品牌魅力故事集合，反倒是收集了一些反面的公众评论，如"有一次我走进麦当劳，我能闻到Ⅱ型糖尿病的味道飘浮在空气中，于是我吐了"以及"我放弃工作并且放弃在麦当劳消费后，在半年之内瘦了50磅"❺。

---

❶ See, Chesbrough, Henry (2007), "Why Companies Should Have Open Business Models," MIT-Sloan Management Review, 48 (2); and Lindegaard, Stefan (2010), The Open Innovation Revolution: Essentials, Roadblocks, and Leadership Skills, Hoboken, NJ: Wiley.

❷ www.ideaconnection.com/open-innovation-success/Heineken-s-Global-Search-for-Beer-Concepts-for-Senior-00457.html.

❸ www.ideaconnection.com/open-innovation-success/Crowdsourcing-to-Create-a-Disruptive-Approach-to-Buil-00429.html.

❹ http://searchenginewatch.com/article/2277410/Crowdsourcing-Gone-Wrong-How-Brands-Can-Avoid-Messy-Marketing-Mistakes.

❺ http://searchenginewatch.com/article/2277410/Crowdsourcing-Gone-Wrong-How-Brands-Can-Avoid-Messy-Marketing-Mistakes.

很显然，开放式创新不是万能药，它也会面临很多挑战，我们必须仔细应对。而这种挑战正是本书编撰的目的——提出在不同情况下和行业间如何最有效地应用开放式创新创意，而这些创意都是久经考验的。这是接下来的章节中作者们所遵循的一般顺序，能够帮助你根据实际情况做出抉择。

关于开放式创新的几种不同观点

加斯曼（Gassmann）、恩克尔（Enkel）和切撒布鲁夫（Chesbrough）（2010）的观点非常有趣，他们研究了各种可能视角，其中许多视角在本书中也有展现❶。其中包括结构性视角，即考虑把外包和创新开发结合；用户视角，即考察了用户如何融入创新过程；供应商视角，即考虑合作伙伴在开放式创新过程中所起的作用；过程视角，即同时考虑从内到外和从外到内的过程；制度视角，即研究一个行业内的创新规则；文化视角，即研究企业如何在某个关键过程中学会欣然接受来自外部的影响，以及许多其他的视角。这些视角最有趣的地方是，它们考察了开放式创新（作为一个过程或作为许多公司组织变革的例证）的复杂性。这表明，实施开放式创新并不是简单的流程改变，还可以表示一种更深刻的文化变革、与供应商更深层次的合作、寻找新型合作伙伴以及一种整体的思想开放，而这种想法也许会让许多人不适应。由于行业众多、开放式创新情况各异，因此，我们不可能提供一个适应所有情况的、全面的、循序渐进的指导方案。尽管如此，本书仍然提供了一系列的想法，以极大地帮助你的公司探索实行开放式创新的新机制。

接下来是本书各个章节的小结。我们精心安排了这些故事，使其与创新和产品开发过程的主要步骤保持一致。这些章节在开放式创新过程中的安排如图3所示。

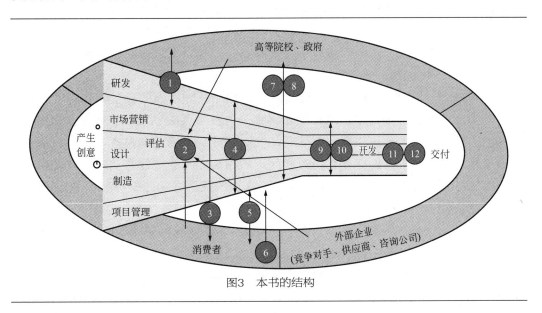

图3　本书的结构

---

❶ Gassmann, Oliver, Ellen Enkel, and Henry Chesbrough (2010), "The Future of Open Innovation," R&D Management, 40 (3), 213-221.

实施开放式创新的基本工具

本书分为五部分，共12章，各章节根据产品开发过程提供了最实用的内容，这能帮助你的公司实施开放式创新。第一部分开始于图3左侧，它们深入说明了开放式创新发现阶段的必要工具，这个阶段常被称为产品创新的"模糊前端"（Fuzzy Front End）。后续几部分一般在图3中从左至右分布，结论部分是关于开放式创新的最佳实践和总体建议。

在第一部分第1章，本书首先介绍了可用于开展技术映射的工具，随后确定了合作开发项目的潜在合作伙伴。特别是作者斯德鲍尔（Stadlbauer）和德雷克斯勒（Drexler）展示了新兴技术如何能发挥专利分析的作用，找出推进这些技术进步的发明者或公司，然后从那些地理上邻近的群体中选择开放式创新的合作伙伴，以及如何最好地提升你的技术能力。在这些章节中，作者首先举例说明了为什么相比其他来源（如学术文献），专利能最直接描绘技术的情况。然后，他们总结了传统的专利分析方法，并对其方法进行了演示，即试图利用社交网络来进行分析。本章在结束时阐述了这种方法如何适用于纳米技术产业。我们认为，阅读本章后，你的公司对这种方法的利用将会变得简单。

第2章在便于机会识别的开放式创意研讨会中，劳（Rau）及同事区分了"前瞻预见"（Foresighting）与"预测"（Forecasting）。前瞻的目的是辨认几种潜在的未来，而预测是为一个最可能的未来提供估计。随后，他们描述了开放式创意研讨会设计的前四个不同阶段，以此识别出合作机会。作者描述了公司在自发构建自身前瞻过程的各阶段之后所能获得的益处，包括获得多种见解和创意、吸引合作伙伴、鉴定盲点、建立信任和关系，以及对发展趋势更加敏感。劳及同事接着说明了某些公司如何打开他们的前瞻过程，并强调了完成这一过程的具体方法。

第二部分包含4章，讨论了在模糊前端阶段完成之后的发展阶段，以及使用开放式创新的各种方式。作者们将展示社交媒体、众包以及其他类型的合作过程如何改善产品创新过程。

在第3章，杜比尔（Dubiel）及其同事介绍了几种重要的社交媒体应用，并根据它们在公司产品开发过程的潜在用途将其分为三个层次：倾听、对话、充分整合顾客。这些层次从被动参与到非常活跃，例如设计专有的社交媒体内容。本章的内容重点是引进网络志的过程，即在互联网上使用民族志的有效方法。你会读到麦当劳和斯马特（Smart）这样的大型企业组织实施的几个成功理念/设计/解决方案竞赛，了解组织这类大赛的详细步骤，这些比赛也是为了提升产品创新层次。

第4章继续讨论了预测、偏好和创意众包市场，作者科恩（Koen）首先介绍了影响这些市场准确性的主要因素。随后，他提出了针对每个不同类型市场的执行过程。本章在最后列举了虚拟股市软件提供商，对如何选择合适的软件来有效地对大众开放产品创新过程提出了相关建议。

在第5章中，克罗伊茨（Kreutz）和本茨（Benz）关注了当员工与公司之外的专家或与其他公司合作时，为什么以及如何运用视觉思维技巧。简单来说，由于不熟悉对方的思想世界及缺乏信任，整合外部引入的隐性知识可能非常困难。为了顺利实现隐性知识转移，作者首先进行了视觉思维概述，其包括两种主要类型：图形组流程和知识建模。随后，作者解释了何时使用两种不同类型的视觉思维技术，以及如何获取、组织并与这些过程一同呈现隐性知识。

第二部分结束于第6章，特罗赫（Troch）和德·卢克（De Ruyck）通过使用私人在线社区深入介绍了将客户整合到新产品开发中的过程。除了解释企业为什么要通过私人在线社区为潜在客户和现有客户开放产品创新流程外，文章还提供了具体的方法。作者随后描述了何时使用何种方法并对此做出了比较。最后，他们提供了相应案例，为公司建立私人用户社区设计了蓝图。

第三部分介绍了如何与大学合作实现开放式创新。首先，斯潘基（Spanjol）及同事分享了伊利诺伊大学芝加哥分校在跨学科新产品开发过程中十多年的经验，到目前为止，该校已经为合作企业提供了超过1000个新产品创意。作者讲述的过程非常详细，包括了活动、方法和交付的每个步骤。第7章对大公司最有帮助。

第三部分的第二章，即第8章，描述了梅西大学的类似做法，但侧重于介绍小公司与大学的合作。在本章中，谢卡尔（Shekar）也为大学和公司合作绘制了一幅蓝图，指出了在这类伙伴关系中每一个利益相关者的角色（即学生、大学导师/教授、行业合作伙伴、顾问委员会）。除了通过具体项目流程进行演示，本章还提供了很多有用的材料，例如示例项目协议和保密协议。

接下来，第9章描绘了适用于重大项目的开放式创新。米勒（Miller）首先谈论了创新的冲击力。这些是创新带来的意想不到的后果，它们带来了更多有待解决的问题。作者首先为解决"非常大"的问题识别出了阶段和流程，然后给出成功应用了这些流程的六个独立案例。即使你的公司没有面临一个"真正大"的问题，这些事例也可以总体上为思考开放式创新举措提供线索。

本书最后一部分包含3章，它们描绘了最佳实践方法和开放式创新整体建议。第10章中，瑞可旺（Rainone）及同事简要评论了与小企业合作能提高创新能力的原因。一家小公司的高管介绍了他们成功合作的经验教训。基于其公司已经为众多的大型企业提供了几十年的产品开发支持，作者描述了开放式创新合作伙伴应有的特性，它们在与小公司合作中的最佳实践，包括了一个从最初接触开放式创新的合作伙伴直到完成第一组任务的进度表。

接下来的第11章，德雷克斯勒及同事提出了对高级经理和管理人员应该有哪些要求，以使其在竞争中保持不败。考虑大数据在过去几年的兴起，这种做法尤其重要。他认为，企业有两种方式收集大数据的正确信息并做出反应。首先，需要有一个数据科学家查看企业不断搜集的大量数据。其次是他能以结构化的方式将这些数据呈现给管理者，以帮助管理者获得对当前形势的总体判断。这称之为"每天一杯信息"，即在每天早上开始工作之前，一边品尝咖啡，一边仔细看信息表。这一通过大数据分析获得的集体智慧，能使得你对自己企业的某些方面有更深入的理解，如企业技术、发展趋势、用户、市场、差距分析和竞争对手。

最后在第12章，米勒及同事呈现了美国生产力和质量中心在2013年利用开放式创新的最佳实践研究结果。他们定义了开放式创新战略、角色、流程、测量和改进的11项最佳实践。针对每一个最佳实践，本章都提供了相应公司的具体案例。文章最后描述了企业努力提高产品开放式创新绩效需要关注的5个关键推动因素。

我们希望你能愉快地阅读，也希望这本书的内容能激励你开启自己的旅程，以达到提高产品创新绩效的目的。

查尔斯·诺布尔（Charles H. Noble）
塞德·德米松格卢（Serdar S. Durmusoglu）

编者简介

查尔斯·诺布尔（Charles H. Noble）（亚利桑那州立大学博士，巴布森学院工商管理硕士，波士顿学院学士）目前是普罗菲特大学的营销学教授，美国田纳西州诺克斯维尔大学的市场营销博士项目主任。他还担任了产品开发与管理协会（PDMA）副主席，也是亚利桑那州立大学服务业领导力研究中心的成员。他的研究领域一般集中于设计和开发过程，同时也包括产品和服务。他曾在许多前沿刊物发表文章，包括《营销杂志》《战略管理杂志》《营销科学杂志》《产品创新管理杂志》《斯隆管理评论》《IEEE工程管理汇刊》等。查尔斯曾在许多组织担任顾问，主要涉及航空、零售、商品包装和商业地产领域。

塞德·德米松格卢（Serdar S.Durmusoglu）是代顿大学工商管理学院营销学副教授。他在密歇根州立大学获得营销博士学位。他还拥有印第安纳州西拉法叶普渡大学工商管理硕士学位，土耳其伊斯坦布尔海峡大学的数学学士学位。德米松格卢博士的主要研究方向是产品创新战略和决策，信息技术对新产品开发的影响以及开放式创新。他的作品曾发表在《产品和创新管理杂志》和《创新管理和工业市场营销管理》等杂志上。

艾比·格里芬（Abbie Griffin）在犹他州大学大卫·埃克尔斯商学院被授予营销系的主席，她在那里教MBA市场营销。格里芬教授获得了普渡大学化学工程学士学位，哈佛商学院工商管理硕士学位，麻省理工学院技术管理博士。她研究探讨测量和提高新产品开发的方式。其最新的研究可以在本书中找到，即《创新系列：个人如何在大型组织的新产品创造中取得突破》。观看本书的视频预告片可点击www.abbiegriffin.org。她是《产品创新管理杂志》的主编，该杂志是产品和技术开发等领域在1998～2003年最主要的学术期刊。2009年，产品开发与管理协会授予她克劳福德会员，她目前担任协会刊物的副会长。格里芬教授非常热爱缝纫、徒步旅行和游泳。

第一部分
处于模糊前端的开放式创新

PART 01

创新的模糊前端是酝酿或开发一个产品概念之前繁杂而混乱的创新过程。模糊前端帮助企业寻求机会——不论这些机会是来自技术能力、某种市场的洞察力、客户需求或竞争对手的变化趋势。这一阶段的目标是找到一个待解决的有趣问题,开发出解决方案,或者找到已经开发出了解决方案的人,进而充分消除技术、市场和竞争的不确定性,把项目引入公司的正式开发流程。第一部分包括两章,提供了帮助你发现技术、市场及总体趋势中显露出的机会的方法。

- 曼弗雷德·斯德鲍尔(Manfred Stadlbauer)和格哈德·德雷克斯勒(Gerhard Drexler)在第1章关注从企业外部查找和使用技术能力源。介绍了如何使用专利文献和社交网络分析找出处于发展早期阶段的技术领域,发现这些新技术和其他技术之间的联系,关注积极参与这些技术开发的企业和个人,并通过标出其地理位置来帮助确定可能的技术开发伙伴。
- 克丽丝汀·劳(Christiane Rau)、菲奥娜·施韦策(Fiona Schweitzer)和奥利弗·加斯曼(Oliver Gassmann)展示了如何使用开放式前瞻研讨会为公司识别新机会。并且,这些方法还能让公司在整体市场和总体发展趋势的层面上进行思考。第2章介绍了企业如何才能实现这种"封闭"或内部执行形式的研讨会,随后也展示了企业将如何一步一步以越来越开放的方式进行研讨。

1

去除开放式创新的瓶颈：由基于专利技术网络的分析转向价值分析

曼弗雷德·斯德鲍尔（Manfred Stadlbauer）
Techmeter 公司

格哈德·德雷克斯勒（Gerhard Drexler）
蒙迪无涂层精细纸公司

1.1 专利分析和数据挖掘方法

开放式创新是一种把内部和外部的创意结合起来转化为流程的范式，而其中流程的要求取决于具体的业务模式。企业花费巨大的精力收集和吸纳来自客户、供应商、大学和研究机构，以及竞争对手的外部知识和创意。因此，竞争性的情报和技术预测成了尖端企业的重点关注点。此外，在我们身处的快节奏且复杂的世界里，尽可能快速、高效地解决问题与开发新产品同样至关重要。

启动新型创新项目的挑战之一是需要超过当前的预期，确定未来最有前途的技术和产品。此外，应对这些挑战需要获取有形和无形资产，这常常超出了公司的能力，而成功的产品开发通常是通过多个学科，包括工程、营销、设计和制造共同实现的。

本章所展示的实践导向的做法，是应用新工具和技术支持开放式创新中最关键的步骤，即识别新机遇以及潜在的内部和外部伙伴。本章将从探索思想、来自内外部网络和能力地图的定量数据来丰富这些创意展开，重点介绍如何识别有发展前景的新技术和最佳的合作开发候选人。

本章第一部分回顾了现在使用的专利分析和数据挖掘方法。经典的专利监控方法不仅费时，而且仅能揭示人们明确寻找的信息。信息技术的最新进展使得更复杂、涉及多种分析法的方法成为可能。

随后，本章第二部分介绍了专利分析的新方法，重点关注开放式创新。它涵盖的主题包括专利动态、新兴技术分析、地理邻近和合作网络。我们简要地描述了各个实例,并附上了相应的流程图和特定配图。第二部分展示了最尖端的专利分析如何在整个创新链中提供帮助。

本章的第三部分是来自纳米产业的一个案例分析。该部分描绘了一些真实案例的结果,演示了如何通过先进的专利分析方法对纳米技术的新兴前景进行评估,如何鉴定最有活力的技术,以及合作网络如何实现可视化并借此识别潜在的外部合作伙伴。

专利:创新的主要指标

为发现领先的全球创新趋势,可以考虑各种不同的信息来源,每种来源都有自身的优缺点。其中,最重要的来源是科学出版物,如学术文献和会议论文以及访谈数据,与内部专家、消费者或客户和供应商方面的专家进行直接对话或研讨。趋势鉴别的另一个重要来源是专利文献。

相较于获得有关技术趋势信息的其他方式,专利文献有一系列具体的好处,这些好处使得它成为优选来源。例如,专利文献具有无可争议的实时性和准确性。与其他出版物相比,学术文献中的科学出版物、网络宣传或宣传册等营销传播方式,使专利申请更及时,它是新兴技术发展趋势的信号灯。其原因是进行专利申请时会对创新性有所要求。如有任何更早的出版物被发现,某专利权的授予便会被禁止。出于这个原因,专利申请的提交总是早于科学出版物,甚至远远早于任何已出现的营销传播方式。因此,专利申请很早就指示了技术的变化。图1.1说明,与科学出版物相比,专利更是领先技术发展趋势的风向标。

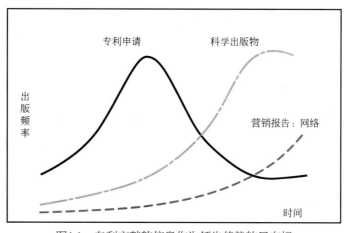

图1.1 专利文献的信息作为领先趋势的风向标

除了取得领先时机外,专利更有条理,比其他的信息来源更准确。针对专利出版物,有一种衍生自专利分类方案[如国际专利分类表(IPC)]、日期、作者信息(发明者)和受让人[浮士德(Faust)和谢德尔(Schedl),1984]的技术分类。对专利文献的形式特征的总结见表1.1。

表1.1 对专利文献的形式特征的总结

可获得性	非常简单，例如：来自专利局如美国专利局、欧洲专利局*、日本专利局等
技术分类	有，通过专利分类内置
时间精度	有，由于申请专利时有新颖度的要求，不接受事先已经印刷的出版物
信息密度	高；包括结构化的技术领域，技术描述，发明者，受让人，引证的结构化数据
是否审查	是

*欧洲专利局专利数据库，http://worldwide.espacenet.com

总之，基于学术文献或网络资源的趋势分析结果会有所延迟，并且结构化分析面临着挑战，专利在时间上能显示出极大的领先性，并提供了技术领域、发明者、受让人和引证的结构化数据。此外，专利文献利用了标准化的"审查方案"，由于专利维护成本的限制，对提交的申请有极高的质量要求。

相比其他信息来源在预测技术发展趋势方面的优点，专利分析最近也出现了几个缺点。最突出的缺点是需要大量时间解释。研究专利、收集所有技术细节拼成整体画面，并从中了解技术发展趋势的相关信息，这些工作在过去都极为耗时。

针对专利分析的早期缺陷，一些专利分析工具已经从标准的文档搜索系统，发展为试图从专利固有的大量数据获得数据（如技术趋势）的工具。例如，国际专利分类表（IPC）计划实行这样的专利分类方案，即对技术相似专利进行分类的分层索引方案。表1.2展示了这种树形结构，其分为三个层次。这种结构有一个主类别，在本例中为"D"，描述了专利类别的最高水平。在本例中，它代表"纸"。接着为第二级，在本例中为"D21"，这是纸的子类别，具体而言是造纸。还有第三级，如表1.2所示的"D21H"，表示纸浆成分。因此，"D21H"的树形结构为"纸→造纸→纸浆成分"。还有更加细致和具体的层级（典型的是五或六个层级，这取决于具体的分类方案），这为执行更多的专利语义搜索提供了一个非常合适的数据库搜索字段。以这样的分类为基础，获得的搜索结果不依赖专利中使用的关键字。搜索选项适合于标题/摘要或全文、专利分类、日期、发明者和受让人的全文搜索。

表1.2 国际专利分类方案样本

D	纸 （1级）
D21	纸→造纸 （2级）
D21H	纸→造纸→纸浆成分 （3级）

网络分析工具和相关特征

网络分析工具常用于社会学领域。由于调查数据具有高度的内部连接性，因此网络分析工具能极大地加速对专利文献的全面了解。通过它们能一目了然地看出最重要的信息，如共同发明者网络、引用网络和技术集群[拉斯托吉（Rastogi）等，

2008；施特尼茨克（Sternitzke）等，2008］。可供选择的网络分析工具很多，包括从商业软件到免费的公共授权软件。表1.3概述了其中一些适用于本研究目的的软件包。读者若想更详细地了解软件包，可搜索"社交网络分析软件"来获取相关的网络资源。有了这些构件，即专利数据源、网络分析软件和一个标准电子表格程序，便可正式开始从专利文献中学习一些开放式创新实践的必要知识。

表1.3 部分适合的网络分析工具示例

Gephi	www.gephi.org 支持多种输入格式，包括.csv 直接访问可能的数据库（现有数据库可直接连接和通过图形可视化）
Cuttlefish	cuttlefish.sourceforge.net/ 支持一些常见的输入格式（例如，.cxf, .net, .graphml） 直接访问可能的数据库
Pajek	pajek.imfm.si 支持多种输入格式，包括.net, .paj, .dat（UCINET），.ged, .bs, .mac, .mol
UCINET	www.analytictech.com 支持.dat输入格式 是一种商业软件

就本章而言，网络图已使用Gephi绘制［巴斯蒂安（Bastian）等，2009］。通过Gephi程序获取技术网络需要三步：指定连接的元素，称为网络节点；指定元素之间的连接，称为边；铺设网络图。

第一个步骤是在一个电子表格中创建具有独特识别码的一系列网络节点，节点识别码可以是一个数字、一段描述和用于测量节点大小的属性。例如，一个技术网络的节点识别码就是技术领域（如专利类别），节点描述和节点大小属性就是对该技术的描述，如专利类别下的专利申请频率。然后，在第二个电子表格中定义了边（两个节点的连线）。边也有属性，最为常见的属性就是专利申请频率（列出了两种连接的技术的专利申请频率）。最后，这两个电子表格被导入网络程序，以内置算法编排。

网络软件使用这两个数据源创建网络。分析的输出是网络图，它使用户能够快速评估技术本身和技术之间的连接和专利申请频率。因此，我们对具有较高专利申请频率的核心技术便一目了然了。

专利分析的应用

基本评价过程：

- 专利申请频率和集群技术领域典型阶段的时间序列，首次发明起，进入诱导期，再到指数增长期，最后进入饱和/停滞期（图1.2）；
- 识别核心技术的网络分析（图1.3）；
- 展示了技术领域新兴组合的三维图（图1.4）；
- 公司矩阵中某些主题的竞争定位。

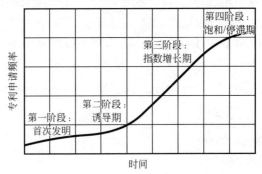

图1.2 技术领域专利申请频率变化图

注：图中的四个阶段是译者根据正文标注上去的。

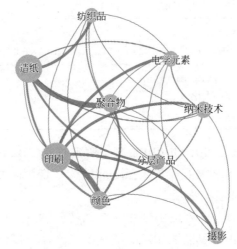

图1.3 带网络节点和测量后的连接线的技术网络❶

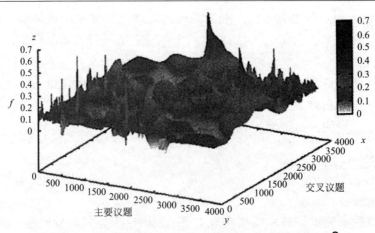

图1.4 三维图里的连接技术；上升的峰显示了新兴的技术❷

---

❶ 图以 Gephi 绘制。
❷ 图以 gnuplot 绘制。

这些步骤提供了有关技术和产业情况的一些主要信息。它们为产品创新过程提供了特定的信息，如增强创造力、真正把专利衍生出的新想法用于改善创新流程。为把信息元素链接至创新流程，图1.5的流程图显示了基于专利的信息可以为创新过程提供大量想法。在随后的章节中，我们将主要分析：技术趋势监测；关于对新兴技术的竞争格局分析；持续的技术SWOT分析。

· **技术趋势监测机遇**
 · 专利申请频率的时间序列
 · 技术网络分析
 · 三维图表（技术的新兴组合）
· **竞争格局分析趋势与合作**
 · 竞争定位
 · 合作网络
· **持续的技术SWOT分析**
 趋势、威胁、竞争者

发现 / （共同）开发 / 交付

图1.5 PDMA以专利为基础、以外部信息为链接的创新周期

技术趋势监测

趋势监测的目的是在定义的高新技术领域中监测创新的早期迹象。利用专利文献的分类，可以得到有关技术趋势的早期重要信息［帕克（Park）等，2013］。

最简单易行的方法是监控在一段时间内、在某个定义的专利分类领域中的专利申请频率。通常情况下，专利申请频率开始在很短的时间内出现小幅上涨（第一阶段：首次发明），随后专利申请频率的增长出现下降趋势（第二阶段：诱导期）。成功的发明首先表现在第三阶段，此时专利申请频率实际上因大量技术追随者出现而显著增长（第三阶段：指数增长期）。随后是停滞阶段，此时是一个相当恒定的专利申请频率水平，甚至出现降低（第四阶段：饱和/停滞期）。

图1.2所示的评估易于用标准的电子表格来执行，评估一组通过明确高科技领域过滤的专利申请。在一定的时间间隔内对专利申请进行计数，专利申请频率（每一段时间间隔内的专利申请数）便由此计算出来。这些专利申请频率按时间顺序进行标绘。这样的绘图能快速地以成熟度来评估技术阶段和处于同一类别的技术（技术生命周期评估），使得对新兴技术领域的聚焦成为可能。

当需要监测较大的技术领域或更复杂的技术时，可引入多元度量和更先进的可视化方法，即不再集中于单一的技术概念，而是对IPC组合进行监控。这是以组合进行创新的概念，即源自技术新组合的激进创新。在IPC术语中，这意味着两种或更多的IPC种类被组合在一起，并在一个共同的专利申请中被提到。

网络分析是用来分析一组专利申请的极佳方式。网络节点是被国际专利分类准则认可的技术，连接边则是把这些不同专利类别的专利申请连接起来（图1.3）。这意味着，每个节点代表一种技术，而每条线至少表示一个连接这些技术的具体专利申请。

在聚合模式中，可以引入一些描述性度量，允许缩放节点的大小（大的节点表示该 IPC 内拥有较多的专利），以及连接线的宽度（较粗的线表示两种 IPC 间拥有较多的共有专利）。颜色代码可以用于表示其他方面的信息。实践证明，若干个简单度量比较有用，如某种技术组合的专利申请平均频率、技术数量或某些技术的网络密度，并以此作为边或节点的测量因素，最终可以得到一个展示核心专利技术的网络图。

可视化技术组合的另一种方式（即图 1.3 中的连接）是使用三维图，连接的技术分别置于 x 轴和 y 轴，测量指标（如专利申请频率）作为 z 轴（图 1.4）。通过这样一个三维图和两种特定技术一起绘制专利申请频率，便能识别出新兴技术组合。从图中识别最常见的创新概念，即通过组合进行创新，图中的这些峰显示了新兴技术的发展趋势。

有了这些基本工具，即可从专利申请行为中分析出技术趋势。除了识别新兴技术，识别这些技术发展趋势背后的产业结构也非常重要。因此，人们可以超越和评估元数据，了解新兴技术领域背后的产业结构。特别是可以评估专利申请的受让人，获得竞争格局方面的信息。

关于新兴技术的竞争格局分析

竞争格局分析的目的是标出某些技术领域的关键成员或识别某一群组织（如供应商、主要客户、同行企业、知名大学等）中的新兴技术。为此，我们需要先确定监测区域的参数。这可以像确定应追踪的组织一样简单，或者我们可以确定连续监控的技术组合。

我们基本上是开发了一个技术与组织的矩阵。说到网络分析，它是为了描述某些组织在特定技术领域的活动识别并计算足够的指标。这些指标需要简单、透明，它们可以像某些组织的某些技术专利申请频率或在某些组织中的技术的发明者数量一样直接。这两个指标都精确描述了某些技术领域的某些产业部分的活跃程度。这正是全面了解某些技术领域竞争格局所需要的。

下面是使用平均专利申请频率为关键指标来展现竞争格局的一个例子。我们为每个预选的公司和主题确定两种测量方式—频率值和动态。频率值指的是该公司的平均专利申请频率，如每月专利申请数的得分。动态是指该公司的专利申请频率的斜率随时间变化的分数（此情况下为一个月），如表 1.4 所示。这使人能快速评估竞争格局。另外，表 1.4 扩展了新公司（超出预选的），前提是这些公司显示出在优先主题中的专利活跃度。因此，主题结构以及公司结构的更新极容易被发现，无需很多检测。

表 1.4　主题的竞争性定位

公司 \ 主题	主题 1	主题 2	主题 3	主题 4	主题 5	主题 6
公司 1	频率值：5		频率值：3	频率值：10		
	动态：2		动态：1	动态：4		
公司 2		频率值：5	频率值：5		频率值：7	频率值：8
		动态：2	动态：2		动态：9	动态：9

续表

主题\公司	主题1	主题2	主题3	主题4	主题5	主题6
公司3	频率值：6 动态：1			频率值：2 动态：1	频率值：5 动态：3	
公司4				频率值：10 动态：10		
公司5						频率值：10 动态：10

*频率值=专利申请频率评分（0—10），动态=专利申请频率的斜率评分（0—10）

从这样的评价中，人们可以迅速发现某些技术背后的产业结构。希望不浏览主要新兴技术领域就能与最有能力的合作伙伴开发开放式创新项目，这是一个主要渠道。在具体案例中，实现创新目标需要6个主题相结合的能力。频率值和动态指标能快速评估每个潜在合作伙伴是否具有作为一个开放式创新团队所需要的能力。例如，在公司合作的例子中，公司1和公司2结合，能涵盖所有主题，但没有整合得分最高的潜在伙伴企业。公司1、公司3和公司5结合，也能整合一组能力。除此之外，也可以建议检验是否能把公司4变成额外的伙伴，因为它在主题4上有明显优异的表现，频率值和动态得分都是10，这明确表明了它在特定技术领域的高投入。

持续的技术SWOT分析

持续创新项目还有另一应用，是持续的优势/劣势/机遇/威胁（SWOT）分析，它作为项目评估控制板的一部分，如表1.5所示。本例的焦点在于，可以很容易地从专利申请中导出数据的相关信息。

表1.5 项目评估控制板

项目编号	演示
项目阶段	可行性研究
相关技术	技术1 技术2
竞争对手	公司1（生产商） 公司2（生产商） 公司3（用户） 公司4（其他）
相关新兴技术	新兴技术 编号 1001 新兴技术 编号 0981 新兴技术 编号 2126
核心技术实力与竞争对比	技术3
专利申请	W020140001 A W020140002 A

对于创新项目而言，其开发出了一种揭示了相关专利应用的特殊研究文件。评估这些文件的指标包括技术（如IPC分类）、受让人/组织、技术组合的频率，以及已开发技术的核心优势（在所需技术网络的语境中），它们都在控制板中变得透明。因此，项目评估控制板，如表1.5所示，是在一个项目的生命周期中伴随项目和支持决策（如在结束阶段是否进行尝试）的有用工具。

对于开放式创新来说，这是一项重要的评估。它以对具体文件的深入研究为支撑，丰富了目前互相关联的新兴技术信息的概念，并展示出了在新兴技术领域最为活跃的发明公司。

1.2 识别开放式创新伙伴的专利分析

本节在开放式创新的语境下讨论对信息的特殊需求（图1.6）。我们的目标是去除开放式创新（OI）中耗时最多的障碍，这个步骤可以确定相关新兴技术以及共同发展的合作伙伴。因此，第一步是确定新兴技术。本节介绍的方法能让你的公司找出最适合的共同发展合作伙伴，考虑因素有经验、地理邻近、技术专业性，以及它们如何嵌入产业结构。这种量身定制的方法能反映内部和外部映射能力，并且识别能力差异。这种方法结合了技术图网络、技术动态、技术矩阵、区域分析和从共同发明人分析中得出的合作网络。

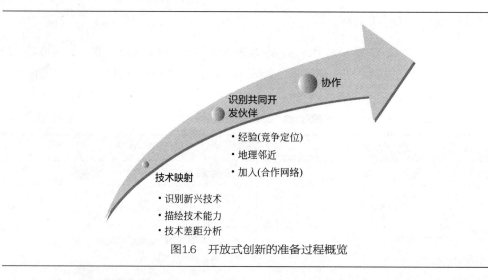

图1.6 开放式创新的准备过程概览

◇ 技术能力映射和差距分析

一旦确立创新目标及其优先级，实施开放式创新项目的第一步便是确定内部竞争优势和差距了，即寻找并指定达到创新目标所需的互补技术。为此，在能力图中绘出网络，是一种确定合作开发伙伴所需技术能力的有效定量方法。

图1.7以个别技术（即单独的专利分类）标示出了技术网络，单个技术带有节点和边，并且从两个与边连接的分类专利申请中衍生出来。在这样的网络图中，核心

技术清晰可见。网络节点的大小（频率值）由该个别技术的专利申请频率决定，连接线（边）的宽度由两个连接技术的专利频率决定。图1.7显示了"技术01"是最常被申请专利的技术，与"技术05"连接最为紧密。这也显示了"技术02"和"技术04"与"技术06"有密切联系。其他技术的组合申请的专利较少，这可能代表了进一步通过组合进行创新的潜力较大。立足于当前的分析目的，图1.7有助于识别核心竞争力，即"技术01"和"技术05"，以及"技术06""技术02""技术04"的三角关系。随后，可以把这些核心能力与所需的能力组合在一起绘制，最终找出能力缺口。

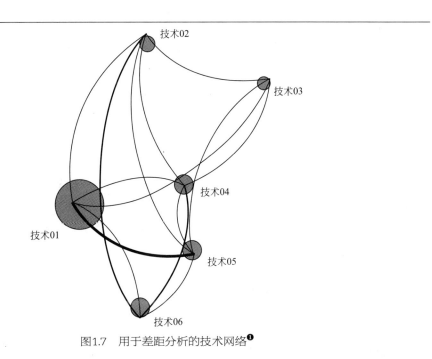

图1.7　用于差距分析的技术网络❶

为了评估某些技术（无论是企业核心能力还是能力差距）的成熟度，建议采用动态分析方法。只要绘出随着时间的推移专利申请频率变化的图，公司便能洞悉技术发展生命周期的各个阶段。而针对曲线的相关阶段，回归的线性近似即被应用于计算专利申请频率以及专利申请频率的斜率。

上述分析得出的两种测量方式能绘制出技术矩阵的四个象限（专利申请频率与专利申请频率的斜率见图1.8）。其中，左下象限显示的是专利申请数极少和增幅极小的技术。左上象限显示的是新兴小型技术。右下象限显示的是停滞的大型技术，而右上象限显示了快速增长的大型技术。"技术01"是最常见的专利技术，具有极强的动态性。因此，在图1.7中，"技术01"的高连通性变得明显。如图1.8所示，高的专利申请频率和专利申请频率的斜率证实了其重要性。

从技术网络和动态分析中便能识别出能力差距。此外，我们也能确定单个技术的发展程度。在开放式创新的背景下，这使得公司将共同开发项目的能力放在首位。

---

❶ 图以Gephi绘制。

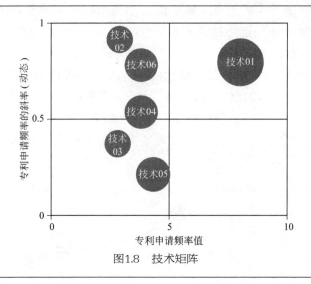

图1.8 技术矩阵

地理邻近分析

确定互补技术领域和能力差距之后,下一步就是找出最合适的产业合作伙伴,并尝试与他们合作。其中,有几个因素需要考虑,地理邻近是影响成败的关键因素之一,能帮助企业以最少的努力实现创新目标。这源于文化的相似性、便于沟通、时区之间差异微小等原因。

量化地理邻近程度需要有标准化的区域分析。基于专利申请数据的数据集,人们可以使用发明者居住的信息,这一结构化的信息反映了每个区域的发明者密度。这些评估可以在国家层面甚至更加微观的层面进行。

通过共同发明者分析来了解合作网络

建立开放式创新合作伙伴关系,还有另一个成功因素,即需要了解潜在合作伙伴的现有合作情况。最重要的是,了解哪些合作伙伴关系已经建立,并确定网络的哪个部分可能更具合作可能性并富有成效,还要牢记竞争对手和同行以及重要供应商的活动。为此,需要深入理解潜在产业合作伙伴的现有合作网络,如图1.9所示。共同发明者分析提供了一个系统化的方法来构建合作网络,它们展示了公司过去如何联合申请专利。合作网络图以专利受让人(公司)为节点,连接线(边)代表联合专利申请。图中显示了特定技术领域组织间的创新行为。这些信息对于了解潜在合作伙伴的加入,从而避免由于已建立创新环节导致的潜在利益冲突具有很大的价值。

通过技术网络和技术矩阵的能力映射和差距分析、地理邻近分析和嵌入的交叉检验(从基于共同发明者分析的合作网络来看),人们可以显著加快选择技术上最有资格、最适合建立合作关系和地理位置最佳的共同发展伙伴。所以,这些方法提供了一个工具集,能够帮助企业去除开放式创新最耗时部分的瓶颈,即识别所需技术资源以及最有前途和能力建立合作关系的合作伙伴。

接下来的部分集中在纳米技术的具体案例,对于其中的每个步骤都会详细说明。

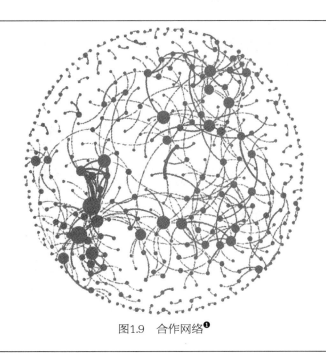

图1.9 合作网络❶

1.3 纳米技术案例研究

本节介绍了纳米技术开放式创新项目设置领域的具体案例。

首先,纳米科技的技术网络来自对专利子字符串纳米*的全文检索与过滤。我们访问了专利数据库,并输出用于进一步分析的文件。常用的数据库包括美国专利局(USPO)、欧洲专利局(EPO)和日本专利局(JPO)的数据库。专利申请可以全文搜索字符串纳米*输出并分析其元数据,尤其是专利分类的重复提出。这样获取的数据可以借由标准的网络绘图软件进行绘制。其结果将是一张网络图,该图可以显示在IPC分类号方面不同的技术领域是如何通过专利申请彼此相连的。

标题中包含字符串纳米*的专利申请,具体结果如图1.10所示。核心技术,如纳米技术(B82)、混凝土(C04)和造纸(D21)瞬间变得很明显。

其次需要计算那些技术组合背后指标描述的动态。最简单的衡量标准是每月专利申请频率。通过监测专利申请频率的变化情况,就能推导出该指标的斜率。因此,可以计算出预测频率以及影响因子(定义为频率和频率斜率的乘积)。这样能得出基于影响因子的纳米相关技术的评级,如表1.6所述。其结果是,混凝土、有机化学、塑料加工、冶金、晶体生长、污水、造纸都属于排名靠前的技术。

在专利申请排名前八名的技术中,造纸已被选中作为随后的案例研究对象。在技术网络中,造纸(D21)直接连接到纳米技术(B82),呈现出较高的专利申请频率以及高动态性,也就是说,随着时间的推移,其频率会越来越高。D21和B82之

---

❶ 图以Gephi绘制。

间的技术连接已被选中作详细分析。此外，第三种技术——印刷技术（B41）已经改善了这个技术连接，根据经验（虽然它没有直接在纳米技术的技术网络中出现），印刷与造纸往往是紧密相连的。以这种方式，潜在技术领域已被缩小，接下来可以进行更详细的分析。

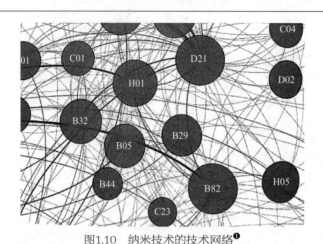

图1.10　纳米技术的技术网络❶

表1.6　纳米相关技术的评级，以影响因子衡量（专利申请频率 × 专利申请频率的斜率）

IPC	描述	专利申请频率（#/月）	专利申请频率的斜率（#/月）	影响因子（#/月）
C04	混凝土	2.78	0.039	0.11
C07	有机化学	7.20	0.013	0.09
B29	塑料加工	3.35	0.026	0.09
B22	冶金	2.30	0.020	0.05
C30	晶体生长	3.88	0.011	0.04
C02	污水	1.13	0.009	0.01
D21	造纸	1.30	0.007	0.01
A01	农业	2.40	0.004	0.01

本案例的研究为专利数据库指定了新的检索项。标题中文本搜索的逻辑组合（标题中含字符串纳米*）和专利分类（专利分类为B82、D21或B41）。监测周期为10年，这个时间框架足够长，足以支持强大的数据适配，但又不至于使监测周期过长。最后，共得到499个结果，以对其进行更深入的分析。

为显示这种类型分析的强大和简约性，我们现在比较来自专利文献与其他信息源的结果。一方面，专利文献包含499个结果，这个数字足以推导出产业结构的特征，并确定具有高水平的发明记录的主体。另一方面，通过其他信息源可以得到更多的结果，如果通过学术文献可以得到几十万个结果，而通过互联网可以得到成

❶ 图以Gephi绘制。

百上千万个结果（表1.7）。这显示了专利文献中高水平的数据质量。当搜索结果为500个左右时，对结果的处理就会容易得多，因而使得后续的结果具有较高的清晰度和较高的质量。

表1.7 来源比较

来源	搜索档案	点击率
专利	（纳米*或B82）和（D21或B41）	499
文献	纳米*和（造纸或打印）	200 000
互联网	纳米*和（造纸或打印）	10 000 000

第一步，我们通过研究专利申请频率的动态性，获得造纸/印刷/纳米*专利申请的数据集。调查过去10年的情况，可以观察到技术生命周期四个阶段的结果，如图1.11所示。以24个月内的专利申请频率和这24个月期间的结束日期滚动作图，使数据覆盖2003~2013年，平滑的专利申请频率（滚动平均24个月❶）从2005年的每月2.5项增加到了2013年的每月8项左右。专利申请频率增长至2006年年初。随后，该曲线变得平坦，到2009年出现迅速增长。2012年年初，当技术生命周期进入第四阶段时，专利申请频率保持相对稳定，处于一个较高的水平。

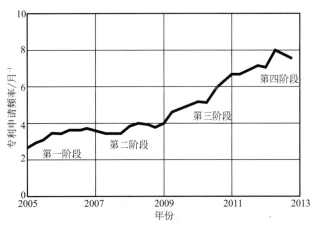

图1.11 专利申请动态和技术生命周期评估

第二步，观察组织（专利受让人）关于其专利申请频率与申请频率的斜率（表1.8）的产业结构报告研究。其中，受让人集中在四个不同的群体：用户（印刷机器制造商）、大学、添加剂生产商和造纸商。可以看到，受让人列表的前面是用户（印刷机器制造商），随后是大学和添加剂生产商。第一家造纸商排在第6位。因此，相对于造纸商和添加剂生产商而言，印刷机器制造商更注重有关纳米的专利技术。

图1.12也展示了类似的结果，该图给出了一个组合图（请注意在组合图中，"斜率"是用对数计算的）。它强调当涉及专利申请频率时，用户1和用户2，以及

---

❶ 为期24个月的基本含义：如果他或她一直活跃在过去的24个月内，便计为一个发明者。活跃的发明者在两次专利申请之间常常隔几个月。这就是通常在实践中选择这个时间段的原因。

大学1和添加剂生产商1明显具有领导地位。

表1.8 根据专利申请频率和专利申请频率的斜率的公司排名

标签	专利申请频率	专利申请频率的斜率
用户1	60	0.106
用户2	35	0.122
大学1	27	0.120
添加剂生产商1	26	0.100
用户3	24	0.036
造纸商1	22	0.070
造纸商2	22	0.125
添加剂生产商2	20	0.050
添加剂生产商3	19	0.110
大学2	19	0.080
大学3	18	0.130
用户4	18	0.066
添加剂生产商5	17	0.040
大学4	17	0.150
大学5	17	0.140
大学6	17	0.100
造纸商3	16	0.110
造纸商4	15	0.135
大学7	15	0.055
添加剂生产商4	14	0.126
添加剂生产商6	13	0.140

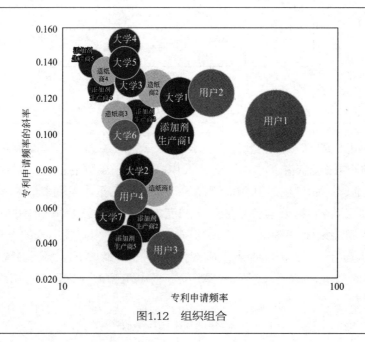

图1.12 组织组合

这个分布更有趣的地方是，它也表明，过去没有什么大的组织在这个领域投入大量的资源，而最近这些投入更是有所减少——图的右下角是空的。如果组织在造纸/印刷的背景下取消纳米技术的优先地位，这个区域将会活跃起来。这一发现与我们的解读相符，并表明目前这个高科技领域是在其成熟期（第四阶段）的早期阶段，此时专利申请的频率依然很高。

此外，我们可以看一看发明者的地区分布，如图1.13所示，该图根据发明者的地址将其分配到各区域。这里只进行了这一区域的大致分配，并把三大地理区域区分了出来：北美洲、亚洲和欧洲。发明者分布最多的是北美洲，其次是亚洲，最后是欧洲。这鼓励了企业在较大的区域范围内进行合作，尽管企业在共同开发项目上一般倾向于选择地理上邻近的合作伙伴。对于在欧洲的管理者而言，与北美洲的伙伴合作可能有潜力实现特定技术领域的创新目标。

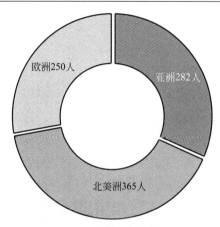

图1.13　每个地区的发明者数量

第三步，为了确定不同发明组织的建立方式，本文提供了基于共同发明者分析的合作网络。只要发明者已提出了多于一个受让人的专利申请，便可绘制出不同的发明者（节点）之间的边。一条边为共同发明者分析的模型，从该专利申请的文献数据中创建，提及受让人和发明者，从而连接起来。每当同一个发明者显示出来自不同受让人的专利申请时，便在网络图的输入表中标注出一条新边。

用户、大学、添加剂生产商和造纸商处于中心位置，如图1.14所示。这是图1.12的附加信息，它确定哪些大学与其他主要发明组织的合作。因此，它可以防止在选择潜在的开放式创新项目合作伙伴时出现利益冲突。

结合图1.12～图1.14的信息，可以确定附近最合适的合作人选并与之联手开展开放式创新项目（表1.9）。该组织提供了组织经验上的定量信息，突出了用户1为具有最高的专利申请频率和渐进动态的专利申请人。每个组织都可以提供相应的地理位置信息。随后，识别出地理邻近的组织，并获得对某些区域在技术优势上的整体了解。在这种情况下，北美洲的相对优势显现了出来。最后，从合作网络分析中得出的已建立的组织信息再次表明，用户1的合作环境最为密集和多样化。因此，用户1可能是适合参与开放式创新项目的最佳人选。

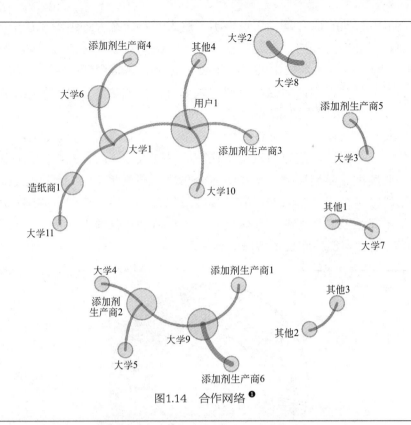

图1.14 合作网络 ❶

表1.9 发展伙伴一览表(识别共同发展伙伴)

类别	经验	地理邻近	嵌入性
测量	专利申请率	发明者的主要区域	合作网络中的直接连接
用户1	60(增长)	北美洲	添加剂生产商3
			大学1,大学10
			其他
用户2	35(增长)	亚洲	
	27(增长)	北美洲	用户1
			造纸商1
			大学6
添加剂生产商1	26(增长)	欧洲	大学9
用户3	24(不变)	亚洲	
造纸商1	22(不变)	北美洲	大学11
造纸商2	22(增长)	亚洲	

❶ 图以Gephi绘制。

1.4 结论

本章提出的方法能为开放式创新实践创造价值，因为它是通用的、标准化的。它还能确保足够高的分析质量，并且能够避免在选择合作伙伴时做出有偏见的决定。该方法分为三个阶段（图1.15）。

第一阶段，根据技术战略和新兴技术来设定和评价创新目标。此时需要确定为实现创新目标而要求开展合作的伙伴需要具备的具体能力。基于第一阶段的分析，第二阶段需要指定更详细的技术领域。更严格的搜索标准使技术网络更集中且能反映个人能力差距。对于感兴趣的特定技术，可以用动态分析和技术矩阵进行技术生命周期评估。在第三阶段，需要测定潜在合作伙伴的相关度量标准。

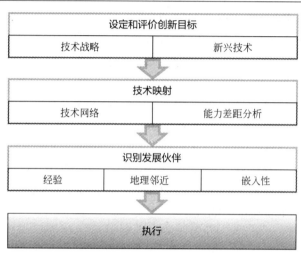

图1.15　过程概览

可以根据以下三个参数识别出高水平、有经验的合作伙伴：
- 组织在目标技术上的专利申请频率；
- 发明者地域的地理邻近评估；
- 合作网络的直接联系，以评估利益冲突的风险，并确定有经验的组织。

针对排名第一的潜在共同发展合作伙伴的具体结果已列出。例如，如表1.9所示，组织用户1（这里的术语"用户"表示，该组织是一个纸张用户）显示出最高的专利申请频率。该专利申请速度在增长，括号内给出了注明。它的发明者主要位于北美地区，在合作网络中有与添加剂生产商3、两所不同的大学（大学1、大学10）和另一个其他组织有直接联系。

在根据专利文献的单个研究确定了中心网络节点之后，可以发现这些有前途的合作伙伴的专利申请速度是相当惊人的。随后，合伙关系可以成功建立并交换有价值的成果。

本章所阐述的方法，展示了通过识别最具技术能力和稳定性的合作伙伴，为技术合作破除开放式创新瓶颈的最直接的方法。它展现了怎样通过先进的专利分析评估新兴技术领域，怎样识别最前沿的技术，以及合作网络如何实现可视化，并使用其识别潜在的外部合作伙伴。

参考文献

[1] Bastian M., S. Heymann, M. Jacomy, 2009, Gephi: An open source software for exploring and manipulating networks. International AAAI Conference on Weblogs and Social Media.

[2] Faust, K., H. Schedl, 1984, Internationale Patentdaten: Ihre Nutzung fur die Analyse technologischer Entwicklungen, in: Oppenländer, K. H. (Hrsg.), Patentwesen, Technischer Fortschritt und Wettbewerb, Berlin, S. 151-172.

[3] Knoben, J., L.A.G. Oerlemans, 2006, Proximity and inter-organisational collaboration: A literature review. International Journal of Management Reviews, Volume 8 (2), 71-89.

[4] Park, H., K. Kim, S. Choi, J. Yoon, 2013, A patent intelligence system for strategic technology planning, Expert Systems with Applications 40, 2373-2390S.

[5] Rastogi, S., A. Shinozarki, M. Kaness, 2008, Intellectual Property and NPD, in: Griffin, A., and S. Sommermeyer, (eds.) The PDMA ToolBook3 for New Product Development, John Wiley & Sons, Inc., Hoboken, NJ, USA, 275-313.

[6] Sternitzke, C., A. Bartkowski, R. Schramm, 2008, Visualizing patent statistics by means of social network analysis tools, World Patent Information 30,115-131.

作者简介

曼弗雷德·斯德鲍尔（Manfred Stadlbauer）是Techmeter的负责人和创始人，Techmeter是一家为技术预测提供创新门户、量化智能技术、数据挖掘和从专利文献中实现数据可视化的IT创业企业。曼弗雷德申请了超过20项国际专利。他作为研究人员、项目经理、流变学的研发经理，在聚合物的结晶动力学以及聚丙烯学术发展和全球化工经营等行业领域已有10年的经验。他拥有林茨大学的化学工程博士学位和MBA学位。联系方式：m.stadlbauer@techmeter.at。

格哈德·德雷克斯勒（Gerhard Drexler），新产品研发专家。他是蒙迪无涂层布纸研发服务的负责人，其公司是一家全球运营的造纸商。他也是流程管理协会、创新管理平台、奥地利产品开发与管理协会和环境管理协会的顾问委员会成员。格哈德在工业生产、创新和研发方面有25年的经验，他的新作《社交网络分析：创新管理的重要工具》被收录在《创新管理演化》[帕尔格雷夫（Palgrave），2013]一书中。他拥有综合管理MBA学位以及利兹城市大学博士学位。联系方式：gerhard.drexler@mondigroup.com。

2

便于机会识别的开放性前瞻研讨会

克丽丝汀·劳（Christiane Rau）

北奥地利应用科学大学

菲奥娜·施韦策（Fiona Schweitzer）

北奥地利应用科学大学

奥利弗·加斯曼（Oliver Gassmann ）

圣加仑大学

未来已经到来，它只是分布得不太均匀。

——威廉·吉布森（William Gibson），引自《经济学人》，2013年3月7日

战略前瞻是创新管理的重要任务，它使管理者得以清晰地了解企业发展环境当前和未来存在的机遇。管理者可以利用这些前瞻来评估企业目前的创新战略，抓住机会，减少未来发展可能存在的风险。预测侧重于评估某个可能的未来，前瞻却旨在确定几个潜在的未来。前瞻允许管理者探索不确定性，并为不同的未来情景制订替代行动计划。前瞻是一个学习的过程，企业能由此探索可能的未来发展之路，并为之做好准备。通过采取积极措施，实现一个或另一个未来发展计划，管理者甚至能够在一定程度上影响未来。

切撒布鲁夫（Chesbrough）把开放式创新（OI）定义为："有目的地使知识流入和流出，加快内部创新，并通过外部创新来扩大市场。"开放前瞻过程意味着会涉及越来越多样化的观点，这反过来又会优化前瞻结果。前瞻过程可以从开放式创新方法中得到启发，因为与外部创新源讨论未来的可能性，然后根据这些讨论规划创新战略的互动过程，使得创新管理人员获得了更雄厚的知识基础。

本章旨在为读者提供一种不同的前瞻研讨会设计方式，以此来找到合作机会。我们专注于使用前瞻研讨会作为开展开放前瞻过程的方式，同时推动合作的开展。在前瞻研讨会里，参加者规划、描述和探讨未来的可能愿景，并制订发展战略，在这些可能的未来愿景中找到成功的方向。这样的研讨会包括：方案研讨会、专家圆

桌会议、未来研讨会和创意头脑风暴法。它们是识别机会的判断性工具。

以下各节安排：第一，介绍了前瞻研讨会的基本步骤；第二，我们制订出了不同的阶段，企业能以此打通前瞻过程，厘清为何这样能获得回报；第三，我们讨论了为充分利用开放前瞻过程潜力的企业必须注意的陷阱；第四，我们解释了如何成功策划和执行一个前瞻过程；第五，我们对于利用开放前瞻研讨会识别机会给出了最终见解。

2.1 企业前瞻研讨会及其过程

研讨会能够收集想法，激发反射和互动。研讨会能在一个较短的时限内，让员工共同合作，重点讨论某个话题。前瞻研讨会是企业前瞻过程的一个组成部分。它们都集中讨论企业在先前的前瞻过程中收集的信息。如图2.1所示，一个企业前瞻研讨会一般包括四个步骤：①前瞻预热；②招募参与者；③观点生成；④观点整合。

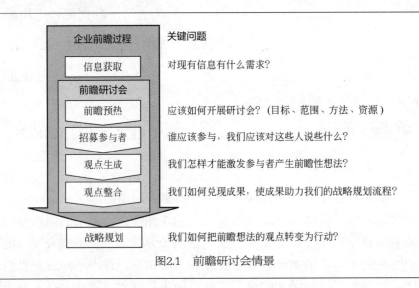

图2.1 前瞻研讨会情景

在前瞻预热阶段，重点是确定研讨会的目标和范围。例如，目标可以是确定未来探索的优先领域，或更具体地，确定特定的新技术可能带来的改变。同时需要澄清研讨会的目标，即我们要用多少年努力展望未来，我们努力发展的"未来"有多少种可能。根据对象和范围，确定研讨会的时间和议程，使用的方法和工具，以及参与者的数量要求。一旦管理层确定目标、范围和预算，研讨会的组织者就要准备研讨会的情节串联图板，包括所有研讨会活动的详细说明，要求的背景准备和需要的资源。图板能够以结构化的方式产生前瞻。此外，组织方要收集二手信息提供给参与者，并且设计一种策略来充分利用研讨会上的讨论结果。这些研讨会的结果往往很重要，出现的讨论也很有见地，因此应该识别这些见解，以便为将来的战略制订提供依据。捕获战略的方式很多，可以让人记笔记、录音、录像，其中录像最为可取。

在前瞻研讨会**招募参与者**阶段，组织方会列举出潜在参与者名单。在"封闭"

的前瞻研讨会中，这批人通常由与创新和战略规划部门的相关员工组成（如创新管理、新业务研发、产品管理等部门）。在此阶段，组织方为研讨会的潜在参与者准备了一个研讨会的简介，并与邀请函一起寄送给参与者。简介内容包括研讨会的目标、范围、背景、日程和管理细节（会议的日期、时间和地点）。它也可以说明研讨会使用的相关方法，因为了解新方法能激励某些员工更积极地参与前瞻研讨会。当前瞻研讨会是一个开放的会议时，招募计划必须随开放程度的变化而变化。企业可以招募外部参与者，并从外部招募人员中挑选更合适的参与者。对于不同的阶段招募外部人员及其影响，将在本章的下一部分进行讨论。

在**观点生成**阶段，研讨会正式开始。首先，主持人介绍目标、范围和研讨会的背景。此外，他们还为创造一个安全的环境制订了明确的社会规则，鼓励发表有争议的观点，并提供"异议许可证"。无论研讨会使用什么方法，主持人都会通过询问具有启发性的问题来支持参与者，激发出奇思异想而不是最明显的事物和简易的关于未来发展的观点。库尼亚（Cunha）及其同事认为，前瞻发生在需要了解和害怕了解之间，主持人需要努力带动参与者克服这种恐惧。

在**观点整合**阶段，组织者和管理者需要把研讨会获得的最终观点融入企业战略规划过程。因此，研讨会的组织者需要记录下整合阶段出现的前瞻，在组织内向主要决策者展示前瞻性观点。此外，他们还协助把获得的最终观点转化成对战略规划非常有用的格式。

2.2 开放前瞻的过程

前瞻一直是封闭的过程，只涉及企业内部的顶级决策者，且数量非常有限。从传统意义上而言，内部参与者一直负责监测环境，收集外部和内部信息，对其加工，进行预测，并展示给高层管理者。这一过程为最高管理层提供了有用的信息，有利于其对当前和新业务发展做出总体决策，特别是做出与创新活动相关的决策。如今很多企业都发现，开放前瞻过程可能很有价值，企业由此能够识别新的趋势和商业机会，预防组织决策失误。

企业开放前瞻过程的五个动因：
① 收集对未来发展趋势的**不同见解**和针对可能机会的**不同观点**；
② 增强员工留意未来发展趋势的敏感性；
③ 为创新研究项目确定**有趣的合作伙伴**；
④ 检测**盲点**；
⑤ 创建**承诺**，建立**信任**，加强合作**关系**。

收集对未来发展趋势的不同见解和针对可能机会的不同观点。每一个前瞻过程的核心目的都是努力收集与未来发展相关的观点，开发有关未来的可能情景，并为其中某一情景制订相关行动计划。若前瞻过程中的参与者对趋势和发展具有高度一致的知识和态度，他们便很容易开发出单一情景。促使更多具备不同知识和技能的参与者加入开放前瞻过程，使情景变得更加丰富。外部来源的全新见解常常会挑战技术开发、未来客户需求、企业环境变化的基本假设。新的见解有助于创造更多样化的情景，而这会刺激或危及当前和未来的创新。

增强员工留意未来发展趋势的敏感性。 在开放前瞻研讨会中，员工可以了解弱信号的重要性。弱信号是非结构化的信息，一般产生在环境即将发生变化之前。如果管理者辨认出弱信号，他们便可以利用即将发生的变化，如辨识出新商机。不同专家对经验的不同理解，可以拓展员工对企业未来发展的想象力。此外，对不同观点的讨论，能帮助员工增强对非常规见解的容忍度。员工面临的挑战是，看待和处理问题时需要跳出自己的舒适圈。面对动摇他们对未来假设的各种见解，以及共同讨论如何应对的行动计划，可以提高员工的认知意愿和在日常工作中按照弱信号行事的能力。这些员工随后可能将企业的前瞻过程外泄，并且随时对环境进行监控。此外，对未来发展的敏感性还可以支持员工积极塑造未来。

为创新研究项目确定有趣的合作伙伴。 把外部个体纳入前瞻研讨会，能够为研讨会提供深刻的见解，这些见解涉及知识和兴趣、思维过程及外部参与者的未来情景等具体领域。在前瞻研讨会中，参与者揭示了有关其感觉、需求和态度的大量信息。如果组织方邀请客户作为外部合作伙伴，前瞻研讨会便可用来识别重点客户的潜在需求。此外，这些研讨会的外部合作伙伴不仅列举和评估了感知到的趋势，还对应对这些发展趋势的可能反应进行了讨论。在讨论过程中，前瞻团队可以快速了解哪些主题能吸引不同的外部合作伙伴的注意力，并能更好地理解这些合作伙伴具有的知识和技能的特定领域。这些见解使团队识别出能够参与创新研究项目的有趣的外部合作伙伴。这些伙伴极易有效利用创新驱动的前瞻研讨会成果，并作出相关贡献。

例如，德国巴斯夫公司（BASF）已开发出特定技术领域的创新网络。由于巴斯夫公司不能确定未来的"正确"技术，可巴斯夫公司又希望继续与这些技术领先的合作伙伴互动，以更好地了解未来。所以巴斯夫公司建立了创新网络，与该领域一系列重要人物有很强的联系，并已成为这些网络的中心。

检测盲点。 通常企业监测系统能校准当前业务，而忽略了企业环境的"弱信号"。内部聚焦将导致"竞争盲点"[波特（Porter），1980]。扎赫拉（Zahra）和查普斯（Chaples）识别出了6种特别严重的盲点：①误判行业界限；②竞争识别能力弱；③过分关注竞争对手的可见能力；④过分关注竞争对手的竞争领域，而忽视了竞争的方式；⑤对竞争的错误假设；⑥通过分析做出了错误的判断。管理史上有很多因前瞻性盲点而严重威胁企业生存的例子。例如，医药企业忽视来自生物技术创业公司的威胁，直到生物技术企业形成战略联盟，使竞争加剧，从而改变了医药行业的竞争格局。与此类似，小型钢厂用了好几年的时间在北美钢材市场站稳脚跟，制胜传统钢铁制造商，并最终获得60%的市场份额。传统钢铁制造商专注于自己核心客户的价值维度，系统低估了新技术的潜力。对外部开放前瞻活动，这种方法在探测盲区上极具发展前景。外部人员的观点超越了传统行业的限制，其在很大程度上可以提升检测盲区的能力。

例如，瑞士制药化工巨头龙沙（Lonza）一度意识到，他们将不得不在细胞生物学领域创造出更多的前瞻和创新。他们定义了细胞生物学制造和测试的领域，并将其开放用于学术合作。他们采取了激进的创新举措,企业设想出在美国和欧洲的著名大学举行"路演",以此吸引科学家,这是帮助他们驱动创新引擎和更好地了解自己未来发展趋势的一种方式。

创建承诺,建立信任,加强合作关系。只有将前瞻过程中获得的结果在适当的企业行动中得以物化时,企业前瞻过程才是成功的。要想如此,负责采取行动实施前瞻过程导出战略的员工,便需要对这些行动高度负责。充分实现这些承诺的最好办法,就是员工直接参与这个过程。开放前瞻过程不仅涉及员工,同时也在早期把外部利益相关者(供应商、客户、股东)带入了前瞻过程,并导致了两个重要的结果。首先,利益相关者和员工在前瞻研讨会中共同讨论可能的未来和今后可能采取的行动,这种共同经验增加了股东和员工创造共同愿景,了解采取某些行动的必要性并致力于实现这些行动。其次,被邀请的利益相关者感到他们的意见受到赞赏。研讨会加强了公司与其利益相关者间的个人联系,并巩固了他们之间的关系。对更多员工和外部利益相关者开放前瞻过程,增加了彼此的信任,改善了利益相关者的关系,而他们可能感到自己的需求和意见反映在企业行动之中。通过这种方式,开放前瞻研讨会增加了承诺和信任,最终有助于前瞻过程取得效果。

2.3 开放前瞻过程的几个阶段

内部特定部门的员工能在前瞻研讨会中识别出机会,或通过开放研讨会的部门设置,使其他部门乃至企业外部的人员加入此过程。

图2.2中的机会识别模型显示了对外开放的主要阶段。圆的内部描绘了传统情况,即机会识别仅仅在内部的某个特定部门内进行。该模型呈圆形,表明开放意味着增加参与者而不是替换参与者。该模型包括下面四个开放阶段:

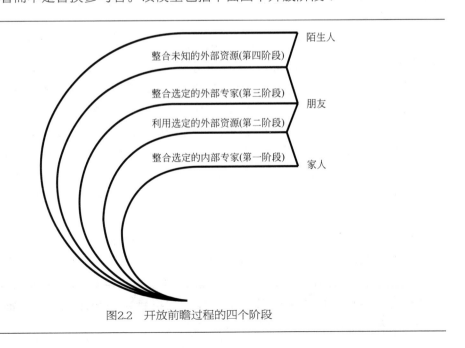

图2.2 开放前瞻过程的四个阶段

家人：整合选定的内部专家（第一阶段）

来自其他业务部门的专家参加研讨会，提供他们的专业知识，增强前瞻的准确性。

朋友：利用选定的外部资源（第二阶段）

在研讨会之前或两个研讨会之间，从外部利益相关者处收集信息。他们的经验对正在进行的内部活动是一种补充。

朋友：整合选定的外部专家（第三阶段）

选定的外部专家参加不同的研讨会。通过深入对话，可能会产生新的见解，这些新见解是被不同的观点激发出来的。

陌生人：整合未知的外部资源（第四阶段）

为了收集更多的见解和观点，研讨会的组织者会邀请从未与该企业有过事先接触的个人参加，这是一种使用社区基础或众包的方式。

在下面的讨论中，会对开放的主要阶段进行说明。

家人 整合选定的内部专家（第一阶段）

对外开放的第一步是将从其他业务部门选定的内部专家纳入前瞻的过程。几乎每个接触过开放式创新的人都听说过亨利·切撒布鲁夫的名言："在浩瀚的知识海洋里，并不是所有聪明人都会为你工作。"尽管很多聪明人可能愿意与你合作，但你可能尚未受益于他们的前瞻性。开放前瞻过程的第一步，就是努力发现自己企业中已经存在的新见解，从而实现对特定部门专业知识的补充。来自不同业务部门的专家聚集在一起的好处，就是他们为研讨会带来了广泛的经验、观点和专业知识。除了专业知识等，这些参与者还为研讨会带来了广泛的外部资源。设想一下采购部的员工：通过保持与供应商的互动，这些员工可能在自己的日常工作中获得有关未来发展的见解；而客户服务部的员工可能通过观察客户行为识别出了弱信号。

人们通过加入自己专业的私人社区开展学习。这些社区可以是正式或非正式的，社区的成员会定期交流。关于实践社区的研究表明，相比在创新知识生产的企业内部而言，创新知识往往在这样的社区里更易扩散。"相比组织内部而言，知识传播往往在组织之间更容易传播。"［布朗（Brown）和杜吉德（Duguid），1998］部门之间或公司的不同部门之间的界限往往会阻碍知识的自由流动。知识在实践社区内可以更加自由地流动。这意味着，例如，关于某项新的产品开发或技术突破的信息传播速度可能会非常快，很快被研发部门的员工得知，因为他们可能拥有与自己志趣相投的人组成的私人网络，但这些信息后来则不会快速扩散至其他兴趣不同的研发人员那里。

这些知识往往是隐性的，因此并不是可以明确获取的或正式记录下来的，而是一套规则和技能，个人随着时间的推移无意习得，并且往往不会自觉地意识到。员工在日常业务中获取的隐性信息，对于中央前瞻团队来说可能难以检索。前瞻研讨会可以为中央前瞻部门提供极佳的机会，来与这些员工交流，并收集这些隐性信息。

> **案例 德国大众汽车集团**
>
> 在大众公司,未来事务部对大众汽车集团研究的各部门专家开放前瞻过程。他们对内部客户开展了基于情景的前瞻过程。虽然未来事务部的研讨会中进行了情景分析、情景勘探和开发的首轮步骤,情景的实施却需要跨部门的努力。在这个阶段,他们选择了风洞(wind-tunneling)的方法,即参加者在不同的未来可能情景中测试当前创新战略的优势,找出改进的思路和机会。来自不同部门的专家通过在线实时的信息市场识别未来的创新机会,他们可以在其中介绍、评论或交换创意。信息市场已运行两周,并产生了136种想法,发布了250条评论,交换了2642条意见。其中,41%的创意、30%的评论、30%的交换意见,都产生于内部客户部之外的部门。最佳的前10个想法之中的5个来自其他部门,表明这种方法能考虑封闭性前瞻过程中考虑不到的一些信息。研讨会与信息、通信技术(ICT)工具的组合,使贡献创意变得简单,这是成功的关键。

因此,对于从事前瞻活动的企业来说,挑战是双重的。首先,他们必须提供空间,让关于弱信号和机会的知识能在不同部门之间更自由地流动。开放前瞻研讨会通过提供这样的合作,来思考关于未来发展和新机遇的空间。其次,他们必须确定并把相关员工纳入前瞻活动中,这些活动是有趣的外部社区实践的一部分。为了在前瞻研讨会中收集各种外部的见解,研讨会的组织者必须适当搭配跨学科的专家,他们能与各种外部实践社区进行交流。

在开放前瞻研讨会中加入内部专家还有另一个大的好处,他们的参与使得企业更加敏感地探测到未来可能出现的挑战与机遇。按照这种方式,员工既可以模拟行动和对环境的反应,也可以发展出对影响自身业务的宏观和微观因素的感知。

此外,开放前瞻研讨会还可用于激励和培训专家,使其日益把前瞻活动纳入日常工作,以此推动企业未来发展。这样一来,员工便可能在会见客户、与供应商会谈或观摩商展乃至从事媒体监测(例如,通过看趋势网站、博客或订阅RSS源)时感受到一些弱信号。例如,环球音乐集团定期组织会议,其中会有一组内部培训的趋势侦查员相互见面并讨论自己的见解。

开放前瞻过程的第一阶段(图2.3),好处是容易识别潜在的参与者,提高参与动机和趋势意识,进一步加强组织间有关趋势和新业务的信息流动。另外,由于这类前瞻过程仅限于内部参与者,能够将信息泄露和知识产权问题的风险降到最低。

> **案例　环球音乐集团**
>
> 了解其他业务部门内部专家识别发展趋势的价值之后,环球音乐集团建立了一个内部趋势侦查网络[海厄姆(Higham),2009]。内部专家被培训成为趋势侦查员,关注日常活动的发展趋势。集团研究与预测部门的负责人报告说,他们已经成立了一个月度论坛,不同部门的专家见面并展示自己已经确定的趋势。他们围绕前瞻研讨会建立了一个持续的监测过程,这些内部专家得以见面并交流自身的看法,识别出的趋势已被成功地利用,进而能够提升员工的理解力和改善决策的制订过程。

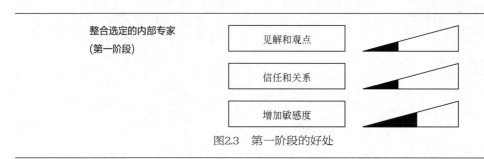

图2.3　第一阶段的好处

特别需要指出的是,上述提到的三个原因支持对内部专家开放前瞻过程:①提供见解和观点;②建立更强的信任和关系;③增加敏感度。

不过,比起开放前瞻过程之后的步骤,此处的一大软肋在于,组织内部员工的想法通常较为接近,并有着共同的世界观。社会识别使得员工之间拥有稳定的共同认知框架,并加强了个体的有限理性。若准确的前瞻是企业的宗旨,只关注内部专家便可能有很大的危险,因为这些与既有意见和观点相悖的弱信号往往没有得到足够重视。因此,建议把进一步开放当作一种避免意见和观点过于一致的方式,而这在企业中也被广泛采用。

朋友　利用选定的外部资源(第二阶段)

从第一阶段到第二阶段,观点提供者的范围进一步扩大,超越了组织的边界。在第二阶段加入外部利益相关者,他们能在开放前瞻研讨会上提供特定的观点。有价值的外部资源包括合作伙伴(如研发项目的合作伙伴或提供互补资源的卖主)、供应商、客户以及专家。因此,相比第一阶段,第二阶段获取了更加多样化的见解和视角。在第二阶段,前瞻者在会前和会中参与外部创新源的对话,目的是为内部研讨会提供一些关键信息。公司的前瞻团队通常通过传统的访谈或创意头脑风暴方法,从外部专家处获取信息。这种事先整合外部专家的方式增强了内部前瞻能力。在多轮前瞻研讨会期间,外部专家还可以在两次研讨会之间被整合进来。例如,在一个创意头脑风暴会议期间生成的一些关于机会的假设会被提交给外部专家。外部专家的意见会被归类、汇总，并重新提交给所有专家，专家则被要求基于外部意见提供陈述。为了避免声名显赫的专家和他们作为意见领袖的潜在状态带来的偏见，对最终结果都进行匿名处理。只要专家提供实质性的改变或见解，上述过程就会被重复。这些见解随后被用于企业的前瞻研讨会。

在第二阶段，重点是对全球或特定行业经济形势发展提出总体看法。对某个企业的具体战略不应该是这个阶段的关注重点。

通过整合超越企业边界的外部人员，企业可以识别盲点（图2.4）。可以说企业内部个体会拥有某些共同的观点和信念，这可能是由企业文化决定的。第二阶段可以为企业提供关于识别可能盲点的初步想法。内部和外部立场的比较可以揭示出内部和外部人员对企业发展上存在截然不同的观点，这大致会指向企业的盲点。然而，为了使理解更加深入，内部和外部人员之间的对话是必要的，这是第三阶段背后的基本思想。

> **案例**
>
> **格雷纳（Greiner Perfoam）**
>
> 格雷纳是汽车零部件（包括行李架、装载空间盖和底板）的专业制造商，他们使用创新雷达来分析轻质结构的趋势和机会。他们首先选择了一组员工和外部利益相关者（主要是领先的汽车制造商），分别要求他们列举未来五年将会对行业产生重要影响的因素。其次，同样的内外部个体接收到所有被识别因素的一个列表，他们必须评估列表中因素的相对重要性。通过比较内外部个体的答案，公司能够检测到两个盲点，即外部人员认为重要，但内部人员认为并不重要的问题。此外，格雷纳的创新团队收集了对轻质结构和电子移动性的几个重要见解，即对汽车装载空间内所用材料的新要求。不过，这些见解可能会让公司失望，因为外部利益相关者非常谨慎小心，不愿泄露任何保密信息。外部利益相关者之所以有所保留，原因可能是他们担心信息可能会泄露给竞争对手。通过只整合一个汽车制造商，使其更深入地涉入前瞻过程，排除其他汽车制造商的参与，同时加入其他额外的外部资源（如相关政府决策者、供应商、汽车经销商），前瞻过程可能会取得更好的效果。

当在研讨会中确定需要某种特定信息时，往往利用外部资源来搜索这些信息。如果能成功搜索在某一领域具有相关知识的个体或组织，而他们的工作被认为与企业未来发展有关，那么知识交流可以成为未来合作研究项目的第一步。因此，在前瞻过程中的第一次整合（外部资源）可以是潜在合作的开始。

即使有时在研讨会之前或研讨会进行时利用外部资源已经足够，但是其他时候不同团体之间的深度对话也可能产生更有成果的讨论。通过增加信息、分享看法和质疑假设，可能会开发出更加细致入微的未来情景。因此，开放前瞻研讨会的下一步可以产生附加值。

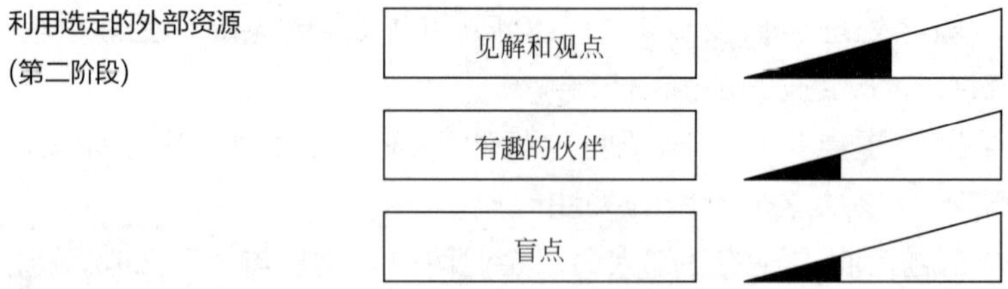

利用选定的外部资源
（第二阶段）

见解和观点

有趣的伙伴

盲点

图2.4　第二阶段的好处

整合选定的外部专家（第三阶段）

进一步开放前瞻研讨会过程，是直接**把外部合作伙伴整合进前瞻研讨会**。在这个阶段，选定的外部资源方会被邀请参加研讨会。

被整合的候选人是业务合作伙伴（如客户、客户的客户、供应商）及行业和趋势专家。把这些人加入前瞻研讨会的一个重要目标是，使得可能被内部专家所忽略的趋势和见解能够表明开放的态度。换言之，相比之前的阶段，第三阶段能够更好地检测企业盲点。内外部人员均参与的研讨会对检测盲区非常有效，因为能够对现有的假设、信念和视角进行综合比较。为了检测盲区，伍尔夫和他的同事提出，要求内外部人员独立列举出可能对行业未来产生极大影响的因素。之后将答案合并，并且在第二轮中，要求所有意见提供者使用量表评估每个因素的影响程度。接着，比较内外部人员的答案，若外部人员考虑了一个密切相关的因素，而内部人员却未曾留意，此时这个被忽视的因素便为盲点。

内外部人员之间的即时互动为厘清专家意见提供了空间。相较于第二阶段，对专家意见的曲解或误读可以避免，或至少是减少。

> **案例**
>
> **巴格达（BGW）**
>
> 　　巴格达成功使用了"专家创新之旅"研讨会检测创新机会，减少从固定式燃气发动机中产生的废气排放。研讨会包括不同年龄和不同经验领域的11个企业内部人员以及7个外部人员，如3位学者（包括一位内燃机教授）和4个有行业背景的个人（包括来自医药行业的药剂师）。研讨会不仅强调了机会，也收集了200种原始创意。在后来的研讨会阶段，一共阐述了25种想法。在研讨会的转移和后续阶段，5种想法被发展成概念，有可能把其中的两个概念加入已计划或正在运行的技术项目之中。启动了两个新项目，其中1个新项目包括了"专家创新之旅"的两位外部成员（1位教授和1位技术供应商）。

此外，研讨会的第三阶段使企业能遵循营销目标，改善和维护客户关系。例如，奥钢联钢铁——奥地利高品质钢材的领先制造商，与来自重要客户公司的跨学科团队召开了为期3天的联席会议。通过这次会议，奥钢联钢铁不仅发现了有关新业务发展的有趣想法，还增加了彼此的理解和信任。通过前瞻研讨会形成的共同经验强化和改善了两家企业之间的关系，对于行业面临的主要挑战和发展趋势形成了共同理解。

与外部资源方开展的联合研讨会为内外部人员的知识共享提供了空间。在共同工作的过程中，可以建立个体之间的关系并识别共同利益。这可以为后期的联合研究项目奠定基础。例如，在IBM公司，开放前瞻研讨会往往是所谓"独一无二"（FOAK）项目的起点。

这一阶段的主要挑战是恰当地选择和调动外部资源方的积极性。首先，明确趋势识别或共享愿景和建立信任是否为研讨会的主要目标，这非常重要。其次，列出选择的标准会很有帮助。若优先识别趋势，通过标准（例如，获取研究前沿或先前创新项目有价值的信息）识别领先用户和专家便很有意义。若优先建立共享愿景和信任关系，列出以下这类标准可能更有用：对网络的影响、合作的强度或效果。最后，必须选择并应用识别适当合作伙伴的方法。金字塔法、实地研究方法以及通过虚拟股市识别的方法已被证明对搜索领先专家用户非常有用。对于识别关键业务伙伴，在销售、市场营销和研发部门的内部搜索，以确定关键合作伙伴和主要客户的过程，则是最有效的选择过程。

> **案例 IBM公司**
>
> IBM公司使用"行业解决方案实验室"，作为IBM公司研发专家和客户的会议室。在这些研讨会中，研发人员和客户在开放的氛围中讨论未来的愿景，并以系统和全面的方式从不同角度看待复杂的挑战。在这些研讨会中，讨论关键技术发展趋势的基础是IBM公司的全球技术展望报告。一方面，研讨会中的讨论用来为恒定的全球技术展望过程收集新观点，确定新趋势和补充现有报告。另一方面，这些研讨会往往首先发起"独一无二"（FOAK）项目。在FOAK项目中，为真正的业务问题首次测试新技术，从而跨越了传统的开发周期，帮助指导以市场为导向的战略研究。成本和风险由IBM公司和客户共同承担，而合作伙伴则因新技术的首次使用获得竞争优势。一个突出的例子便是Aquasar冷却系统。IBM公司的科学家在瑞士苏黎世（Zurich）已经探索出针对计算机系统的创新性的热水冷却技术。使用从自然界获得启发而开发出的概念，他们建议以60°C（140°F）的水冷却计算机，这不仅降低了40%的系统能耗，还促使了多余热量的直接再利用，例如为建筑物供热。2009年，Aquasar与苏黎世联邦理工学院（ETH）的FOAK项目启动，计算机系统样机于2010年投入使用。新颖的排热概念如今为ETH的主建筑供热。为证明此概念，此技术在2012年实现了商业化，它被用于欧洲最强大的超级计算机之一———SuperMUC，该超级计算机位于德国慕尼黑附近的莱布尼茨超级计算中心。

在此阶段，各种被整合的外部观点都对前瞻过程做出了贡献。尽管如此，企业仍可能选择偏见。前瞻研讨会的负责人可能会选择那些或多或少与自己观点一致的个体。如果过于关注专家对于某一行业的看法，那么该行业的普遍逻辑性可能会进一步限制前瞻的能力，从而转为偏见。此外，人员整合也许会造成心理上的群体影响，如群体思维，进而导致观点的一致性。因此，进一步扩大前瞻过程的范围非常有必要，它能够让更多的人提供观点，包括那些不处于直接系统之中的人，甚至那些不被视为该领域专家的人。依靠大量的陌生人，群体甚至可能通过促进大量有识之士之间具体知识和观点的交流来提高前瞻的质量（图2.5）。

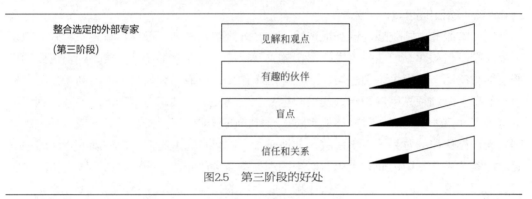

图2.5　第三阶段的好处

陌生人　整合未知的外部资源（第四阶段）

为了收集更多的见解和观点，可以在研讨会之前或进行时**整合未知用户**。第四步允许在前瞻过程中对未来趋势和发展发表不同的见解和观点。与先前阶段相比，此阶段参与者的潜在范围大大扩大。虽然在第二阶段和第三阶段组织者会选择专家参与，但这个阶段的参与者则主要为自我选择。

加入的用户与企业没有或几乎没有关系。他们可以是潜在客户、来自其他行业的专家或完全与企业没有（利益）关系却积极贡献自己见解的人。用户贡献观点甚至加入对话的动机有很多。而强动力之一，是企业选择前瞻调查的主题与这些人的专业领域或个人兴趣密切相关。前瞻平台"健康的未来"的组织者发现，超过60%的注册用户都具有专业的医学背景，包括药剂师、健康咨询和医疗管理人员［马奎尔（Maguire）等，2013］。其他动机，如金钱奖励或同行和企业的认可，在在线社区中也极为明显。任何情况下，在整个前瞻过程中保持较高的积极性并不容易。

在第四阶段特别使用以社区为基础的和众包的方法。这两种方法都依赖于现代信息和通信技术来使大量用户贡献自己的见解，从而提升前瞻质量。社区和群众可以被放置在统一体的两个极端。后者假定由大量互不相识的用户集中完成一个共同目标下相似却又独立的任务。举例来说，使用在线实时信息市场，用户能够产生未来可能出现的情景，评估其出现的可能。这两个任务是独立完成的。在线实时信息市场的基本思想是，在虚拟股市中通过放出大量特定事件使不同群体的参与者彼此交换对未来的不同期望［苏科若科瓦（Soukhoroukova）和斯潘（Spann），2006］，通过激励性的市场机制来提高预测的精度。如前所述，大众汽车集团在其前瞻研讨会中将未来生产情景和这些在线实时信息市场结合起来。这个过程使大众能整合各种差异化的内部观点和知识基础。在开放前瞻研讨会的"陌生人"阶段，这样的信息市场能够包括外部合作伙伴和外部观点。

> **案例**
>
> **"冲刺">"雷达"（sprint > radar）**
>
> 在产品和创新管理中心，在线平台"冲刺>雷达"被用来确定机械电子学领域的发展趋势。最初，该平台开放给所有用户，要求他们对机械电子工程学领域的发展趋势贡献想法。由于最初的做法并没有吸引很多用户注册，负责人便启动了一个不同的计划。他们邀请了约1060名从事机械工程和厂房建设工作的专家，以个性化的电子邮件邀请他们加入平台，讨论机械电子工程学即将出现的发展趋势。这种以社区为基础的方法主要依靠来自北奥地利机械电子工程集群成员企业的专家。为了激励用户注册，并保持其参与的动力，负责人选择了以活动为基础的方法。这意味着相较于先前在社区讨论某个广泛的话题（例如，机械电子工程学领域的新趋势）的做法，该活动方法包含了定期选定主题。每个活动被限制在一定的时间内，以保持平台的活力，以不同兴趣点连接到用户。重要成员积极发表与广大用户有关的具体主题，激励用户初次贡献、引发讨论。通过与该领域专家的对话，最终决定"网络—物理系统"作为活动的第一个主题，因为它被认为具有将自上而下的生产计划转变为自下而上的潜力，目前在行业中受到了广泛关注。"网络—物理系统"包括能协调和控制自身的生产设施，自动包含智能机器、存储系统等。因此，全球生产网络能更适应个性化的客户产品，紧急关头为生产作出改变，以及更加有效地利用资源。通过这种方式共出现了244名注册用户，可以被认为是成功的。

在前瞻质量方面，苏洛维奇（Surowieki）主张群众相对专家而言所具有的优势。他谈到群众的智慧，认为（拥有个人观点的）差异化人群先独立决定，然后经过汇总，可以比专家在某一个领域作出更准确的预测。

与此相反，社区由具有共同兴趣的人形成。用户致力于社区的目标和对彼此的承诺。通过举办全球前瞻研讨会，可以把开放前瞻研讨会的观点表达清楚。这在大型**多人预测游戏**中已成为现实，如由位于帕洛阿尔托的未来研究所设计和运行的游戏"超级结构"。组织者表示，2008年9~11月，8000多名选手预测了人类的未来。出发点是围绕一个故事开发的情景，故事是一台超级计算机计算出人类只有23年的时间来拯救世界了，否则一个威胁密码会导致系统崩溃及人类的灭绝。确定了5种超级威胁：①隔离；②饥饿危机；③权力斗争；④罪犯星球；⑤基因流放。玩家沉浸在一个视频情景之中，并受邀提交故事。在游戏运行中，玩家通过各种媒体渠道，如博客、聊天、脸书（Facebook）和维基收集有关情景的信息。游戏最终收集了超过1000个故事。自2008年上传以来，其在YouTube上的视频已经有52000人次观看。

最近，有一个在具体环境中应用这种方法的例子，这是解决一个不太引人注目却也极度相关的挑战。例如，最近的游戏会邀请玩家提交观点，并就有关医院的未来[马奎尔（Maguire）等，2013]和智能电网[谢里（Cherry），2011]等主题与全球各地的人交换想法和意见。24小时游戏"2025年的智能电网"是由未来研究所在2011年与IEEE频谱共同运行的。通过视频穿越到未来场景，玩家开始通过提交卡片（即与推特类似的微型预测）交流，对智能电网的未来提供陈述和观点。其他玩家被邀请以这些想法为基础发表评论、改编。最终共有来自97个国家的681名用户注册，并提交了4690张卡片[谢里（Cherry），2011]。当其他玩家回应自己所提供的卡片时，这位玩家便获得了成功。这种游戏体现的是自下而上合作预测未来，利用群体智慧的过程。

通过第四阶段的前瞻研讨会，企业还可以识别有趣的合作伙伴共同对未来活动进行创新。在某个特定兴趣领域，采用基于Web的创新想法的公开征集是一种自我选择机制，它常常能够吸引那些对这个话题感兴趣的个人。在这种公开征集中贡献好想法的个人是特定领域创新研究项目的理想人选。在西门子公司的例子里，公开的创意大赛结合了针对高校的提案征集（见下文案例）。这种方法的积极效果是收集了关于未来主题的框架，同时也选择了与未来项目目标完全一致的合作伙伴。随着开放性的提升，保密问题也变得更加重要。哪些信息可以透露给公众，而哪些需要保持在企业内部？这些紧迫的问题必须得到解决，并事先经过深思熟虑。西门子公司决定开放的几个步骤有：第一步，在一场网络创意竞赛中向学生宣布一项非常宽泛的任务。第二步，宣布公开征集研究提案。获奖者获得合作研究项目的资助。在透露重要的公司信息之前，与潜在的研究合作伙伴签订保密协议。

案例 西门子公司技术研究

为探索智能电网技术领域的未来商机，西门子公司决定利用开放式创新的方法。第一步，在线宣布未来插孔创意大赛（www.smartgridcontest.com）。这种智能电网创意大赛始于2011年4月，主要是针对普通大众。共有2154名参与者提交了448种创意，设计了更灵活、更智能的能源网络。比赛的获胜者来自新加坡国立大学（新加坡）、EIT ICT实验室（德国）、加利福尼亚大学伯克利分校（美国）和Intelen（希腊）。西门子公司通过比赛收集了很多有趣的创意，它还争取与科研合作伙伴在研究的前沿密切合作。因此，公司在第二步征集了科学研究提案，并提交给世界各地的大学。为进一步提高有趣且有潜力的大学合作伙伴提交提案的可能性，西门子公司的员工通过搜索科学数据库，提前联系在相关领域出版过学术论著的教授。从提交的提案之中，西门子公司的研发经理选出10个入围项目，然后在2012年初通过联合研究项目将这些入围项目实现，这些入围项目得到了100万欧元的赞助（www.smartgridcontest.com/start.php）。

大量"陌生人"参与的方法，即众包或以社区为基础的虚拟前瞻研讨会，特别有效，因为参与者是自我选择，而不是向那些预先选好的对象寻求意见。自我选择是一个重要前提，它能规避过滤和选择偏差。这是一种所有其他选择过程所固有的偏差，因为人们在选择时会倾向于选择与自己意见或评估一致而不是相左的人。若想检测盲点，这些偏差便是最主要的障碍。当大量的陌生人通过自我选择加入，研讨会不再仅限于预先选定的参与者时，会上便能提供更多差异化的观点，更好地理解未来的威胁和机遇。第四阶段的好处见图2.6所示。

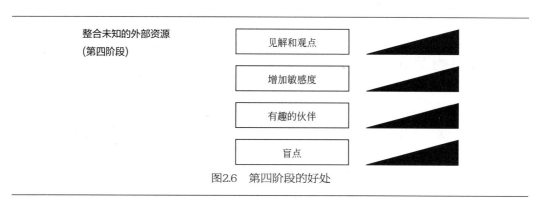

图2.6　第四阶段的好处

2.4　需要注意的几个陷阱

假设参与者天生会积极地贡献

需要注意的主要陷阱是认为贡献仅仅涉及基础设施。当然，一个精心策划的研讨会环境是必要的，基于Web2.0的易用IT工具使虚拟前瞻研讨会更加方便。然而，内外部人员为开放前瞻研讨会作贡献需要受到激励。首先，为了同时激励内部和外部人员，参加的结构性条件也必须设置妥当。对于内部人员，必须征得其上司的同意。因此，研讨会第一阶段的组织者（选定的内部人员）必须从一开始便确保得到各阶层管理者的支持。其次，超出内部边界的知识交流会影响个体贡献者做出决策的过程，并从中受益。内部人员不得不从自己原已极度紧张的日程中抽出时间参加前瞻研讨会。在我们从行业中得知的几个开放式创新项目中，受邀参加研讨会的内部员工的反应是"玩装死"，即不在研讨会中出现，不回复电子邮件，等等。为了防止这种现象发生，研讨会的组织者可以提供内部员工参加前瞻活动的必要性，以及更详细而合理的理由。可以列出多类专家的理由，或明确出示具有特定知识专家的调查结果。最后，组织者要特别注意激励外部人员的方式。例如，根据调查的背景和主题，可以通过货币补偿（如在第二阶段）、所产生见解的排他性（如在第三阶段），或者仅仅是对话题的兴趣（如在第四阶段），来激励外部人士参与。

强调第一步，忽略后面的步骤

另一个常见陷阱是低估了评估和针对收到的远见采取行动所需的时间和资源。随着贡献者越来越多，收到的建议和未来调查领域的数量可能会增加。这意味着，对外开放前瞻过程可能会带来更多的建议,而这些建议必须在下一步中进行评估。在极端情况下,所整合的"人群"可能会带来数量庞大的建议,以供进一步调查。这种挑战在开放式创新实践中极为常见。2008年是谷歌公司成立十周年,它宣布了1000个项目。这是一个创意大赛,收集关于如何改变世界并帮助尽可能多的人的创意。谷歌公司共用了1000万美元资助这些创意。最后,用户提交了超过15万个创意,然后由3000名谷歌员工进行评估[谷歌(Google),2009]。换句话说,拓宽创意搜寻者的范围必将导致更多的协调需求。为了能够处理收到的见解,不妨仔细设计接下来的处理步骤,特别需要一种定义良好和高效的审查过程。

2.5 成功的关键

到目前为止,本章讨论了开放前瞻研讨会的各个阶段,以及哪些工具可以用来有效地开展研讨会。我们已经明确,当谈及开放的五大原因时,每个阶段都有其优点和局限性:①收集对未来发展趋势的不同见解,激发可能带来机会的观点;②让员工对未来发展更敏感;③确定有趣的合作伙伴以开展创新研究项目;④检测盲点;⑤建立承诺,建立信任,加强合作关系。若想充分利用这些阶段(第一至第四阶段),企业需要把这些阶段整合起来。若组织者能够有效地对内外部能力进行整合,多阶段的方法便非常强大、实用。在这样的多阶段方法中,研讨会的组织者可以在多个研讨会(第一和第二阶段)中整合内外部的专家,并在研讨会之前、之中和之后引入知名专家(第三阶段)和/或人群(第四阶段)带来的额外的外部冲击,具体可参见图2.6。

案例

Scout24控股有限公司

Scout24控股有限公司运行平台包括AutoScout24,ElectronicScout24,FinanceScout24,FriendScout24,ImmobilienScout24,JobScout24,TravelScout24以及Jobs.de和Local24。Scout24使用虚拟平台来揭示发展趋势。和内部专家一样,外部专家已经能够提交趋势(第一和第二阶段)。所有员工都能访问虚拟平台,可以评估、评论和讨论趋势(第四阶段)。社区评价被用作创新部门内部对趋势的首次评估和内部专家更详细的评估(第一和第二阶段)。内部专家选出有意义的趋势,接着由专家组成的委员会(第一阶段)进行讨论。最后得到的一组趋势被呈现给高层管理者。虚拟平台的引入有效地支持了对内外部专家以及员工的整合。虽然前瞻过程所需的时间减少了,但是数据的质量却提高了。

案例来源于德斯特(Durst)等(2010)。

例如，在两次研讨会之间，可以使用众包的方法来评估和补充第一阶段研讨会中所确认的趋势。在众包方法中，被列为非常重要的趋势随后会在第二次研讨会上继续讨论（如将已确定的趋势转为新产品的想法）。多阶段方法在有关未来发展的讨论中可能极为有效。结果可能是，参与的企业员工更加明确了未来的发展方向。关于未来发展方向的挑战性观点对企业战略开发也大有裨益。

Scout 24控股有限公司的案例显示了整合过程，使得员工不仅对未来发展而且尤其对外部人员所收集的宝贵意见更加敏感。

然而，对于成功举办开放前瞻研讨会，了解不同阶段并把每个阶段都整合起来并不够。企业不得不全盘计划、全盘执行，并确保研讨会结果的顺利执行。在以下四个环节中，有几个活动和决定必须执行：①前瞻预热；②招募参与者；③观点生成；④观点整合（图2.7）。

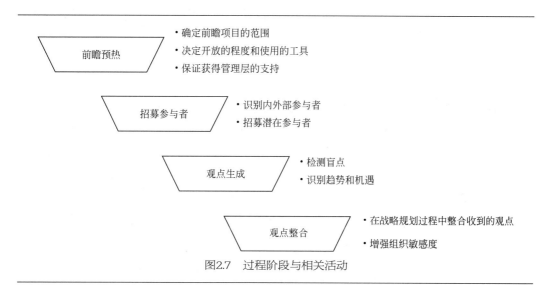

图2.7　过程阶段与相关活动

在前瞻过程的这四个阶段中，开放式前瞻研讨会的组织者可以采取有计划的行动来支持这一过程。

前瞻预热

许多前瞻过程的失败发生在预热和后续阶段。为避免在前瞻预热阶段失败，组织者应在前瞻研讨会一开始就仔细考虑其预期结果：是否期待完全展开的未来情景？产品开发的新想法是否应以预期情景为基础，还是说目的是获得有关发展趋势的第一感觉？明确结果是非常重要的，因为若能明确预期结果，组织者便会选择适当的人和方法参与前瞻过程。例如，一个合作前瞻游戏提供了大量简短的微博式语句，这可能会提供一种对未来发展趋势的预判。这种方法不太适用于创建包括利益相关者、竞争者等之间依赖关系的集成情景。因此，组织者不得不明确预期结果，同时为实现这些目标提供管理支持也同样重要。此外，组织者必须确定开放的程度，如仅对内部开放是否足够（第一阶段），或是否有必要在此过程中整合外部人员（第二至第四阶段）？

为了作出这一决定，组织者在组织开放式前瞻研讨会时，不得不考虑企业内部和团队内部在开放式创新项目中的先前经验。随着开放性不断提升，不同观点提供者之间的协调也越来越复杂，而企业对日益复杂问题的协调难度则常常被低估。开放式前瞻研讨会的组织和协调可能会给团队带来新的挑战。举办开放式前瞻研讨会的原因之一，是收集对未来发展趋势的不同见解以及启发、发现潜在机遇。能带来不同见解和观点的参与者大多具有不同的背景，拥有不同的需求，会采取不同的沟通方式。因此，若想增加预测的准确性，需要增加拥有不同经验和态度的参与者，这同时也可能带来挑战。对于这些挑战，如果不能有效处理，可能会极大地破坏前瞻研讨会的整体效果。因此，研讨会的组织者必须估计参与者的能力范围和实际限制，并采取相应的处理方式。若发现缺乏处理多元化参与者的经验，那么寻求专业的协助也是合理的。专业顾问或专业创新中介机构能为处理开放式创新项目提供必要的专业知识。因此，在组织和主持开放式前瞻研讨会时，它们可以作为内部资源的补充。

招募参与者

成功招募参与者的关键是吸引和激励人们为研讨会建言献策。

这个问题在第一至第三阶段同样重要。在这个问题上，只有第四阶段是例外。参加第四阶段的前瞻过程的个体一般通过众包方式自行选择参加。我们将首先讨论第一至第三阶段成功选择的原则。之后，我们将说明企业如何在前瞻过程的第四阶段成功影响参与者的贡献。

在第一至第三阶段中，考虑历年的记录和个人网络非常重要。你也许希望邀请一些具有远见卓识、开放和创新的个人加入。此外，开放式前瞻研讨会受益于跨越边界个体的加入。这些"边界跨越者"是由拥有庞大网络的个体组成的，在这种网络中，"边界跨越者"松散地与外部人员保持联系。他们与各种各样的人沟通，了解不同的观点和经验，进而将其带到研讨会中。这对专家来说一样成立，他们在自己的组织内部或组织之外的实践社区中尤为活跃。当这些个体在研讨会中努力获得外部知识时，组织者应该主动支持他们。

在第四阶段，有两个步骤的方法适合吸引参与者。第一步是吸引那些具有一定吸引力的关键人群参加。找到这种参与者的一个好方法是组织者联系与自己关系密切的个人。另一个方法是联系兴趣领域最活跃的博主或在社交网络和微博上打广告。网络社区领域先前的研究表明，如果一定数量的参与者是某个平台的活跃用户，口碑效应便会开始发挥作用。因此，其他用户由于网络上传播的信息被吸引过来。这类关键人群激发了平台上一定程度的参与性和创造力。第二步是使用双向交流渠道。互动和合作始于招募阶段。组织者和主持人应当与潜在参与者进行对话，唤起他们对讨论主题和所用方法的兴趣。

观点生成

观点生成阶段是前瞻过程的核心。在此阶段会产生有关企业未来发展的观点。

因此，前瞻过程可以揭示出盲点，识别出未来的发展机会，并产生对未来的设想。

根据选择的方法，组织方可以接收大量"未来会如何发展"的创意。第四阶段描述的关于人类未来的众包游戏，参加者提交了1000个关于未来的故事。为了能够有效处理结果，就必须仔细规划如何分析、解释和处理所收到的结果。一种可行的办法是不仅通过众包的方式产生观点，也依靠群众来评价收集到的概念。这样做有很多方式，复杂程度不一。一种非常简单的方法是提供为某观点"点赞"的功能（脸书上常用的功能），并对用户的"点赞"进行计数。预测市场是一个更复杂的评估工具。

另一个挑战是开放式前瞻研讨会参与者潜在的多样性。前瞻研讨会中有很多具有不同背景、实践和兴趣的人参与并彼此合作，这可能会导致各种沟通的挑战。为了方便沟通，你可能希望**引入边界目标**，例如，将未来情景可视化作为共同讨论的目标。如果决定使用基于平台的在线方式，这也是必要的。例如，以"大规模合作性前瞻游戏"为例，提供视频情景来支持存在极大差异的参与者之间达成共识。

观点整合

研讨会过程的最后一步是利用收集的观点制订战略和确定行动。前瞻团队必须讨论不同行动路线的含义，并采取必要的措施，以获取最佳行动路线。

为了成功实施这一步骤，所有利益相关者都被告知了开放的方法，并必须致力于这种方法。缺乏投入可能是由早期阶段缺乏整合引起的。为了避免这种情况，需要考虑是谁在使用这些最终得到的观点。组织方需要将会处理结果的各方**整合进研讨会**，以确保早期便发展出**主人翁意识**。如果积极整合外部合作伙伴，这种主人翁意识可能会超出企业的设想。整合公司内部员工和外部商业伙伴的联合前瞻研讨会是一种强大的工具，它能帮助其获得对未来挑战和战略行动的共同理解。因此，外部利益相关者和员工感到自己有责任致力于这些行动并联手实现这些战略。

此外，开放式前瞻研讨会必须被**整合**进公司的战略计划。因此，组织方必须相应地确定如何进行衔接。最后，需要加强对研讨会成果的沟通，并在内部进行营销推广。例如，西门子公司有自己的杂志《未来之窗》，以交流关于未来发展的想法。通过这种方法可以激发整个公司对于未来发展的讨论。随着大家对此越发敏感，进一步讨论研讨会的成果就会更容易。

2.6 结论

本章认为，开放前瞻研讨会是增强前瞻进程的重要手段。除了增加大家对今后发展的敏感性，我们已经提供了开放企业前瞻过程的几个重要原因，并说明了开放程度逐渐加深的四个阶段。各种实例展示了像西门子、格雷纳或大众汽车这样的企业如何实施开放前瞻研讨会，并从他们在前瞻流程中整合外部合作伙伴的积极影响中受益。

参考文献

[1] Brown, J. S., P. Duguid, 1998, Organizing knowledge, California Management Review, 40(3), 90-111.

[2] Cherry, S., 2011, Planning the Smart Grid of 2025—Today. Transcribed interview by Steven Cherry (IEEE) with Jake Dunagan, http://spectrum.ieee.org/podcast/at-work/ innovation/planning-the-smart-grid-of-2025 today (accessed July 1, 2013). To hear the podcast, visit www.iftf.org/uploads/media/IEEESpectrum_2011.03.07_Smart- Grid2025_Game.mp3

[3] Chesbrough, H., 2003, Open Innovation: The New Imperative for Creating and Profiting from Technology. Harvard Business School Press.

[4] Chesbrough, H., 2006, Open Business Models: How to Thrive in the New Innovation Landscape. Boston: Harvard Business School Press.

[5] Cunha, M.P., P. Palma, N. G. da Costa, 2006, Fear of foresight: Knowledge and ignorance in organizational foresight, Futures 38, 942-955.

[6] Durst, M., S. Stang, L. Stober, F. Edelmann, 2010, Kollaboratives Trend management, HMD—Praxis der Wirtschaftsinformatik, 273, 78-86.

[7] Google, 2009, Announcing Project 10^100 idea themes. Project 10^100 Team, September 2009, www.googleblog.blogspot.co.at/2009/09/announcing-project-10100- idea-themes.html (accessed June 30, 2013).

[8] Higham, W., 2009, The Next Big Thing: Spotting and Forecasting Consumer Trends for Profit. London and Philadelphia: Kogan Page.

[9] Maguire, R., B. Kreit, S. Smith, B. Hamamoto, D. Hendricks, 2013, "Future of the Hospital" public summary report. Institute for the Future, www.iftf.org/fileadmin /user_upload/downloads/ourwork/SR-1557C_PUBLIC_FOH_report_web.pdf (accessed June 30, 2013).

[10] Porter, M. E., 1980, Competitive Strategy, Free Press.

[11] Soukhoroukova, A., and M. Spann (2006) Informationsmarkte, Wirtschaftsinformatik, 48(1), 61-64.

[12] Surowiecki, J., 2005, The Wisdom of Crowds, Random House Digital, Inc.

[13] Wulf, T., C. Krys, C. Brands, P. Meibner, S. Stubner, 2011, Ein Radar fur die Strategie- planung, Harvard Business Manager, 3, 56-62.

[14] Zahra, S. A., S. S. Chaples, 1993, Blind spots in competitive analysis, The Academy of Management Executive, 7(2), 7-28.

作者简介

克丽丝汀·劳（Chrisiane Rau）是北奥地利应用科学大学创新和产品管理中心（IPM）的创新管理专业的教授。她的研究侧重于创新过程中的组织行为，特别是外部和内部项目合作伙伴之间边界的机遇和挑战。她的研究成果已经发表于《研发管理》《技术分析和战略管理》等期刊上。她于埃尔兰根大学创新和价值创造研究所（Möslein教授）读完了博士，并加入了伦敦帝国学院的一个研究项目，在约翰·贝赞特（John Bessant）教授（创新实验室）的指导下合作研究项目。她有工业工程学背景。

菲奥娜·施韦策（Fiona Schweitzer）是北奥地利应用科学大学创新和产品管理中心（IPM）的营销与市场研究专业的教授。她的学术研究主要集中在开放式创新、将客户融入创新过程、创新前端、智能产品和技术接受。目前，她正致力于一个受到资助的三年研究项目，主要研究中小型制造企业创新项目的模糊前端阶段所使用的客户整合工具。她已获得三项最佳论文奖，已提交并在多个科学会议和学术期刊上发表作品，如《创新管理国际期刊》《研究技术管理》。她拥有营利性和非营利性组织的产品管理背景。

奥利弗·加斯曼（Oliver Gassmann）是瑞士圣加仑大学创新管理教授和技术管理研究所常务董事。1996年获得博士学位后，他在瑞士埃比孔主持迅达公司的公司研究项目。他的研究重点是如何从企业的开放式创新和全球研发管理中创新并获得利润。他的研究成果发表在《研究政策》《研发管理》《管理期刊》《长期规划》《国际技术管理杂志》《世界商业杂志》和 *MIR* 等顶级期刊上。他撰写了许多书籍，包括著名的《管理全球创新》。他是几个国际学术理事会和产业委员会的成员，1998年由于在创新管理实践研究方面的贡献被授予 RADMA 奖（研究与发展管理奖）。2009年，他被（美国）佛罗里达州奥兰多的国际技术管理协会（IAMOT）指定为最活跃的前50位研究者之一。

第二部分
产品开发阶段的开放式创新

PART 02

在创新模糊前端的末期,一个产品的概念已经成型,所有技术、市场和竞争的未知因素已大量减少或消除,从而使项目进入到企业的正式开发过程。然而在此阶段,创新的工作还远没有完成。概念仍须转换成一个实体原型,必须选择产品所包括的具体功能,需要在不同的技术要求之间权衡取舍,所得的产品需要获得顾客反馈,并且必须有制造工艺。最后,必须设计营销和产品推广过程。所有这些任务都带来了很多外部整合机遇,使得企业能够将客户、供应商和其他专家整合进创新过程,优化商业化结果。第二部分包含4章,可以指导我们在开发过程中采用开放式创新的方法。

第3章是倾听虚拟客户的心声——产品创新中的社交媒体运用。安娜·杜比尔(Anna Dubiel)、蒂姆·布雷森多夫(Tim Brexendorf)和塞巴斯蒂安·格洛克纳(Sebastian Glockner)展示了多种企业可受益于在新产品开发过程中通过社交媒体收集观点的方式。这些方式范围很广,有的只需很少的投资(除了时间上的)、非常被动的机制,有的则提供了更多互动且更为耗时的技术。本章相继提供了很多案例,并在结尾提供了企业在使用这些技术时想取得成功需要注意的多个关键点。

在第4章中,彼得·科恩(Peter Koen)详细解释了如何使用三种不同的"虚拟"众包市场来增加产品创新成功的概率。这些市场一般采用"大众"——非组织成员(通常不做区分)个体的集合——作为几种不同方式之一。然而,该章也对企业如何使用自己的员工提出了建议。预测市场被用来预测特定的未来事件,例如市场将购买多少产品。这个数字可以帮助企业确定配置多少制造能力。偏好市场用来帮助企业确定,例如,某个产品中应包括哪些功能——而同样重要的是,应删除哪些功能。最后,创意市场使得公司能够利用大众解决困难的技术问题或开发新概念。

视觉思维技术可以用来帮助企业获得隐性的或难以表达的信息,这些信息可能来自外部专家、客户或供应商,如凯伦·克罗伊茨(Karen Kreutz)和金姆·本茨(Kim Benz)解释的那样,它们可以帮助企业推动隐性知识与视觉思维技术的融合,推动创造性开放式创新的合作。该章的重点是介绍当你的员工与企业的专家或与其他企业合作时,为什么以及如何运用视觉思维技巧。简单地说,因为不熟悉对方的思想世界和缺乏信任,引入外人携带的隐性知识可能异常困难。为了顺利实现隐性知识的转移,作者首先提供视觉思维的概述,其包括两种主要类型:图形组的流程和知识建模。作者接着解释了何时使用两种不同类型的视觉思维技术,以及隐性知识如何获取、组织和呈现。

在第二部分的结尾章节中，托马斯·特罗赫（Tomas Troch）和汤姆·德·卢克（Tom De Ruyck）探讨了如何通过私人在线社区将客户整合到创新过程之中。在后面的章节中，作者深入探讨了社交媒体工具的作用，即通过私人在线社区推动用户合作。除了解释企业为什么要通过私人在线社区为潜在客户和现有客户开放自己的产品创新流程外，他们还提供了具体的实现方法。作者接着描述了使用不同方法的时机并加以比较。最后，他们提供了相应案例，为公司建立私人用户社区描绘了蓝图。

3

倾听虚拟客户的心声——产品创新过程中社交媒体的应用

安娜·杜比尔（Anna Dubiel）

WHU-奥托贝森管理学院

蒂姆·奥利弗·布雷森多夫（Tim Oliver Brexendorf）

WHU-奥托贝森管理学院

塞巴斯蒂安·格洛克纳（Sebastian Glockner）

WHU-奥托贝森管理学院

3.1 引言

开发出市场导向的、具有明确定义的完善销售计划的新产品，这对成功的创新者来说至关重要。不以有竞争力的价格满足客户需求的产品注定会失败。传统意义上，企业内部研发部门使用专有资源，全权负责源源不断地提供这种新产品。像AT&T的贝尔实验室和施乐的帕洛阿尔托研究中心这样的几个知名研发机构提供了很多证据，证明了这种内部研发战略的可行性。然而，在过去的20年里，宝洁和3M这些具有开拓精神的企业已经意识到，处于企业边界之外的其他大量的创新资源仍被闲置。利用外部利益相关者作为创新的互补源，从而开放企业的新产品开发（NPD）活动，如今正变得越来越重要。调动客户、供应商或外部研究资源有助于更好地开发新产品，进而最大限度地降低失败的风险。在这些外部利益相关者之中，客户往往是关键的参与者。然而，倾听客户的心声（VOC）为新产品开发团队带来了严峻挑战，因为识别客户需求并随后辨别其中最重要的信息是极度耗时的过程。因此，选择"正确"的客户或直接联系终端客户是最为重要的。潜在的解决方案可以是选择在线工具，允许更有效和直接的用户参与，这比离线解决方案可能更好。

通过社交媒体整合客户的方法变得越来越重要，并且在近几年发展迅猛。社交媒体的一个突出的例子是脸书，它已成为世界范围内的社交网络。它成立于2004年，截至2013年用户已增加至11亿。同样，推特提供的是一种微博服务，至2013年秋已有17亿注册用户。这也难怪很多企业希望在自己的新产品开发活动中把这些（潜在）客户群利用起来［马卡姆（Markham）和李（Lee），2013］。与"离线"客户相比，在线客户可以方便地收集新的产品理念，与各企业分享他们特定的需求。此外，与社交媒体用户交换信息非常直接和即时，实行起来的费用也适当。然而，新产品开发阶段听取客户意见虽是成功创新者的一贯做法，但其在在线工具使用中却似乎仍未成为惯例。例如，德国消费品和服务行业一项最新的研究显示，超过半数的受访企业从未在新产品开发活动中使用虚拟工具来整合用户创意［巴特尔（Bartl）等，2012］。与此类似，莫斯科及其同事认为，大约一半这样的"客户—企业联合新产品开发"举措失败了，普遍原因是客户会"劫持"这些项目、嘲笑企业，而不是提供严肃的反馈。然而，最近的PDMA比较绩效评价研究表明，成功的创新者使用社交媒体的程度远远高于不太成功的企业［马卡姆（Markham）和李（Lee），2013］。显然，社交媒体应用——作为收集客户意见的一种虚拟传输方式，为企业带来了挑战。但现有的证据初步表明，在新产品开发阶段恰当使用社交媒体，可以帮助企业更好地创新。

在本章，我们将讨论社交媒体应用以及它们在新产品开发中的作用。首先，我们简单介绍了在成功实现新产品开发过程中客户意见的作用，并介绍了最重要的社交媒体应用。其次，我们继续介绍新产品开发中整合社交媒体的三个层次，从企业角度分析：1级表示通过观察社交媒体内容被动地参与，2级表示以企业自身名字在第三方平台上更积极地参与，3级表示企业精心设计社交媒体内容，并主动解决客户的问题。为此，我们展示了目前最流行的工具，这些工具能推动产品开发团队和客户的沟通与共同努力。此外，我们还提供了如何使用这些工具的说明性实例。最后，我们在结尾展示了从这些事件中吸取的一系列经验和教训。后者旨在为计划在新产品开发活动中使用社交媒体的企业提供指引。由于我们的案例和社交媒体所依赖语境的特征，本章主要针对的是企业—消费者行业，尤其是快速消费品行业（FMCG）制造商的需求。

3.2 虚拟客户的心声

学术研究和管理经验都表明，使（潜在）客户更密切地参与新产品开发过程，可以帮助企业开发用户喜爱的产品。首先，研究发现企业将客户整合进创新过程会提高效率，如创新周期缩短、客户忠诚度增加［巴特尔（Bartl）等，2012］。这是因为客户往往是特定知识领域的专家，并能为新产品开发做出有价值的贡献。特别是有关客户的欲望和需求的信息，对于新产品开发极为重要［格里芬（Griffin），2013］。

更具体地讲，学术研究表明，使客户加入新产品开发过程在项目开始初期以及后期均卓有贡献［格鲁纳（Gruner）和洪堡（Homburg），2000］。例如，终端用户提供了大部分来自企业外部的新产品创意［克劳福德（Crawford）和贝内德托（Di Benedetto），2011］。同样，他们可以帮助评估最初的产品概念，更好地将新产品开发与市场需求相匹配。客户的参与也是商业化过程的重要步骤，因为它有助于更好地调整产品，改善产品定位，以及做出更好的市场推广策略［格鲁纳（Gruner）和洪堡（Homburg），2000］。

幸运的是，客户往往愿意分享自己的知识、创造力、判断力，帮助自己偏爱的企业开发其所需要的产品。此外，很多人都愿意免费或以非货币奖励如推荐信或感谢信的形式提供意见。其他人则渴望自己设计产品，随后从企业中以高于未定制产品的价格购买自己的产品。

与客户有关的挑战是，他们往往难以表达自己的潜在需求或自己提供解决方案。不同客户的观点在质量、数量以及多样性方面差别很大，而且也会随着他们加入新产品开发过程的时间而有所不同［莫斯科（Verhoef）等，2013］。通常情况下，这些举措只能产生渐进式的创新。

3.3 社交媒体现象

社交媒体的相关性及定义

近年来，随着脸书和推特这样的社交媒体的应用，它们已成为对企业和客户影响越来越大的网络平台。目前，客户要花25%左右的上网时间在社交媒体网站上［威尔科特斯（Wilcox）和斯蒂芬（Stephen），2013］，这样的社交媒体应用已经无处不在。社交媒体——作为媒体的一种特殊类型，可被定义为一组基于网络和移动端的互联网应用，其支持创建、交换和消费内容，使不同用户（组）和实体之间得以连接［霍夫曼（Hoffman）、诺瓦克（Novak）和斯坦（Stein），2012］。因此，社交媒体通过结合技术互动与社会互动共同创造价值。人们使用社交媒体主要是为了互相联系（例如，分享和社交、实现社会目标、与同龄人互动）和/或直接与社交媒体的内容互动（例如，探索和学习、实现知识和内容目标、与社交媒体交换信息）［霍夫曼（Hoffman）等，2012］。因此，社交媒体的特征在于，用户的参与和内容生成、用户之间的网络连接效应，以及其可扩展性。用户参与、用户生成内容的开发、网络效应的产生、发展壮大的能力使企业能够利用众包的价值（无数人的创意集合），并从社会大众的集体智慧中受益。

社交媒体的形式

社交媒体有很多形式，并且在不断变化。通常（但部分重叠）的分类包括了社区、社会出版、社交商务和社交娱乐［塔滕（Tuten）和所罗门（Solomon），2013］。

社区是社交媒体的渠道，专注于在社区的情境下维护用户之间的关系，强调用户的贡献和经验共享。社区包括社交网站（如脸书、谷歌+、领英）、留言板（如

Peachhead）和论坛（如CarForums.com）。

社会出版支持对其他用户进行内容传播。该类别包括博客（如bryanboy.com、notwithoutsalt.com）、微分享网站（也称为微博，如推特）和多媒体分享网站（如网络相册、YouTube）。

社交商务媒介增加了产品和服务的网上购买与销售。著名的例子包括评论和评级网站（如亚马逊、到到网）、交易网站和聚合（如高朋团购）、社交购物市场（如脸书互连）以及社交店铺（如Payvment）。

最后，社交娱乐包括提供游戏和享受的社交媒体渠道。社交游戏（如开心农场）、虚拟世界（如第二人生）和娱乐社区（如我的空间）是这类网站的代表。

此外，社交媒体在过去十年经历了快速的国际化进程，许多具有国家特色的应用如雨后春笋般快速发展起来。著名的例子包括德国大型社区Xing和中国最大的微博应用新浪微博。表3.1概述了多种社交媒体应用。

表3.1 社交媒体的形式、种类和应用概述

平台类型	应用实例	简述
社区		
社交网站	脸书	会员拥有自己的档案，共享信息、链接，并与其他用户和企业交流。这些网站上的人经常通过发帖，链接的照片、视频和其他多媒体形式实现信息共享
论坛/公告板	CarForums.com	会员可以添加自己的主题，并回答其他成员张贴的问题，通常允许每个人阅读一切信息
社会出版		
博客	notwithoutsalt.com	会员可以发布别人可阅读、评论和转发的信息。博客的这些评论和论坛相似，但它们属于博主，讨论通常集中在博客的特定主题之中
微博	推特	会员可以发送、订阅任何人的更新信息
多媒体共享	网络相册，YouTube	会员可以上传和分享各种媒体信息，如图片和视频。大多数类型都有额外的社交功能，如档案和评论
社交商务		
评论和评级	亚马逊、到到网、yelp	会员可以发布自己对产品的意见。在此基础上，人们可以寻找和发现感兴趣的产品和服务
交易网站和聚合	高朋团购	会员可轻易和快速收集一些热门和不太知名网站的优惠信息。他们可以浏览目前提供的所有优惠
社交购物市场	脸书的购物	会员在社交媒体页面中集成的社交购物商场购买或卖出产品
社会商店	CoreCommerce或脸书上的Volusion平台	会员可以通过社交媒体页面上自己网上商店的具体应用展示项目。有兴趣的客户会被引导点开商店的网址，如亚马逊或易趣，并在那里完成交易

续表

平台类型	应用实例	简述
社交娱乐		
社交游戏	开心农场	会员可以玩嵌入社交网络的游戏,并相互交流自己的体会
虚拟世界	第二人生	会员可以通过虚拟世界的化身互动并交流
娱乐社区	我的空间	会员可以在娱乐平台发布自己的电影、图片、意见和评论

3.4 社交媒体在新产品开发阶段的应用

概述

企业利用社交媒体力量的方法有很多。如今,不仅有数以百万计的客户愿意在线分享自己的产品体验、意见和需求,还有很多平台可方便与他们取得联系。后者尤指社区、社会出版和社交商务应用。社交娱乐似乎一般不适合提供直接的新产品开发意见。在开始利用社交媒体开展新产品开发之前,企业可以先决定从哪种类型的客户中获得意见,该决定会对获得特定的结果有所帮助。是终端用户、领先用户(领先于市场趋势、非常有可能推动特定创新发展的个人)、意见领袖,或者甚至是非用户❶[克劳福德(Crawford)和贝内德托(Di Benedetto),2011]?

为帮助管理者决定在新产品开发中使用社交媒体的程度,我们描述了三种参与程度。开始时,若没有巨额的投资,企业也能简单收集、评估和使用已有的在线数据。产品和与产品有关的问题在众多的公告板、论坛、博客以及其他在线平台得到了讨论。只需一台能够联网的计算机和一个搜索引擎,企业便可以——甚至无需透露自己的公司名,发现客户对自己产品的看法,明确自己遇到的问题。我们将这种纯粹倾听客户意见的归为1级,因为这里所需要的人力和资金投入最少。

当然,企业也可以更积极地利用社交媒体应用获取相关信息。例如,企业可以在公告栏、论坛和社交网络上创建自己的账户,从而与客户更详细地讨论与产品相关的问题。通过这种方式,可以更深入地了解客户的需求。因为这种方式需要企业更多的参与,我们将此类归为2级。

最后,常用的应用程序所提供的标准化社交媒体工具可能无法满足所有企业新产品开发的需求。因此,在3级这个分类下,企业设计自己的社交媒体工具。这个分类不仅仅是简单地在自己的脸书主页上发布投票选项,而是包括如为客户定制工具包,支持客户创造自己的想法等。一方面,这种方法使得高度定制的工作流程和多样化的客户交互模式成为可能;另一方面,这种方法也增加了成本,需要企业作出巨大的投入承诺。

---

❶ 本章重点介绍企业的实际客户,他们是主要的外部利益相关者。然而,在某些情况下,竞争对手的客户或产品的非使用者可能同样受到企业关注,企业会通过类似的手段接近他们。

1级：听取客户的意见

因为客户已经在网上讨论，在自由沟通的状态下，关于现有产品的优点和缺点或他们未被满足的需求，企业可以简单地根据这些讨论进行相应的调整。不同的客户群体可以提供不同的意见。"典型的"大众终端用户通常在线寻求有关某个具体问题的使用帮助。客户想用自己将要或已经购买的某个产品来满足某些特定的需求。通常可以在互联网或讨论板块发现这些客户。在那里，讨论主要集中在同一产品的客户内部，他们并不想让更多的人知道自己，他们寻找的是解决自己的问题的方法。通过了解这样的讨论，企业便能够真正了解正在使用的产品存在的问题，与产品相关的问题，以及某一类销售产品的相对价值。

然而，一些大众终端用户积极寻求更广泛的受众、维护博客（如Dooce、Treehugger）、创建播客（如在YouTube上），或者加入社交商务平台（如亚马逊）。这些媒介提供了所使用产品的评估或演示机会。尽管如此，企业也应该牢记，只有一小部分客户会做这样的在线商品评论，他们的观点可能与更多的主流客户不同。这是因为对产品介入到如此程度，必然表明其原本便具有关于产品种类或使用方面的专业知识，而这些专业知识是企业的大部分客户所不具备的。此外，表达出的产品经验还有可能存在偏见，因为若产品未能取悦客户，或未能平等地取悦客户，相关的负面评论就更容易产生。然而，即使是少数用户针对特定产品表达了自己的意见，这些却往往可以决定广大用户的购买行为。正因为如此，若企业寻求与领先用户或意见领袖的合作，这样的结果便会非常有趣。

领先用户，是一个充满激情和知识的用户群，通常他们的意见会超出新产品开发前端过程的言语层面，甚至会提供现成的产品概念、原型或适销对路的产品。如果这些领先用户不写博客，他们可能会活跃在专家社区，经常管理布告板。这是他们向大众展示自己创意和解决方案或解释自己如何实现特定产品功能的地方。其结果是，企业可以向最有趣的用户展示最好的想法或那些显示企业最高技术水平的产品。

与此类似，意见领袖即那些在产品发布过程中帮助提高产品接受度的用户，也可以被选择和接洽。与领先用户不同，他们通常不是最好的技术专家，但他们在社交媒体平台，如博客、脸书或推特上最为活跃，拥有大量好友或粉丝。大众常常重视他们的意见，并随之选择跟从。

前面已经提到，基于互联网功能的电脑和搜索引擎为倾听在线客户对话确定了一个很好的起点。企业员工仅搜索关键字，随后将之计数并分类，通过这样的方式，便有可能对流行的话题进行监测，并紧跟潮流的发展，这些话题包括如健康的生活方式以及即将上映的卖座电影等。调查研究的结果显示，只通过推特（推特上每条最多140字符）不仅能估计即将上映电影的票房，还能精确预测视频游戏的销售和选举的结果 [The Economist（经济学人），2011]。

社交媒体上现成的监控工具为了解在线客户的想法提供了更先进和可量化的方式。像blogsearch.google.com和search.twitter.com这样的网站能提供简单的分析且不收取费用。营销云（Marketing Cloud）的社交媒体营销套件则更为先进，但不会免费提供（www.salesforcemarketingcloud.com/）。例如，它们会分析每次发的推特或脸书的消息，并通过所提到的关键词和网址将其与各企业联系起来。这样收集到的基本信息可能包括：企业或其产品在社交媒体渠道中被提到的频率，有多少种不同的人在讨论某个企业或其产品，其在地理或人口统计方面的分布。社交媒体监测工具也能将不同用户区分开来，所以他们能识别领先用户或意见领袖。具体而言，这样的工具可以识别用户经常谈论的特定产品或产品类别，以及谁在推特或脸书上拥有更多的粉丝或好友群。更先进的工具实际上可以辨别推特或脸书上的消息在某些方面（如专业程度）的质量。

最后，网络志是帮助我们处理网上的海量信息的一种新方法，并且有被用于新产品开发的可能性。网络志是"互联网"和"民族志学"这两个词语的融合，利用改变后的民族志研究技术，使研究人员能够深深沉浸于与在线消费者的对话之中［比尔格拉姆（Bilgram）、巴特尔（Bartl）和贝尔（Bell），2011；科济涅茨（Kozinets），2002］。因此，网络志是一个更有条理、更加系统、高度（但并非全部）自动化的过程，能选择、提取、分析和汇总客户的想法（图3.1）。

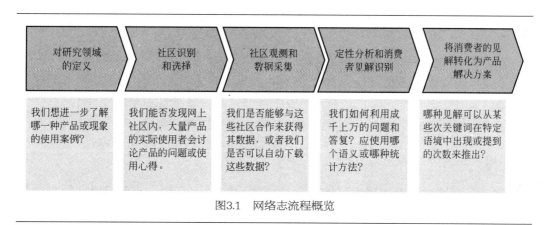

图3.1　网络志流程概览

资料来源：改编自比尔格拉姆（Bilgram）等（2011）

一个很好的例子是德国的皮肤护理企业拜尔斯道夫（Beiersdorf），其拥有知名品牌妮维雅，该公司在开发一种名为"黑与白"的新型止汗液的过程中，使用网络志的方法从社交媒体上获得了有深度的见解［比尔格拉姆（Bilgram）等，2011］。这对妮维雅来说是重大的模式转变，因为参与其创新活动的终端消费者不再是传统的合作伙伴。妮维雅的除臭和止汗部在新产品开发过程之初便致力于使用网络志的方法。当时，该部门的研究小组已经识别出了除臭剂给客户带来的困扰。不过，团队依然需要从客户的角度获得市场保证，保证遇到这个问题的客户足够多，从而证明开发工作的意义和价值。此外，网络志被视为一种从整体上了解客户全部需求和愿望的方法。

研究小组最开始就是编辑搜索栏、主题、关键词、相关市场及网上信息的潜在来源。首先，对支持三种语言（德语、英语和葡萄牙语）的200多家社交媒体网站进行了筛选，包括化妆品、健康、生活、时尚、运动和DIY活动的网站。围绕健身和婚礼筹备等主题的讨论也被考虑在内。使用定量和定性的选择标准，如社区的大小和质量，确定最相关的社区以进行更仔细的观察。接下来，所有消费者的讨论思路被提炼，并进行筛选，然后借助软件工具进行系统的分析。

研究小组发现了一些深层次的重点讨论话题，如污渍类型、污渍来源以及污渍去除。许多除臭剂用户详细描述了自己使用现有产品遇到的问题，还提供了现成的克服或防止这些问题的解决方案。在此阶段，面临的挑战是提取相关信息片段——真正的"金块"，以及把它们整合起来。

在网络志的最后一步，产品设计师加入了研究小组，帮助从结果中获得有价值的信息，并将其转化为新产品构想，随后将进入最后的测试和开发阶段。通过网络志获取的结果还帮助产品设计者说服了妮维雅的管理层，即该项目针对的是大众市场而非小众市场，因而值得展开。除臭剂污渍相关投诉的数量和（地域）范围被当作一种标准，用来判断新产品开发团队是否已确定一个真正的问题，并通过将其转化为市场需求来解决它。网络志帮助妮维雅更好地了解了客户的需求，从而使企业创造了一个真正独特的销售计划，即无污渍止汗剂，从而与其他产品区分开来，其他产品则主要集中在传达自己的止汗保护时间。黑与白止汗剂成为妮维雅推出的最成功产品，而网络志也成了标准的新产品开发工具，弥补了传统的市场研究技术的不足。

新产品开发引入社交媒体1级实践的主要优点：
- 大量内容可以免费或以最小的投资获得；
- 非常有利于选择特定客户以获取更深入的新产品开发见解或发布支持；
- 观察过程并不明显，因此，由此可以获得无偏见的顾客意见。

2级：与客户对话

除了在不同社交媒体平台"匿名"倾听客户的对话，企业能更积极地参与这些讨论，并透露自己的身份。因此，某个企业的员工可以加入用户讨论，并提供现有产品问题的解决方法，他们也可以提出问题，确定产品的核心问题所在。同时，企业可以选择在第三方的虚拟平台或自己的平台与客户进行互动。

第三方平台有以下几个好处。首先，他们往往众所周知，已经吸引了大量用户，因此通过第三方平台企业从第一天开始就能和真正的客户进行大量互动。特别是专家社区难以复制（如烹饪、宠物、极限运动或家庭装修），因为每个平台都有自己的约束机制，企业可与其中的领先用户或意见领袖取得联系。举例来说，非常活跃的社区成员常常在社区内部已达到某个等级，也许不愿意转向另一个平台，放弃自己已有的地位。其次，第三方平台在某种程度上是一个中立的领域，企业可能想用它来联系竞争对手的客户或完全不使用某个产品类别的人。

虽然有很多原因支持企业在已有的第三方平台上开展互动，但这种策略也不是万无一失的。在这样的平台上，企业从未像在自己的专有平台上那样获得平等的控制权。最终结果取决于该平台拥有者和维护者的良心。如果讨论出错，或企业的账户被盗，第三方平台可能无法及时作出反应，话题便会被传播到更多的观众面前。此外，企业互动的方式、提出的解决方案或与这些独立社区之间共享的思想，几乎可以被所有人看见，包括竞争对手。

如果企业花费时间投资建立自己的平台，便可以规避许多风险。企业也可以建立一个封闭的用户圈子，或提供基于邀请的会员制度。不过主要的挑战是，社区不得不保持自己对成员的吸引力，否则它很快便会被抛弃，甚至可能有一天会消失。维护一个重要的社区需要坚定的承诺，必须给员工管理社区的责任。

显然，并非所有的第三方平台都是一样的。一些平台只允许较少的控制，另一些则较多。如果某个企业决定在脸书上为某个品牌或产品建立自己的资料，该企业便能控制那里的文章和评论。此外，脸书这个平台通过很多方式提升用户的参与度。企业在脸书上保持自己的虚拟存在，并不完全是为了保持在网络上的活跃度。朋友和其他企业的帖子会使单个用户一直有内容可看。此外，许多企业已经拥有脸书资料，有许多朋友和粉丝，其为达到营销目的已经建立这些内容，而这些内容也可用于新产品开发过程。尤其是用户可以通过在企业的脸书页面上"点赞"来取得联络，并表达自己的兴趣与喜好。通过这种方式，根据用户信息统计等标准，企业可以非常精确地指定新产品开发过程的目标群体或邀请对象。

企业利用现有社交网站的例子是德尔蒙特公司的宠物食品部案例[克劳福德（Crawford）和贝内德托（Di Benedetto），2011]，它完成了上述所有的步骤。公司搜索了社交媒体平台，并听取了宠物主人的讨论，分析了成千上万的博客、论坛帖子和回复。通过这种方式，企业识别出了宠物主人最关心的问题。此外，它也能够识别新的客户群，其特点则是拥有自我概念："狗也有人的权利！"

德尔蒙特的管理层以新产品来解决这一部分市场的需求，因为这些需求与现有客户的需求差异很大，但他们有足够的支付意愿。在线听取宠物主人的讨论，配以数据挖掘和分析，德尔蒙特的新产品开发小组便能确定其最新检测到的客户群体中的意见领袖。团队建立了一个邀请制的社区，邀请了约500个宠物主人加入这个社区，并最终鼓励他们参与创造符合其期望值的新产品。

需要注意的是，新产品开发小组并没有仅仅依赖于需求非常具体的一群人，而是邀请了500多人，这是很重要的。通过接触这个比较大的团队，德尔蒙特避免了针对个别客户要求对产品过度定制的潜在风险，这种过度定制的产品并不一定能反映广大市场的需求。

这一举措的结果是推出了一款叫"香肠风味早餐"的产品，德尔蒙特只用了平常的一半时间就取得了巨大的成功。这些熏肉条形状和太阳蛋口味的狗食，含有额外的维生素和矿物质。对受访的宠物主来说，具体的口味和营养成分都非常重要。特别是当他们被问到早上最想喂自己的狗吃什么时，大部分人同意食物中应有熏肉和鸡蛋的味道。

与此类似，互联网巨头谷歌利用推特和谷歌的社交网络，在2013年春季开启了自身的"谷歌眼镜探索计划"[Financial Times（金融时报），2013]。有兴趣的用户——唯一的要求是美国居民和自愿支付1500美元，可以通过这些在线渠道在2014年春季谷歌眼镜全国正式发布之前申请到谷歌眼镜的提前使用权。这群人由尝鲜者、领先用户、品牌大使和粉丝（选择粉丝的潜在标准之一可能是某个人在推特上的粉丝数量）组成，他们被要求提供特定产品/原型的反馈。之后，这个群体成员被要求邀请更多的产品测试/使用者。总之，除了接受有价值的产品反馈和额外功能的建议，谷歌在目标市场为自己的创新产品获取了一定的关注度。这一群体将来也有可能被应用于谷歌眼镜的小屏幕应用程序等的开发。

实施2级对新产品进行开发的主要优点：
- 与不同的客户进行直接、双向的交流；
- 依赖于现有、常用的在线平台；
- 相对适度的投资。

3级：整合客户

现有的平台，如博客、讨论板或论坛，会限制企业与其客户的互动，因为他们可能仅限于使用文本文件，同时限制图片和附加数据的上传。这些平台往往缺乏定制的工具来支持客户自行设计或配置。此外，它们让企业难以真正使用收集到的数据。因此，考虑为新产品开发而更深入地参与社交媒体，可能是迎接这些挑战的选择之一。

首先，企业可以通过在社交媒体中嵌入经过实践检验的市场研究技术手段（如联合分析、因素分析、整体相似方法）与客户取得联系。例如，可以要求客户比较市场上已有的某些产品或根据某些产品的特性为其排序。由于可以联系大量客户群体，企业便有可能使用可靠的数据来测试大量的配置。

其次，用不同的抽奖和测验等娱乐方式为新产品开发过程中整合客户的观点提供了有趣的选择。企业可以把抽奖或测验的内容混合起来。例如，通过确定客户是否能够将产品与正确的应用匹配起来，以及客户买产品时自己最看重的标准是否与产品本身相匹配，企业可以发现客户是否了解了产品的主要特征。

最后，工具包是一个有用的媒介，它能减少客户的准入壁垒，为企业带来更多适用的新产品开发意见。这些都是虚拟的计算机辅助工具，使客户能够开发自己的产品，或者至少可以自定义现有产品的设计。例如，一个汽车制造商要求客户上交自己喜欢的跑车配置，客户可能很难只用文字和图片来描述，除非他是汽车设计领域的专家。但是，如果企业为他提供了一个虚拟的工具，尽管这乍一看似乎限制了他的创作自由，但事实上却肯定会帮助他通过现有的汽车部件将其组合起来配置成一辆车。因此，如果用户选择一个特定的机箱，那么他的轮胎则只能在一定范围内选择。此外，企业也可避免设计的汽车包含奇怪/无用的部件，如机翼或锚链。

工具包还可以应用于创意、设计或解决方案的比赛。在这些比赛中，企业不仅要有创意，而且能够利用很多社交媒体用户来对这些创意进行评估和评论。口碑在虚拟世界中迅速蔓延，有时甚至呈指数式增长。如果某个社区成员参加了某项比赛，他所有的关注者或朋友便都会知道。因此，企业所接触的用户便会比原先计划的多出许多。有了这些其他参与者的意见，创意提出者便可以完善自己原来的创意，而其他人则可由此得到启发，进一步完善自己的创意。最后，虚拟社区可以预先选择和对提交的创意进行排名。

然而，忠告一句，"最好"的创意并不一定会获得绝大多数选票。经常有例子表明，人们倾向于把票投给奇怪的创意，因为他们觉得如果企业能够执行这些奇怪的创意会非常有趣。此外，脸书上最活跃的用户拥有最多的粉丝量和朋友群，但他们并不一定是技术知识最多、创造力最强或最有可能购买最终产品的人。因此，可以构建一个"安全网络"，避免得票最多的创意自动成为比赛的冠军（图3.2）。

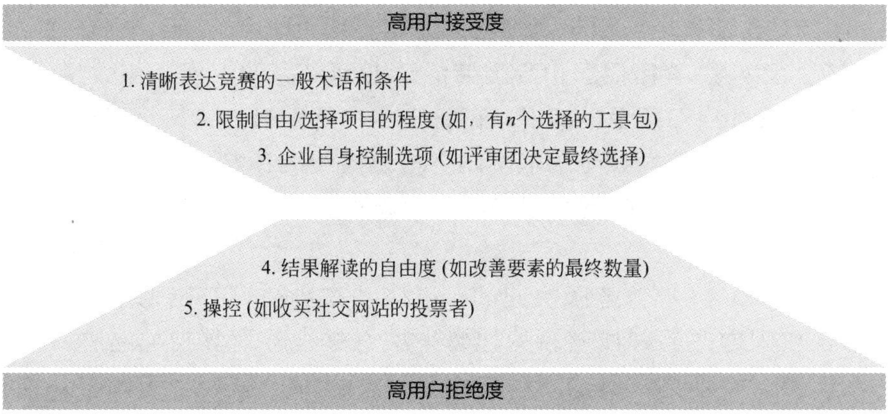

高用户接受度

1. 清晰表达竞赛的一般术语和条件
2. 限制自由/选择项目的程度(如，有n个选择的工具包)
3. 企业自身控制选项(如评审团决定最终选择)

4. 结果解读的自由度(如改善要素的最终数量)
5. 操控(如收买社交网站的投票者)

高用户拒绝度

图3.2　关于在社交媒体应用中管理创意设计或解决方案竞赛的建议

人们参加这些比赛的原因是多方面的。首先，他们可能需要告诉企业什么样的产品或解决方案能满足其需求（如领先用户）。其次，他们可能非常有创意，或有复杂的技术专长，并且只是想炫耀。最后，他们可能是企业的忠实客户，只想帮助自己喜欢的企业。然而，由于企业要求其客户投入时间、贡献一个潜在的好创意，企业便可能要提供另一些东西作为交换。许多企业为比赛获胜者准备了奖品来提高大家的参与积极性。图3.3为这样的比赛规划了一幅蓝图。

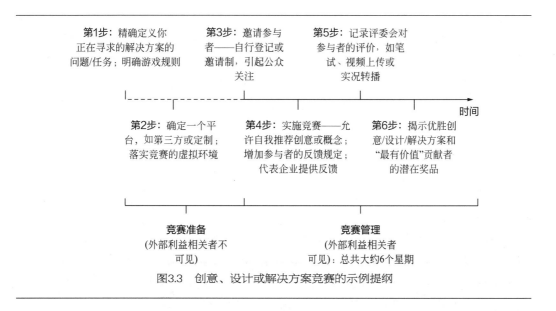

图3.3　创意、设计或解决方案竞赛的示例提纲

有几个案例说明了通过社交媒体为新产品开发而开展的各种竞赛和工具包的成功应用。例如，2013年，麦当劳德国分公司连续第三次开展了其备受赞誉的脸书活动"我的汉堡"，吸引了约15万参与者，在三个不同的类别收获了超过20万个汉堡设计：经典、蔬菜和零食。获胜的汉堡开始在所有德国麦当劳网点作为一种特殊类别销售了几个星期，但并未被列入普通菜单。在德国，麦当劳定期在其标准菜单上增加临时产品，然而，它们是由内部食品设计师而不是由客户创造的。"我的汉堡"项目——持续了大约6个星期（4个星期窗口提交，大约两周烹饪测试和决策），对连锁餐厅来说获得了巨大成功。从2011年开始，它获得了有史以来最多的初始客户、销售记录和麦当劳活动期间最高的汉堡销售数量。"我的汉堡"允许客户设计自己喜爱的汉堡，调动了客户的积极性，测试了汉堡样品，并且最终的汉堡是否被选为在全国范围内销售是最终的评判标准（表3.2）。为了方便客户的参与，保证所产生的汉堡设计的可行性，麦当劳应用了客户可以共同创作的工具包。

与此类似，2011年，德国快速消费品巨头汉高公司开始为其知名的消费者胶带、修正和固定产品寻找创新的包装解决方案，并为其百特品牌开展了一个解决方案比赛。特别是经典的"百特棒"——世界上第一个固体胶外壳，在德国家庭、学校和办公环境中有一定的标志性地位。一般情况下，为提升消费者黏合度的包装需要确保在运输过程中得到保护，还必须有利于简单使用。而现有的百特包装设计无疑满足这两个条件，汉高的新产品开发团队仍想利用用户的创造力，探索潜在的包装重新设计的需求。此外，汉高希望积累使用用户系统参与创新的经验，以实现更好、更快的创新。其结果是，"胶水包装设计大赛"（通过访问其www.packdesign-contest.com网站并链接到汉高的脸书和推特网站）针对世界各地的设计师，在德国创新服务公司HYVE的帮助下推出。在几个步骤中，可以上传设计方案，所有在比赛中注册的用户都有机会对这些设计进行评论。汉高的包装开发商也推动了创新思想的交流。在6个星期的提交期内，来自20个国家的超过1000名参与者提交了380多个包含文本和图纸的设计方案。此外，进行了超过7000次评估，给出了3400条评论，并发送了2900封邮件给汉高。来自学术界和汉高的包装设计专家团队组成的评审团队对提交的创意和概念进行了评估。评估标准有5个方面：设计的吸引力、可持续性、创新性、用户利益和效率。获奖的设计"胶滴"——由来自萨尔瓦多的参与者提交，由于其易用性和极大的"乐趣因素"尤其令人印象深刻（图3.4、图3.5），获奖者获得了3000欧元（约4000美元）奖金。此外，特别奖包括一个iPad和汉高礼包，颁给了两个最为重要的大赛参与者，他们一直不断做出杰出的贡献。

最后，在2010年，汽车制造商戴姆勒公司为他们的智能车外观推出了设计大赛，开放参与的时间约6周。为举办这样的大赛，戴姆勒公司采用了一个专有平台，与脸书松散地链接。在专有平台上，参与者可以创建自己的账户。大约有10000人创建了自己的账户，这些人通过传统广告被吸引过来。

图3.4 汉高公司的打印设计大赛

资源来源：汉高网站

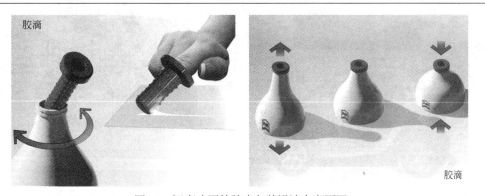

图3.5 汉高公司的胶水包装设计大赛冠军

资源来源：汉高网站

表3.2　麦当劳"我的汉堡"大赛的步骤

第一步	麦当劳从"粉丝"中寻求新汉堡的概念； "粉丝"们可以通过创造自己的汉堡或为他人设计的汉堡概念投票的形式参与； 汉堡可以从预先定义的70种原料中设计出来； 排名前10位的设计由"粉丝"社区选出，将进入厨房测试； 排名前5位的设计将由评审人员从预选前10名中选出
第二步	会聘请媒体机构来为竞赛的设计提供支持； 准备好定制的用户工具包，将其加入企业脸书的资料之中
第三步	通过各种在线活动和印刷广告制造轰动； 参与者自行注册，每个人都可以参加
第四步	参与者在已有工具包的帮助下创建自己的设计并命名； 参与者在不断完善的测试社区中推广自己的设计； 参与者为自己最喜欢的设计评论、推介和投票
第五步	前10名设计的发明者把自己的汉堡在测试厨房中为评委呈现； 最终的汉堡测试还会有一些粉丝参加，并在麦当劳的脸书档案上直播，竞赛社区的会员可以观看并为自己喜爱的作品欢呼
第六步	宣布获胜汉堡，之后在每个德国店里限时供应该汉堡； 获胜创意的作者出现在全国电视和广播频道的广告上

注：摘自如麦当劳德国公司主页的公开资料，用于说明目的。本书不承诺上述活动的完整性。

下一步，用户可以下载一个模板，该模板显示了智能汽车的前侧、后侧、左手侧和右手侧。作为社区成员之一，用户能够在此模板的基础上创建一个或多个设计。其他用户能评价这些设计，并提出意见。人们还可以很容易地在脸书上推广和分享，简单地为自己的设计打广告。人们总共创造了超过50000种设计，提交了超过60万条意见。此外，参与者之间直接发送了15000封邮件，针对具体设计发表了30000条意见。因此，平均来说，每个设计获得了12票，每一个设计师收到了约3条对其工作的评论。得票最多的几个设计由评审团在日内瓦车展上进行了评价，并由评审团选出了获奖者（图3.6）。

(a) 一等奖　　　　　　　　(b) 二等奖　　　　　　　　(c) 三等奖

图3.6　智能设计竞赛的获奖设计

资料来源：智能设计竞赛，Hyve提供技术支持（www.smart-design-contest.com）

除了赢得大赛的奖金——奖金额度从第一名1500欧元（约2000美元）至第三名750欧元（约1000美元），参与平台上的活动也有机会获得奖金［第一名800欧元（约1000美元）至第三名300欧元（约400美元）］。除了以上提到的金钱奖励，戴姆勒公司还确保了获奖者得到大量的宣传和曝光。戴姆勒公司根据比赛结果发布了官方的新闻稿，获奖者会被多家报纸报道。

实施3级对新产品开发的主要优点：
- 就预定义的主题与客户进行更精确的交流；
- 收集的数据是私有的，易于理解，并且能直接访问；
- 对相应平台上发生的事件有很大的影响，并能够有效控制。

表3.3总结了企业可以利用社交媒体应用和工具来获得新产品开发意见的程度。

表3.3 新产品开发中社交媒体参与的三个等级

项目	1级 "倾听客户*"	2级 "与客户对话"	3级 "整合客户"
所有权	低	中	高
社交媒体类别	■社区 ■社会出版 ■社交商务	■社区 ■社会出版	■社区 ■社会出版
平台类型	■社交网站 ■论坛/公告板 ■博客 ■微博 ■多媒体共享 ■评论和评级	■社交网站 ■论坛/公告板 ■博客 ■微博 ■多媒体共享	■社交网站 ■多媒体共享
工具	■网络志、社交媒体监测工具	■网络志、社交媒体监测工具 ■投票系统	■网络志、社交媒体监测工具 ■投票系统 ■抽奖和测验 ■多样的"工具包"，创意/设计/解决方案大赛
主要参与者	大量终端用户、领先用户、意见领袖、功能性专家、非用户		
参与者奖励	无	金钱奖励、非金钱奖励	金钱奖励、非金钱奖励
评估 ■控制 ■交流强度 ■费用 ■投入	非常低 非常低 非常高 非常高	中等 高 高 高	非常高 非常高 非常低 非常低
新产品开发阶段**	▶▶▶	▶▶▶	▶▶▶
案例	妮维雅"黑与白"止汗液	德尔蒙特，"香肠风味早餐"；谷歌眼镜	汉高"百特棒"固体胶；麦当劳"我的汉堡"活动；智能汽车

注：*仅当平台可扩大并允许内容定制时可行。**灰色的深浅不同表示在新产品开发的特定阶段使用某个程度的社交媒体的适宜度。

收益和风险

在快速消费品行业，许多企业都开始使用社交媒体作为他们新产品开发的工具。显然，脸书和推特是企业和虚拟的、联网的（大众）客户之间最常见的传播媒介，尽管其在信息传输量方面有着显著的差异。在线社区和博客是寻找领先用户的绝佳之地，它们也能帮助获得更具体的新产品开发创意。更多企业似乎倾向于在其新产品开发后期使用社交媒体，它们更愿意寻求自身综合营销策略的略微改动，或希望在网络上为自己的新产品推广营造存在感。似乎极少有企业在新产品开发过程的一开始便积极利用社交媒体。

在新产品开发过程中使用社交媒体有很多好处。第一个好处是能与那些"非常规的"（终端）客户取得联系，例如，那些与公司的销售人员关系较好，或由于参加先前的营销竞赛或游戏已对企业有所了解的客户。第二个好处是这种方法可能更容易接近竞争对手的用户或某一产品类别的非用户，因为可以在最常见的平台上发现他们。潜在客户的数量和他们背景的多样性也不能忽视。第三个好处是通过社交媒体与客户的联系非常直接，不会受到任何市场调研中介的过滤。

然而，利用社交媒体也存在一些挑战，这些挑战也不应被低估。作为相当新的工具，它们的使用并非完全没有风险，不是所有通过社交媒体接近企业的客户都怀有善意。企业的社交媒体活动经常遭受攻击，无论是在比赛中提交的荒唐想法还是完全没理由的充满敌意的意见。信息在网络环境下传播起来像病毒一样迅速，而且非常难以控制，这些都造成了事件恶化并可能对企业的品牌造成损害，使其未来几乎很难与客户合作。此外，同伴反馈（peer feedback）——社交媒体的基本前提之一——可能并不总会对用户设计的新产品产生有益的影响。对既真实又虚拟的新产品开发项目的初步研究表明，在社交网络向朋友寻求对自己的产品创意/设计提出意见的用户倾向于从设计的产品中去掉许多附加功能，他们的创造力也被遏制[希尔德布兰德（Hildebrand）等，2013]。其结果是，企业失去利润，收到的创造性意见也会减少。企业不会收到很多受到参与者欣赏的大量个性化建议和设计，而是会收到大量参与者个人和其朋友都会同意的平庸设计。更糟糕的是，客户自己不满意最终结果，因为它反映了朋友而不是自己的喜好，客户甚至会觉得自己是被迫提交设计的。最后，将客户加入企业的新产品开发活动中最常见的挑战在社交媒体的背景下也一样存在。一方面，许多社交媒体用户都可能很难正确阐明自己的需要，可能缺乏足够的知识来提供解决自身问题的方法。另一方面，许多用户提出的意见可能只是轻微的产品变化。

3.5　成功的因素

正如我们的案例已经表明的，即使快速消费品企业通过社交媒体渠道把客户纳入新产品开发过程是值得的，但这项工作也不是轻而易举就能完成的。可以识别两组决定成功的因素：内部因素和外部因素。

内部因素

首先，企业应该通过社交媒体设立客户参与新产品开发活动的明确目标，并进行定期监测。不管在新产品开发或相关的活动中使用社交媒体显得有多"酷"，但这本身并非目的，企业应该考虑整合客户的附加值是什么，以及获得附加值是否值得付出与之相对应的工作量与成本。在邀请客户参与新产品开发之前，企业应该明确自己是否应使用社交媒体，为什么使用社交媒体，以及社交媒体如何对新产品开发过程产生影响。通常企业对社交媒体平台进行大量投资，却很少明白社交媒体究竟如何帮助其完成目标。事实上，评估社交媒体对新产品开发成果或企业经济效益的影响仍然很难。因此，作为第一步，企业可能会发现，在使用社交媒体整合客户之前，先定义针对结果测量的内部标准会很有用。

其次，企业要根据用户意见的质量，切实管理好其新产品开发团队的期望。通过社交媒体接触到庞大的客户群，客户可以轻松提供意见，最终将带来成百上千的创意。这些创意很可能不是都很优质，但其中有的可能非常有价值，而找出这些有价值的创意是一项重大的挑战。

再次，提前定义好何时、何处整合客户可能会非常有帮助。一些企业可能早在构思阶段便开始这一行动，而其他企业则可能在开发或发布阶段才开展这项工作。在比较成熟的阶段，新产品开发团队可能会寻找原型测试或支持产品扩散的意见领袖。同样重要的是，企业需要在整个活动中都保持思考，明确定义每个阶段由谁做决定。是广大客户还是企业本身？想象一下最糟糕的结果。相应地设立参与规则，并确保手中有一个退出策略（另见管理创意、设计和解决方案竞赛的选项），也许会有所帮助。

最后，有必要在客户参加之前澄清知识产权。如果不这样做，在客户未见证自己的设计转化为成果时，提供宝贵贡献的客户便会感觉其背叛了自己。

外部因素

首先，企业在与虚拟客户互动时表现出最大的诚意/坦诚相待是很重要的。这意味着事先需要明确沟通合作的规则（另见管理创意、设计和解决方案比赛的选项）。例如，必须明确投票的结果是否算数，或是否由评审团最终选出竞赛的冠军。相似地，比赛应有一个明确的时间表。几个星期的时间——本章的示范企业选择了为期六周的客户互动——最为合适，既能保持客户的兴趣，又方便企业对客户的参与进行管理。同时，也应明确评审团的组成及其成员的资格。若以图片或视频显示评审团讨论的裁决，则可能有所帮助。

其次，如果企业希望提高参与度，应确保员工或传播机构迅速响应用户的问题或意见。

再次，如果企业决定只与特定的用户群合作，就应该精心挑选，提高所征集意见的质量，限制向更广的大众/竞争对手披露。在某些情况下，与主要客户签订保密协议可能有所帮助。

最后，如果一个企业正在寻找好的建议，就应该准确说明自己寻求解决方案的问题。为客户提供工具包，也能帮助他们做出有意义的贡献。

3.6 结论

更改企业的研发模式、为客户开放创新过程,能带来更好的创新产出。不过,为了实现这一目标,企业应该学会如何与新产品开发相关的客户进行交流。社交媒体作为一个相对较新的社会存在,正在受到负责新产品开发的经理们越来越多的关注,并有可能成为倾听客户意见的一种有价值的工具。特别是社交网络、网络社区和博客在过去十年呈指数增长,吸引企业去利用这些巨大的国际用户群,并在特定的新产品开发活动中寻求他们的专业知识投入。然而,不论其潜在吸引力如何,企业定期在新产品开发过程中使用社交媒体,绝非一项简单的任务。为了帮助企业在新产品开发中更好地利用社交媒体,本章勾勒出了在新产品开发中使用社交媒体的三个等级,第一个等级基于被动的观察而相当不具约束力,第二个等级则更加积极地参与陌生的虚拟领域,第三个等级则在专有平台上使用主动设计的工具。本章额外介绍了在新产品开发中使用社交媒体的成功因素,这对首次考虑或考虑加深此方面投入的企业来说是一个有益的开始。

参考文献

［1］Bartl, M., J. Fuller, H. Muhlbacher, H. Ernst, 2012, A Manager's Perspective on Virtual Customer Integration for New Product Development, Journal of Product Innovation Management, 29(6): 1031-1046.

［2］Bilgram, V., M. Bartl, S. Biel, 2011, Getting Closer to the Consumer: How Nivea Co- Creates New Products, Marketing Review St. Gallen, 28(1): 34-40.

［3］Crawford, M., A. Di Benedetto, 2011, New Products Management. 10th edition, New York: McGraw-Hill.

［4］Financial Times, 2013, Google Accelerates Glass Rollout. October 28. Available at www .cnbc.com/id/101149814.

［5］Griffin, A., 2013, Obtaining Customer Needs for Product Development. In K. Kahn, S. E. Kay, G. Gibson, and S. Urban (Eds.), PDMA Handbook of New Product Development, 3d Edition, Hoboken, NJ: John Wiley & Sons, 213-230.

［6］Gruner, K. E C. Homburg, 2000, Does Customer Interaction Enhance New Product Success?, Journal of Business Research, 49(1): 1-14.

［7］Hildebrand, C, G. Haubl, A. Herrmann, J. R. Landwehr, 2013, Conformity and the Crowd, Harvard Business Review, 91 (4): 23-24.

［8］Hoffman, D. L., T. P. Novak, R. Stein, 2012, Flourishing Independents or Languishing Interdependents: Two Paths from Self-Construct I to Identification with Social Media. Working Paper. Available at http://dx.d0i.0rg/l 0.2139/ssrn.l 990584.

［9］Kozinets, R.V., 2002, The Field Behind the Screen: Using Netnography for Marketing Research in Online Communities, Journal of Marketing

Research, 39(1): 61-72.

［10］Markham, S. K., H. Lee, 2013, Product Development and Management Association's 2012 Comparative Performance Assessment Study, Journal of Product Innovation Management, 30(3): 408-429.

［11］The Economist, 2011, Can Twitter Predict the Future? June 2. Available at www.econo- mist.com/node/18750604.

［12］Tuten, T. L., M. R. Solomon, 2013, Social Media Marketing. Boston: Pearson.

［13］Verhoef, P. C., S.F.M. Beckers, J. van Doorn, 2013. Understand the Perils of Co- Creation, Harvard Business Review, 91 (9): 28.

［14］Wilcox, K., A. Stephen, 2013, Are Close Friends the Enemy? Online Social Networks, Self-Esteem, and Self-Control. Journal of Consumer Research, 40(1): 90-103.

作者简介

安娜·杜比尔（Anna Dubiel）博士是德国瓦伦达尔奥托贝森管理学院（WHU）国际创新管理方向的助理教授。她在奥托贝森管理学院（WHU）获得博士学位。她的研究方向包括新产品开发和研发国际化。联系方式：anna.dubiel@whu.edu。

蒂姆·奥利弗·布雷森多夫（Tim Oliver Brexendorf）博士是德国瓦伦达尔奥托贝森管理学院（WHU）汉高消费品中心（HCCG）负责人和消费品营销助理教授。他在瑞士圣加仑大学获得了博士学位。在他开展学术工作之前，为一些管理咨询公司和国际零售商工作过。他是《品牌管理周刊》的联合主编。他的研究兴趣包括品牌和产品创新管理。联系方式：tim.brexendorf@whu.edu。

塞巴斯蒂安·格洛克纳（Sebastian Glockner）博士是德国瓦伦达尔奥托贝森管理学院（WHU）科技和创新管理主席的博士生。他的研究方向集中在新产品开发中销售队伍的作用。

致谢

我们非常感谢Hyve股份公司CEO迈克尔·巴特尔（Michael Bartl）博士的支持，非常感谢拜尔斯道夫公司前瞻与创新高级研发经理斯蒂芬·比尔（Stefan Biel）博士，以及汉高默克股份有限公司企业副总裁和数字营销美容护理尼尔斯·德克（Nils Daecke）博士。此外，我们还要感谢编辑的宝贵意见。

4

预测、偏好和创意市场：企业如何利用员工的智慧

彼得·科恩（Peter Koen）

斯蒂文斯理工学院

4.1 引言

1906年，英国科学家弗朗西斯·高尔顿（Francis Galton）在朴茨茅斯的一次展览上偶然看到了猜重量的竞赛［高尔顿（Galton），1908］。6便士就可以下注竞猜1头公牛的重量，奖励属于猜得最接近实际重量的人。可称得上专家的屠夫和农夫，以及不具备专业知识的文员和其他人员共计给出了787份竞猜答案。高尔顿做了一系列的统计检验后发现，群众的判断几乎是完美的。他们的平均竞猜结果为1197磅，而公牛的实际重量为1198磅。弗朗西斯·高尔顿发现，在适当的条件下，团队的集体智慧完全胜过团队中个人的智慧。

首家公共虚拟股票市场——由美国爱荷华大学一个非营利性组织运营的爱荷华电子市场（IEM），对美国总统大选结果进行了预测。贝格（Berg）和他的同事基于大量分析发现，在1988年、1992年、1996年、2000年及2004年的实际总统大选进行之前的100多天，IEM预测的准确率要比同一时间美国广播公司、哥伦比亚广播公司、美国有线电视新闻网络、盖洛普民意测验中心、哈里斯公司或（美国）全国广播公司等热门民意测验机构高76%。这些交易者其实不代表投票者，因为他们主要由爱荷华大学的学生和老师组成。总之，这些结果显示，IEM也许提供了一种比民意测验更准确的长期预测工具。

另一个得到精心研究的案例［斯潘（Spann）和斯克拉（Skiera），2003］是好莱坞证券交易所（HSX，www.HSX.com）。HSX在电影正式上映之前发行电影股票，股份价值代表美国电影总票房收入。一部电影上映4周后，共计放映650多次，就可以创造累计上亿元的票房。如果每股的当前市价为50美元，那就意味着票房收入将在前4周达到5000万美元。那些认为股价被低估（例如，票房会增加）的参与者会买进股票；相反，那些认为票房收入会进一步降低的股民会抛售股票。HSX的注册会员超过725000名，每天访问量平均为15000次。HSX不用物

质奖励，而用分区方法排列、展示最准确的预测，从而创造一种内在动力。基于对140部电影的统计［斯潘和斯克拉，2003］，真实销售额与HSX的预测之间的差错率为41%。同样的140部电影，来自"票房报告"和"票房魔咒"的专家预测差错率分别为53%和35%。因此，群众比"票房报告"更精明，但略逊于"票房魔咒"。卡尼池纳（Karniouchina）（2011）的最新研究揭示了HSX交易运算法的低效性，并且将改进这种运算法以进一步完善HSX的实际预测，使之达到超越专家的程度。

2004年，詹姆斯·索罗维基（James Surowiecki）出版了畅销书《群体智慧》，解释了为什么群体的智慧会超过个人。比起只问一名或一小组专家，群体中人数庞大多样，因此询问群体获得的知识就会多得多。这种现象在热播的电视节目《谁想成为百万富翁》中体现得很明显。当一名选手被难住了，他就可以打电话给一位聪明的好友进行场外求助，或者让场内观众投票帮忙。通过场外求助得到正确答案的概率为66.67%，而通过场内观众投票方式得到正确答案的概率则高达91%。

基于这些令人满意的结果，许多公司开始使用虚拟股票市场来进行商业预测［考吉尔（Cowgill）、沃尔弗斯（Wolfers）和维兹（Zitzewitz），2008］及众包新的内部创意［拉科姆（LaComb）等，2007；劳托（Lauto）等，2013；霍伊特（Hoyt）等，2006；斯皮尔斯（Spears）等，2009；苏科若科瓦（Soukhoroukova）等，2012；泰勒（Taylor），2006］，以此作为向全公司更多部门开放创新流程的一种方法。然而，IEM或者HSX这种大型机构所取得的成功，在公司内部表现得却不明显，根本原因在于它以拥有大量的参与者为前提［斯莱姆卡（Slamka）、斯克拉（Skiera）和斯潘（Spann），2013］。相反，公司需要的是更小型的应用领域。另外，公司的奖励方式也大有不同。HSX提供给胜者的是带着社会威名的外在炫耀，而ipredict(www.ipredict.co.nz)、Betfair(www.betfair.com)以及InTrade(www.intrade.com)提供的是财务收益。

本章对公司内部虚拟股票市场的使用进行了评估。下一章将综述三种不同类型的虚拟市场——预测、偏好与创意——在公司内部的应用。接下来的部分将讨论概念模型，并将其作为一种参考解释HSX、IEM和InTrade可以取得很高预测准确率的原因，以及在企业中想要获得相似结果需要的条件。本章结论部分将讨论公司内部建立虚拟股票市场的流程，并就如何选择虚拟股票市场平台进行指导。

4.2 公司内部的虚拟股票市场：预测、偏好与创意市场

许多文章将预测、偏好与创意市场合并称为预测市场，但是它们在公司内部的使用方法、获得的结果，以及测量精度都是不同的。

在本章中，预测市场指的是收集员工信息来预测特定市场事件的市场。例如，在1个月、3个月、6个月内会有多少用户注册Gmail邮箱？一件产品在未来3～6个月的月销售情况将会如何？预测市场预测一个具体的市场事件，如销售情况、软件发行日期等，在未来的某个时间，现实结果将会独立地给出全方位的验证。

偏好市场，达昂（Dahan）及其同事称之为"证券交易概念"，它运用群众的智慧来预测未来消费者对产品的偏好。例如，交易者要通过买卖不同证券概念的方式，决定11种不同的自行车打气产品的市场偏好度。他们的交易将会揭示出市场所认可的概念。偏好市场与预测市场的区别在于，偏好市场注重的是对未发行产品进行市场偏好决策，而预测市场则是利用已经实际完成的产品来对未来的实际市场事件进行预判，如实际销售情况。

创意市场代表了一个虚拟平台，在这个平台上，每个创意都被视为一支员工可以进行投资的股票。参与者对每一种创意的价值进行预估，并向公司买卖那些他们认为最有价值的创意。创意的股价显示出的是组织的集体观点。这个过程的结果是对创意进行排序，从而挑选出最有前景的创意，形成代表未来发展方向的项目。

虚拟股票市场的概念模型

图4.1中的概念模型解释了虚拟股票市场的运作方式，就公司为何需要明确一些因素，才能有效地利用这些规则提供了指导。模型由8个内在联系的因素组成，下面我们将对每一个因素进行讨论。此模型由坎普（Kamp）和科恩（Koen）（2009）提出的原始版本改编而来。

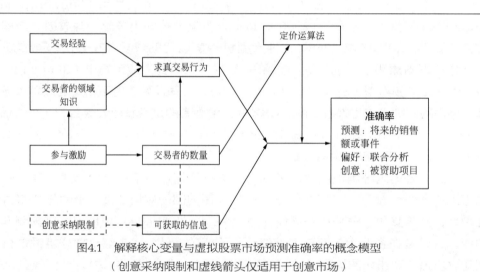

图4.1　解释核心变量与虚拟股票市场预测准确率的概念模型
（创意采纳限制和虚线箭头仅适用于创意市场）

准确率

虚拟股票市场对于公司的价值与它准确预测未来事件的能力有关。但是，对于预测、偏好和创意市场成功的测量方式是不一样的。对于预测市场来说，对成功的测量方式是预测实际结果的能力。例如，市场提前3个月预测新产品的月销售情况将有多准确？

对偏好和创意市场成功的测量方式就没有那么直截了当了。达昂（Dahan）及其同事用多重举措来判定偏好市场的准确性，包括将联合分析法与喜好倾向的方式相结合，而不是仅考虑调查和实际销售情况。联合分析是一种判定人们对产品特点预估的统计技术。他们发现偏好市场结合的是这项技术，而不是未来实际销售情况。这个结果属意料之中，因为偏好市场评估的消费者在选择时不考虑产品的价格，然而在现实中，购买决定还受到消费者预算的制约。因此，对于偏好市场来说，确保准确度最适当的措施就是通过联合分析法计算相关系数。

相似地，研究者为创意市场开发了多种测量成功与否的措施，包括公司对市场的接纳，高层对创意质量的判定，专家团队对创意的判定，以及高层承诺对创意给予下一步的资金支持［苏科若科瓦（Soukhoroukova）等，2012］。最终，基于高层对创意的进一步运行作出的承诺来预估创意市场的准确性。

可获取的信息

参与者需要充足的信息作出准确的预测［福赛思（Forsythe）等，1999］。例如，提前一年进行总统大选获胜者的预测就不会很准确。越临近正式投票日，能够获取的信息就越多。

贝格（Berg）及其同事发现，在1988年、1992年、1996年以及2000年的总统大选中，最准确的预测出现在实际投票的前31天。这意味着信息越多，预测的准确率越高。卡尼池纳（2011）对HSX进行深入分析后，也得出了类似结果。研究表明，当同期有其他电影上映时，预测准确率会降低。投资者需要从同期影片中结合大量信息来了解竞争的效应。

从预测、偏好和创意市场来看，其含义并不是完全一致的。对于预测市场来说，它意味着在预测活动中需要提供丰富的信息和被预测项目的特性。对于偏好市场来说，它意味着产品细节，包括每种产品的内嵌属性都要展示得十分清晰且独特，以使交易者可以做出清楚的选择。对于创意市场来说，它意味着每种创意都需要有适当水平的信息来源，使得交易者可以判断其潜在吸引力，并在与其他创意相比较时做出风险预测。

求真交易行为

对虚拟股票市场最多的批评就是股票价格可能会被持偏见的投资者操控，这些人不是消息不灵通，就是故意操控股价。然而在选举市场，HSX和InTrade表明进行准确的市场预测是极为可能的。福赛思及其同事对此做出了解释。预测准确的市场，比如IEM，是以边际交易者假说为基础做出的。边际或者经验丰富的交易者在交易中更加专业，对市场也更加熟悉。经验丰富的交易者能够从平庸或消息不灵通的交易者的错误中，将价格调整至正确的价值和收益水平。消息不灵通的交易者因差错而丢掉的每1美金，经验丰富的交易者都能赚到。并非所有的交易者都要经验丰富，但是需要有足够的与结果有个人利害关系的有经验的交易者，这些人可以将股价调整至正确的价值点。

对于公司而言，这就意味着需要提升所有交易者的业务熟练程度。所有使用者都应接受培训，以获得更多关于虚拟股票市场运作方式的知识。另外，在交易领域里要确保有大量具备足够领域知识的参与者也是十分重要的，他们可以纠正知识匮乏的交易者的差错，确保股价能调整到正确的水平。

领域知识

显然，边际交易者假说要求经验丰富、知识渊博的人员参与市场。不过公司内部运营的许多虚拟股票市场，都没有恰当地激励有一定水平的领域知识的交易者参与其中。即使有经验丰富的交易者，也难免会存在一些误差。卡尼池纳（2011）在评估好莱坞证券交易所的准确率时发现，交易者往往会高估巨星加盟的影片，而低估恐怖片。所以，即使是领域知识过硬的电影迷，也会成为市场中的低估者或高估者。1997—2000年的"网络泡沫"和2008年的"次级抵押贷款危机"，说明市场总是存在过度的波动。求真交易行为的一个必要因素就是公司内部预测、偏好和创意市场的交易者要有一定水平的领域知识，如图4.1中箭头连接起的这两种变量所示。

这就是说，公司内部虚拟股票市场中的一些交易者需要拥有丰富的领域知识。

交易经验

虽然许多从业人员熟知传统股票市场，但鲜有人员熟知虚拟股票市场。《群体智慧》（2004）的作者詹姆斯·索罗维基在《麦肯锡季刊》[戴伊（Dye），2008]的一篇文章中指出，预测市场的缺陷之一是"很多组织内部的人没有发现市场机制的直观性和易理解性，只觉得使用起来极具挑战性，进而限制了参与者的数量"。在同一篇文章中，百思买集团（Best Buy）表示他们会继续指导员工如何使用预测市场。谷歌已经发现新手和缺乏经验的交易者会对自己的偏好事物做出高估，表现为乐观主义和极端主义[考吉尔（Cowgill）等，2008]。因此，这个变量就会提高交易者的求真交易行为，如图4.1中的箭头所示。

这就是说，公司内部所有虚拟股票市场的参与者都需要进行某种形式的关于如何使用预测市场的培训。

交易者的数量

与HSX或者IEM等公共虚拟股票市场相比，公司内部交易者的数量要少很多。交易者数量短缺就会导致无效市场，因为相关成果的评估也因此变得屈指可数。伦德霍尔姆（Lundholm）（1991）、范·布吕亨（Van Bruggen）及其同事（2006）与具备专业知识、交易经验及可获得信息的交易者完成了若干井然有序的实验。结果显示，每种商品只要有6位活跃的交易者就能获得准确的结果。交易被划分为9个时间段，在拥有6位交易者的市场上，平均每种商品在每个时段获得了2.6次交易。[伦德霍尔姆，1991，p510]。由于参与市场交易的员工不多，公司内部的虚拟股票市场里的每种商品也许需要多于6名参与者。所以，交易者的数量也能够直接影响求真交易行为，如图4.1所示。交易者（尤其是具备专业知识和交易经验的交易者）越多，推动价格接近准确值、弥补消息不灵通的可能性就越大。交易者的数量与可获得信息的数量之间存在紧密联系，这种联系在创意市场中发挥了至关重要的作用。许多创意市场允许交易者开盘期间提出问题并互相交流。这样的交流会增加利好消息的数量，而这反过来也会提高创意市场的准确率。

这就是说，交易者的数量对公司内部的预测市场、偏好市场和创意市场的意义存在差异。预测市场围绕某一个概念展开，而偏好市场围绕6～10个概念展开。因此，交易者的数量通常会超过出于准确率的考虑而设定的每个商品6个交易者的最小值。相比之下，创意市场往往充斥着过多的创意，因而对交易者数量提出了更高的要求（远高于预测市场、偏好市场的数量）。

参与激励

沃尔弗斯（Wolfers）和维兹（Zitzewitz）（2004）认为，"即使设计精良……除非有交易动机，否则'虚拟股票市场'将会失败"（p121）。一些公司认为有必要为鼓励参与进行物质奖励。比如，谷歌每季度依据活跃水平奖励交易者25～100美元［考吉尔（Cowgill）等，2008，p4］。通用电气公司随机抽取表现活跃的交易者，奖励价值25美元的礼品券。IEM和HSX等使用虚拟货币的交易就算获得了精准预测也没有物质奖励。实际上，迪默（Diemer）（2010）在一个交易者能够用真实货币下注预测未来政治和经济事件的交易平台ipredict（www.ipredict.co.nz）上发现，虚拟货币预测比真实货币预测更加准确。虚拟货币预测的错误率为14%，而真实货币预测的错误率为19%。大量研究［阿马比尔（Amabile），1997；埃德雷尔（Ederer）和曼索（Manso），2013］表明，需要革新和创意的任务实际上也许正是"被为激励表现而设的物质奖励破坏掉的"。在一个精心设计的实验里［埃德雷尔（Ederer）和曼索（Manso），2013］，简单的物质激励措施会激发出更多的渐进性创新，而不是突破性的重大创新。此外，许多公司担心物质奖励会违背博彩原则，甚至要在证券交易委员会的要求下进行公示。这些结果表明，参与公司内部虚拟股票市场的动机应该以内在动机为基础。谷歌公司的伯·考吉尔（Bo Cowgill）说他忘记"……'给最近的一个市场预测'支付一笔小奖金，可是没人关注这件事。但是如果在T恤上显示出该赢家，那么每个人都会知道结果"［戴伊（Dye），2008，p89］。诺维信（Novozymes）［劳托（Lauto）等，2013］在一个R&D典礼上，为拥有最多股份的参与者和做出最多评论的交易者颁发了一个象征性的奖项，获奖者来自快速发展的创意领域。

这就是说，虚拟股票市场的努力应该受到公司层面的热捧，受到公司高层的重要支持。参与者更多的是想得到公司内部的正式认可，而不是仅仅为了物质奖励。

创意采纳限制

图4.1中为了准确地决定如何交易，参与者需要清晰地掌握股票大量的准确消息。这一点在预测和偏好市场中不算什么问题，因为这些市场通常限制股票的数量。在预测市场中，交易主要围绕一个问题进行。例如，产品的未来销量，它可以使策划经理有足够的时间清晰地描述市场机遇。偏好市场中的股票数量被限制在易管理的范围内，比如，11种不同的自行车打气产品概念的特征比较。相比之下，创意市场往往包含大量股票，每一只股票都代表一个特别的创意或新的方案。比如，苏科若科瓦及其同事在报告中讲述了一个市值30亿美元的B2B公司交易了100个创意的

案例。尽管事实是投入市场的这100个创意是从最初提交的252个创意中筛选出来的，但对于很多公司来说，获得关于这些创意的清晰、精准的描述，仍然是一种挑战。此外，为了交易员在不同的创意之间做出清晰的选择，提交给一个创意市场的概念既要经过清晰度筛选，还要经过相似性和雷同度评估。除此之外，某些创意也许不适宜公司的发展或者对公司的主动精神反应缓慢。Rite-Solutions是一家上报收益为2300万美元的小公司，却对进入市场前的创意预审投入了大量的精力［霍伊特（Hoyt），2006］。该公司在业界已取得可喜的成就，其中一个创意就是应用三维可视化技术帮助士兵和安保人员在紧急状况下做出决定，该创意2005年的销售额占了其销售总额的30%［泰勒（Taylor），2006］。

这就是说，出于相关性和相似性的考虑，公司内部的创意在进入市场前需要进行预审。

定价运算法

诸如纽约证券交易所的公共交易市场内的股票价格，使用的是一种将参与者的买入价格和销售订单直接相匹配的双向拍卖机制。买家和卖家确定价格，然后执行订单。持续使用双向拍卖机制不仅程序复杂，而且耗费人力。多数虚拟股票交易市场使用的是被叫做自动做市商（AMM）的软件。该软件能够在任意时间及时抛售股票，创造出无限的市场流动性。史莱姆卡（Slamka）及其同事（2013）评估了4种AMM软件：对数市场评分规则、动态同等相互市场、动态奖励调整和HSX机制。剖析不同类型的AMM软件已经超越了本章的范围，因为它们嵌入在公司内部所使用的软件平台中（请参照图4.5和表4.5）。然而，选择正确的AMM软件不是一件轻而易举的事。史莱姆卡团队的研究指出，对数市场评分规则和动态同等相互市场的设计者是最强大的，他们能够获取准确率最高的预测。公司可能想要获得基于自身经验调整AMM软件运算法的能力。斯潘和斯克拉发现，如果能够修正HSX算法，他们就能取得更准确的预测，调整大制作电影的高估概率和小成本电影的低估概率。因此，图4.1中模型所示参与者的数量直接影响定价运算法。

这里对于企业的借鉴作用并不像前几节那么明显，因为交易算法是嵌入硬件的软件里的，而且往往为卖家专有。然而，使用者应该试验几种不同的软件平台，来决定是否要调整工具的稳健性、交易算法的特性和算法中的参数能够修正的程度。买家应对定价运算法进行评估，因为许多创意软件平台使用的是最简单的上或下表决方案。

4.3　预测、偏好和创意市场如何在公司内部运作

预测市场

公司内部预测市场备案如表4.1所示。6家公司的预测结果都处于高准确率水平。将每个案例所使用的方法和流程与图4.1里阐释的变量加以比较，多数情况下，用来解释高准确率的所有因素都与模型相一致。因此，这些结果进一步证实了模型的有

效性,并且帮助公司明确了一些关键因素,公司在使用虚拟股票市场的时候,需要明确这些关键因素。

交易经验。表4.1并没有呈现出所有公司都花费时间指导交易者如何使用虚拟股票市场平台。举例来说,参加者参加了一个两小时的研讨会[伊万诺夫(Ivanov),2009],学习如何使用系统、如何盈利以及如何利用激励制度促进成功。随后,针对虚拟股票市场开展了一个2~3周的培训。在此期间,参与者可以观察系统的运作,评价系统存在问题的特异性及其性能。然后,在股票市场正式开放进行交易之前,收集参与者的反馈并且将之并入系统。

领域知识。除了百思买集团和谷歌公司,所有公司都十分精心地挑选拥有领域知识的参与者。伊万诺夫(Ivanov)(2009)描述了一家德国零售公司挑选参与者的详细流程。首先,该公司挑选了20名具有市场知识、了解竞争对手的人。随后在全德国范围内挑选了70名拥有良好客户关系、了解客户品味和偏好的销售经理。此外,还有10名货仓工作人员,虽然他们没有直接的客户资源,但他们熟悉来自不同销售点的实际订单。不过,百思买集团和谷歌公司也许不需要同样的挑选流程,德国零售公司相比因为与德国零售公司相比,百思买集团和谷歌公司的市场预测需要更多的是一般化的知识,而不是专业的、复杂的知识。比如,百思买集团对礼品卡销售的百分比感兴趣,谷歌公司则关注使用其信箱的人数。

参与激励。除了惠普公司的案例,所有案例都显示员工参与市场预测得到了公司的支持。比如,参与百思买集团的市场预测得到了其CEO的支持。相比之下,惠普公司的案例是一项没有高层管理人员涉及、参与者收益颇少的室内实验。

交易者的数量。除了百思买集团和谷歌公司,所有案例在市场中都有20~25名活跃交易者。交易者的数量总是超过6名,这是由伦德霍尔姆(Lundholm)根据一系列仔细操作的室内实验得到的建议最小值,这能够帮助解释结果的高准确率。

可获得信息。虽然没有对可获得充足的信息进行特别的讨论,但可应用于所有案例。

定价运算法。所有案例都没有交代定价运算法,虽然这不是一个重要的问题[希利(Healy)等,2010],除非交易者的数量少于12名。所有案例中的交易者数量都超过了这个数字。

表4.1 预测市场准确率

公司	在预测实际活动上的误差	领域知识	参与激励	交易者数量	参考文献
百思买集团	礼品卡销售存在0.5%的误差	随机的	公司鼓励	350人	戴伊(Dye)(2008)
谷歌公司	100%的市场存在7.2%的平均误差	随机的	公司鼓励加上小的物质奖励	所有市场1463人	考吉尔(Cowgill)等(2008)
德国零售公司	每家公司的1000家批发商店存在19%的预测误差	有知识的参与者	公司鼓励	100人	伊万诺夫(Ivanov)(2009)

续表

公司	在预测实际活动上的误差	领域知识	参与激励	交易者数量	参考文献
全球农业企业	在事先预测一年的种子需求时存在0.5%的误差	有知识的参与者	公司鼓励	123个参与者	伊万诺夫（Ivanov）（2009）
惠普公司	所有8个市场存在19.3%的误差	有知识的参与者	工作时间之外的可控实验加上小的物质奖励	平均19人/市场	普洛特（Plott）和陈（Chen）（2002）
英特尔	75%的市场存在2.7%的误差	有知识的参与者	公司鼓励	20～25人/市场	霍普曼（Hopman）（2007）

偏好市场

目前，并没有应用于公司内部关于偏好市场的案例研究论文。达昂（Dahan）及其同事（2011）以MBA专业学生为实验对象做了广泛的研究，结果如表4.2所示。像之前讨论的那样，对比预测实际销售情况，同一研究显示出较差的相关性，所以偏好市场的准确率措施是使用联合分析法计算相关系数。两个案例都计算出可通过联合分析法获得的相关性系数。将在案例中所使用的方法论和流程分别与图4.1中所示的变量进行比较。在第一个案例中比较11种不同的自行车打气产品概念时，学生选出了最中意的产品特性。在第二个案例中，学生对比了加利福尼亚大学学生开发的新一代Wii游戏概念的6种特性。

交易经验。虽然文章没有讨论，但是我们假定有过培训。

领域知识。实验对象为MBA学员。其实在这些案例中，也许没有必要精心挑选参与者，因为大多数学生都对自行车打气产品和Wii游戏机十分熟悉。

参与激励。并未使用参与激励。

交易者数量。如表4.2所示，交易者数量为28～58人。对五个事例计算出的交易者—属性率为3.1～6.8。这个比例接近于属性的最少交易者数。

表4.2 偏好市场的准确度

通过联合分析法获得的相关性	预估特性数量	领域知识	参与激励	交易者数量	参考文献
自行车打气产品相关性为0.75及0.83	9	假定拥有	无	28名MBA学生	达昂（Dahan）等（2011）
Wii游戏相关性为0.44、0.75及0.75	8～11	假定拥有	无	35～58名MBA学生	达昂（Dahan）等（2011）

可获得信息。由于交易者通过阅读详细的产品信息增加了对产品概念的理解，这篇文章也证明了有必要提供详细的产品概念的附加信息。

定价运算法。尽管由于交易者—属性率低，定价运算法成为一项重要问题，但本书没有提供相关信息。

由于没有根据领域知识来挑选交易者，每一特性的交易者数量又很低，所以这个概念模型可能存在准确性的问题。尽管存在这些问题，但是除了在Wii实验中包含一项0.44的相关性之外，其他相关性都良好。缺乏领域知识也许不是一个重要的问题，因为大多数MBA参与者都了解他们交易产品的属性。数量较少的交易者（例如，当关联性为0.44时，每一属性为5.3名交易者）能够解释为什么相关性不显著。

创意市场

如表4.3所示，现在已经有五篇应用于公司内部关于创意市场的案例论文。上文已经讨论过，可以采用是否有资金支持创意的进一步发展来测量准确率。所有的案例都满足这一标准。然而，由于资金支持是顶级创意的参与动机，所以通用电气的两个案例成为例外。只有Rite-Solutions这家公司公布了其中一个创意在实际销售中的增长情况。诺维信集团（Novozymes）貌似就像他们公布的那样实力雄厚，"……两个创意已经正式推广为项目"，其中一个属于重大创新，并声称"……要在新领域开拓酶的全新应用"[劳托（Lauto）等，2013，p21]。不过，其他创意市场的结果就没有那么可观了。再次将研究结果与图4.1总的变量进行对比。

交易经验。所有案例的参与者均受到了培训。

创意采纳限制。除了诺维信集团和通用电气计算与决策科学技术中心，所有公司都针对原始创意建立了筛选过滤机制。

领域知识。创意市场向所有职员开放，除了诺维信集团。诺维信集团在公司跨越6个国家的八大研发机构精心挑选参与交易的人员。因此，可以推测，在其他公司，许多交易者不具备充足的专业知识，以恰当地评估他们正在交易的创意。

参与激励。无论是在诺维信集团还是Rite-Solutions的案例中，创意市场都是一项重要的公司倡议。比如，诺维信集团的首席科学官在致参与者的一封公开信中，鼓励他们在创意市场中"……积极表现"。此外，参与者和R&D管理部门在结束创意市场的典礼上都获了奖[劳托（Lauto）等，2013，p20]。相比之下，通用电气却要求交易者在上班前、下班后、午休时间或者工作时间内的短短几分钟进行交易。另外，通用电气为最好的创意提供研究保证金的做法也许会使结果适得其反，因为创意的发起者会以高于市场的价格大量购买自己的创意，而诺维信集团[劳托（Lauto）等，2013]禁止交易者投资他们自己的创意。

交易者的数量。如表4.3所示，交易者的数量在85～160个。除了Rite-Solutions和通用电气能源业务，所有案例交易者—创意率都低于最小建议值3。

可获得信息。可获得信息的数量在不同研究之间的差异相当大。以Rite-Solutions为例，在创意上市之前，每位创意提交者都需要获得两名拥护者的支持。提交流程还要求每个创意的提出者回答以下6个问题：①该创意与我们的思路相一致吗？②它是否利用了我们知道的知识？③它允许我们学习新事物吗？④我们会利用该创意吗？⑤我们知道还有利用这种创意的其他企业吗？⑥我们的公司会因此变得更好吗？

定价运算法。没有定价运算法的相关信息。由于交易者—属性率较低，这可能会成为一个问题。

表 4.3 创意市场的准确率

公司	受资助的、得到进一步发展创意的数量	创意数量	创意采纳限制	领域知识	参与激励	积极交易者数量	参考文献
拥有30亿美元销售收入的B2B公司	"……过早评价商业成功……"（p110）	100	是	部门所有职员	物质奖励（最佳交易者奖励100～1500美元）	157	苏科若科瓦（Soukhoroukova）等（2012）
通用电气计算与决策科学技术中心	领导团队的"……将优胜创意排在比市场低得多的位置……"（p254）	62	否	部门所有职员	物质奖励（最佳交易者奖励苹果iPad，最佳创意奖励50000美元，参与者在工作时间不得交易）	总共85（积极交易者较少）	拉科姆（LaComb）等（2007）
通用电气能源子业务	通用电气对"……结果极为满意……"	32	是	所有职员	物质奖励（最佳交易者奖励苹果iPad，最佳创意奖励50000美元）	110	斯皮尔斯（Spears）等（2009）
诺维信集团	"……两个创意开发成项目……"	222	否	被选中的研发人员	非物质奖励（公司表扬、奖状）	101	劳蒂（Lauti）等（2013）
Rite-Solution	一个创意贡献了30%的营业额	50	是	所有职员	非物质奖励（公司表扬）	160	霍伊特（Hoyt）（2006）和泰勒（Taylor）（2006）

总之，相较于预测和偏好市场，这些结果看上去要差很多。这主要源于以下三个因素。

低交易者—创意率。某些创意提交者过度表现，他们提升价格，或者不具备充足的领域知识，或进行异想天开的交易。更多经验丰富的交易者为实现求真交易行为，将会使价格接近正确价值来获取更大的收益，并借此弥补创意提交者的过度表现。然而，市场缺乏足够的交易者对每一个创意存在的此类偏见进行纠正。

缺乏充足领域知识。边际交易者假说也要求经验丰富的交易者参与交易，这样他们可以沿着正确的方向调整创意价格。诺维信集团仔细挑选参与交易的R&D部门职员。相比之下，除了百思买和谷歌预测市场的参与者（请见表4.1）全都拥有适当水平的领域知识。

不恰当参与激励。只有在Rite-Solutions公司和诺维信集团的案例中，创意市场很清晰地受到了企业的支持。尽管交易者—创意率相对较低，但这两个案例却给出了最稳定的结果。

Kickstarter（www.kickstarter.com）是一个云募资平台，Threadless（www.threadless.com）是一个艺术家网络社区，两者经常被引用为成功创意平台的例子。Kickstarter是一个群众通过抵押资助新创意的网络平台。若项目被全额资助，支持者就会收到产品或能够出席电影的首映礼。Threadless分类整理网络社区中的设计理念。根据平均分和社区反馈，从每周大约1000份网上提交的设计中选出10份。选出的设计最终被印刷在T恤或者运动衫上，并在网上销售。设计者会收到2000美元的现金及价值500美元的Threadless礼品卡。

为什么这些平台能够有效运转，而公司内部相似的创意市场却运行不畅呢？可以直接归为以下三种因素：交易者—创意率、领域知识和参与激励，如表4.4所示。无论是在Kickstarter还是在Threadless，每一个创意都有大量的交易者。此外，交易者会依据创意对自身的价值，根据领域知识，自己挑选他们交易的创意。在这两个案例中，他们的奖励措施是本身固有的。Kickstarter上的交易者会获得产品或者出席电影首映礼，Threadless上的交易者会看到他们投票选出来的设计被印在衣服上。相比之下，公司内部创意市场的参与者并没有经过仔细挑选，因此许多人不具备充足的专业知识。此外，交易激励措施太微不足道了，比如，小额物质奖励。因此，如果能够提高交易者—创意率，确保参与者有充足领域知识，并且将参与和有吸引力的公司激励相结合，公司内部创意市场就能够大幅提升参与量。

表4.4 Kickstarter和Threadless公司创意市场因素对比

公司内部创意市场问题	交易者—创意率	领域知识	参与激励
其他公司	低	非仔细挑选参与者	经常没有清晰的公司激励
Kickstarter	很高	参与者自己挑选自己熟悉的区域	奖励参与者产品或者参加电影的首映礼
Threadless	很高	不需要领域知识。人们根据自己的艺术感觉选择设计	奖励参与者看到由他们选出的设计被印刷在T恤或运动衫上

4.4 在公司内部实施股票市场

在公司内部成功实施虚拟股票市场，是一件既耗时又费力的事。想要取得成功，必须保证这些活动得到高级管理人员的支持和鼓励，并且还需要有相当专业水准的大量员工的积极参与。下面就对实施预测、偏好以及创意市场的全过程进行阐释。接下来的章节着重解释如何选择与运用虚拟股票市场软件平台。

预测市场

图4.2中的五个步骤，就是实施预测市场的全过程。第一步就是要确定将要预测的问题。最好的结果就是问题的边界能够被准确预测和清晰地解决。第二步要建立一个项目任务小组管理整个流程。公司内部任何大型项目都需要高管、精英支持者以及全体员工的共同努力。

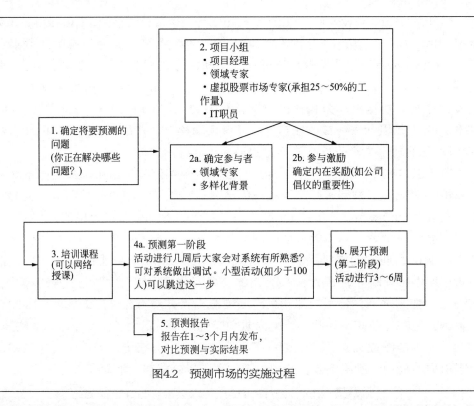

图4.2 预测市场的实施过程

精英支持者。组织中需要有某些人，最好是在高管部门里，拥护初始倡议者。例如，诺维信集团的首席科学官就属于精英支持者。

项目小组。项目小组（步骤2）通常由高管人员任命，负责为项目建立相关的战略性及管理性策略。这个小组要确保参与者（步骤2a）具备恰当的专业知识。如果缺乏由领域专家组成的、拥有足够水准的参与者，那么预测市场将无法运行。另外，项目小组应该接触其他拥有不同背景的参与者，以保证成员组成的多样性。

虚拟股票市场专家。虚拟股票市场专家负责建立平台，开发培训课程，运行虚拟股票市场，以及持续监测结果。当内行投资者的行为有问题时，他或她需要做出调整，并且/或者咨询职员。创意市场频繁出现这样的案例，这在交易者数量低的市场则是更大的问题。将不恰当的交易数量降至最低显得尤为重要，因为缺乏经验的交易者会被结果折磨得疲惫不堪，并且批判虚拟股票市场。虚拟股票市场专家要对整个市场的设计负责。例如，每名参与者应该得到多少虚拟货币，市场应该多敏感才能买盘卖盘，如果有人花光了虚拟货币怎么办，市场开放的时长，等等。此人还要负责与IT人员对接，以保证软件平台的顺畅运行。

IT职员。虚拟股票市场平台需要与本机构的IT基础设施相结合。许多平台现在利用的是可以减少工作量的云计算平台。然而，安全隐患是个需要关注的问题，因为公司内部虚拟股票市场中的信息常常被认为是高度机密的。

参与者应该对平台及其应用有一定的了解（步骤3）。培训课程应向参与者提供如何使用系统、如何买卖股票，以及如何盈利等相关信息。培训可以是1~2个小时的研讨会，也可以通过网络平台授课。

接下来就可以实施预测市场（步骤4）。图4.2所示的是较为可取的两个步骤。第一步（步骤4a）是几周内对一小组人（如少于100人）进行预测，以便更好地了解系统如何运作以及问题是否被明确定义。评估交易平台还可以确定是否给予了每一位参与者适当数量的虚拟货币，以及是否按照交易运算法的敏感度来进行买盘、卖盘。一旦获取更多信心，预测市场就可以在更大范围的组群中开展（步骤4b）。在最后一步中（步骤5），一份与实际结果相比较的预测报告将会被发送到每一位参与者手中。通常，此类预测十分准确，这在一定程度上能够提升下一个预测市场中参与者的积极性。总的来说，虚拟股票市场项目的总数需要统筹管理，因为当过多活动同时进行时，参与度将会逐渐下降。预测市场运行机制的更多细节可参见伊万诺夫（Ivanov）（2009）的研究。

成功实行预测市场的关键，有以下几种：

- 使预测市场成为受高管拥护的企业责任的重要部分。没有公司高管的授权，员工参与度将会快速下降。
- 组建一个支持这项计划的项目小组。
- 邀请恰当的参与者，包括领域专家与拥有多样化背景的人。
- 开发一套与企业责任相关的内在奖励机制。

实施预测市场需要避免的误区：

- 拥有太多包含相同参与者的预测市场。

偏好市场

如图4.3所示，实施偏好市场的总流程包括4个步骤。

总体来说，它与之前讨论过的预测市场遵从同样的过程。这个新增的构思环节（步骤2c）由项目小组完成，是提供详细产品信息的时候所需要的。例如，提供6种不同的自行车打气产品的图解和产品信息时可以用到。另外，每种自行车打气产品以充气胎的速度、紧密度、易操作性及耐久性为各自特征。由于整个交易在几个小时内进行，所以培训课程（步骤3）通常在偏好市场运行不久之后与其同时进行。运行偏好市场机制的更详细内容请参见达昂（Dahan）及其同事的研究。

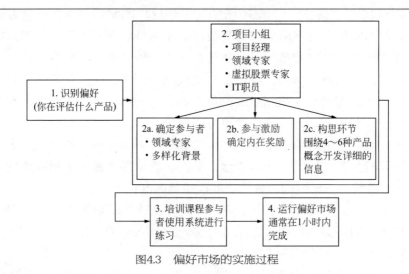

图4.3 偏好市场的实施过程

实行偏好市场成功的关键与预测市场相同。但是，团队要保证选择的产品信息足够详细清晰、有特点，以便交易者做出明智的选择。另外，团队需要确定如何利用最终的成果，为公司创造价值。

创意市场

图4.4中，创意市场的实施总流程包括8个步骤。

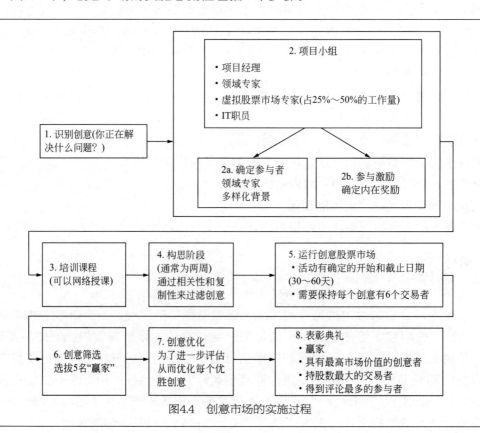

图4.4 创意市场的实施过程

虽然参与激励（步骤2b）存在争议，但是前3个步骤与预测和偏好市场如出一辙，因为有人相信物质奖励是成功的必要条件。不过，先前讨论过的研究表明，物质激励也许实际上对最终结果有破坏作用。因此，项目小组需要确定一个令人信服的方案，解释参与的重要性。例如，诺维信集团的首席科学官［劳托（Lauto）等，2013］在致所有参与者的一封公开信中，解释了参与的重要性。更深层的鼓励可以是源于对最佳交易者的认可。

构思（步骤4）是必要阶段，因为市场需要限制创意的数量以保持市场上存在较大数量的交易者，同时确保创意的新颖性。另外，项目小组需要确保每个创意信息量充足，使得股票交易者可以做出明智、合理的选择。然后，创意市场进入第5个步骤。一旦收市，结果需要在第6和第7个步骤中完善，因为"优胜"创意仍然经常处于一种非常不成熟的状态。5名"优胜者"从10个具有最高市场价值的顶级创意，以及由项目小组挑中的一系列附加创意中选出。并非所有的"最佳创意"都会成为顶级的创意，附加创意也可能会得到复审，因为交易者由于缺乏关键信息有时可能会忽略它们。每个创意都会配有项目小组，这些创意将在第7个步骤中变得更加完善。随后，每个创意在最后一个阶段被上交至管理层，以争取进一步的资金支持。

实现和维持创意市场的充分参与困难重重，因为与预测市场相比，它的成果太隐晦。"赢家"和交易者通过建议性奖励（步骤8）获得适当的激励，这种奖励应该包括在嘉奖典礼上的象征性奖励，并颁发给以下人士：①赢家；②具有最高市场价值的创意者；③持股数最大的交易者；④得到评论最多的参与者。在创意市场获得圆满结果的诺维信集团满足以上所有的条件［劳托（Lauto）等，2013］。但是他们表明，"……执行活动需要的时间超过了创新办公室的预期，其中创意评估活动、创意完善和项目管理尤其费时"（p25）。在劳托及其同事的研究中，我们可以进一步发现实施创意市场的细节。

创意市场成功的关键与预测市场一样。除此之外，考虑到关联性和潜在复制率，项目小组需要花费时间仔细筛选过滤进入市场的创意（图4.4中的第4个步骤）。由于公司很少或不经筛选过滤就向所有参与者开放市场，这一步骤经常被跳过。另外，只有在每个创意至少有3名交易者参与时，市场才能运转。最后一点，嘉奖典礼应该旨在奖励交易者。嘉奖典礼对创意市场比对预测市场要重要，因为预测市场成果的价值经常得到良好的认可。相比之下，创意市场的概念经常处于不成熟状态，并且看不到其对公司有立竿见影的价值。

4.5 选择一个虚拟股票市场软件平台

如表4.5所示，软件供应商分为专门供应预测市场和创意市场的企业，尽管现在很多预测软件供应商也试图两者兼顾。但目前并没有针对偏好市场的商业软件供应商。

在2011年的一份报告中，佛瑞斯特研究公司提供了一份预测市场的软件平台综述［斯坦迈格（Strohmenger），2011］。图4.5中，这些平台可以大致分为两个主题：一个是行业焦点，另一个是服务模式的类型。Inkling和Spigit这样的公司主要锁定在商业对商业（B2B）的公司，Infosurv和BrainJuicer主要锁定在商业对消费者（B2C）的公司。许多软件供应商都正从自助式模式过渡到辅助式或者全服务式模式。在全面服务模式中，供应商对结果的创造、运行、分析以及解释提供了手把手的帮助。在自助模式中，供应商提供咨询服务，公司据此创造和实施预测市场。表4.5中，如果考虑价格，还可以分为几种应用开放源软件的平台。

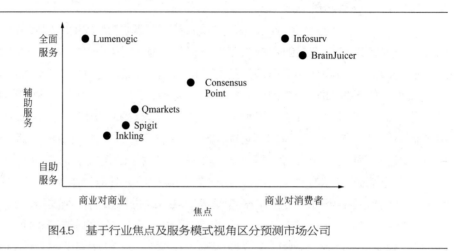

图4.5　基于行业焦点及服务模式视角区分预测市场公司

佛瑞斯特研究公司授权复制。

　　佛瑞斯特研究公司在另一篇关于创新管理工具的报告中讨论了创意市场软件平台［格莱德曼（Gliedman），2013］。定价运算法对于创意平台成功生成对公司有价值的实质创意的能力有着很重要的作用。像Nosco和Q markets这样最准确、严谨的平台，使用的是前文提到的经济或自动做市商软件（AMM）。简单的"赞"或"踩"投票系统缺乏虚拟股票市场的复杂性，因为其没有追求求真交易行为的交易机制。如图4.6所示，创意软件平台区分是基于各自的定价运算法。像BrainBank、CongiStreamer、IdeaScale以及Kindling这种不太复杂的平台，使用的是简单的上或下直接表决。像BrightIdea、Hype以及Imaginatik这些公司使用的是打分投票。在打分投票中，交易者可以从1～5中选择喜欢或不喜欢这个创意的程度。Nosco和Q markets使用的是基于经济理论的传统自动做市商软件。相比之下，Spigit则使用的是一种颇为复杂、基于参与者名望和交易经验的定价运算法。

　　如之前讨论的那样，已经使用基于经济理论的AMM软件完成了对预测市场最广泛的研究。尚未发现有学术研究确定这些不太严谨的平台的整体准确性。由于每个创意不到6个交易者的薄弱市场相比较为成熟复杂的自动做市商定价运算法较为简单。所以人们也许会怀疑使用不怎么复杂的定价运算法得出的结果可能会有点糟糕。有趣的是，诺维信集团［劳托（Lauto）等，2013］作为一家能够获得稳定结果的公司，使用了一种应用AMM软件的Nosco软件平台。调整定价运算法相对权重的能力，也许在交易者—创意率低的惨淡市场中对于弥补组织交易独特性能起到重要作用。例如，谷歌发现，当公司股票增加时，股票市场价格可以增加超过10%［考吉尔（Cowgill）等，2008，P8］。较为复杂的定价运算法也许会允许对创意市场价格做出调整来弥补类似的交易独特性。

表4.5 软件供应商

供应商	网址	预测市场	创意市场	开放源
BrainBank	www.brainbankinc.com		×	
BrainJuicer	www.brainjuicer.com	×		
BrightIdea	www.brightidea.com		×	
CongiStreamer	www.congistreamer.com		×	
Consensus Point	www.consensuspoint.com	×		
HYPE创新	hypeinnovation.com		×	
IdeaScale	ideascale.com		×	
Imaginatik	www.imaginatik.com		×	
Infosurv	www.infosurv.com	×		
Inkling	inklingmarkets.com	×		
Inno360	www.inno-360.com		×	
InnovationCast	innovationcast.com		×	
创新工场	www.innovationfactory.com		×	
kindling	www.kindlingapp.com		×	
Lumenogic	www.lumenogic.com	×		
MarMix	sourceforge.net/project/marmix	×		×
Nosco	nosco.co		×	
Q markets	www.qmarkets.net	×	×	
Serotonin	serotoninpm.sourceforge.net	×		×
Spigit	www.spigit.com	×	×	
Zocalo	zocalo.sourceforge.net	×		×

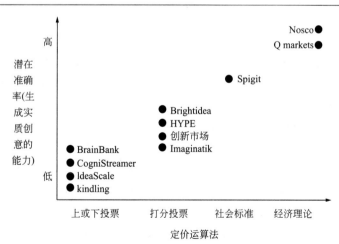

图4.6 基于定价运算法区分创意市场供应商

供应商顺序按照字母排列,任何特定区域的准确率都没有什么不同。例如,Nosco或Q markets在潜在准确率上并没什么差别。Inno360和InnovationCast没有提供定价运算法,所以并未列出。

大部分创意软件供应商的规模都很小，拥有相当成熟的软件平台，每年销售额平均在400万美元。总体供应商的选择应该不仅仅以工具的稳定性和运算法为基础，还要考虑在最初培训期间供应商能提供的支持。虽然IdeaScale平台只允许直接表决，但是如果客户认为价格过高时，IdeaScale仅通过网络支持允许免费进入其平台的活动却多达5个。

4.6 结论

目前，公司正越来越频繁地利用内部员工的智慧来预测未来。公司预测市场公布的成果相当优秀，其错误率通常低于10%，例如，预测未来3个月产品的销售额。当公司仔细挑选知识渊博的产品专家参与预测、参与公司的一项重要倡议，以及有充足交易量的时候，这些稳定的结果便会出现。偏好市场也取得了相似的结果，对偏好市场的结果与传统联合分析进行了对比。不过，没有研究记录它们在公司内部的使用情况。

相比之下，创意市场公布的准确率和结果则并不乐观，原因有三点：首先，在多数案例中，单个创意的交易者数量很少。由于缺乏充足的交易者来调整错误和有偏见的交易，交易者—创意率低的薄弱市场就使得交易机制更加难以实现求真交易行为。其次，激励措施并未与重要的公司倡议建立联系。就像谷歌公司说的那样，职员不会因为没有拿到小额现金奖励就烦恼不已，但是他们会注意到"……T恤上所显示的图案"［戴伊（Dye），2008，p89］。没有正确的激励措施，交易者就不会积极地参与其中。最后，许多创意市场向组织内的所有职员开放，这就增加了股票交易的混乱程度，因为参与者对他们正在交易的创意并不太了解。诺维信集团［劳托（Lauto）等，2013］和Rite-Solutions公司［泰勒（Taylor），2006］的案例证实了，弥补创意市场中的这些缺陷能够帮助公司取得更高水平的创新。

参考文献

［1］Amabile, T, 1997, Motivating Creativity in organizations: On doing what you love and loving what you do, California Management Review, 40 (1): 39-58.

［2］Berg, J. E., F. D. Nelson, T. A. Rietz, 2008, Prediction market accuracy in the long run, Journal of Forecasting, 24: 285-300.

［3］Cowgill, B.J. Wolfers, E. Zitzewitz, 2008, "Using Prediction Markets to Track Information Flows: Evidence from Google." Available at http://bocowgill.com/GooglePredic-tionMarketPaper.pdf.

［4］Dahan, E., J. K. Adlar, A. W. Lo, T. Poggio, N. Chan, 2011, Securities trading of concepts (STOC), Journal of Marketing Research, 48(8): 497-517.

［5］Diemer, S., 2010, Real-Money vs. Play Money Forecasting Accuracy in Online Prediction Markets—Empirical Insights from ipredict. (www. predictx.org/mt.pdf).

[6] Dye, R., 2008, The promise of prediction markets: A roundtable, The McKinsey Quarterly, 2:83-93.

[7] Ederer, F., G. Manso, 2013, Is pay for performance detrimental to innovation? Management Science, 59 (7): 1496-1513.

[8] Forsythe, R., T. A. Rietz, T. W. Ross, 1999, Wishes, expectations and actions: A survey on price formation in election stock markets, Journal of Economic Behavior and Organization, 39 (1): 83-110.

[9] Galton, F. 1908, Memories of My Life, London: Methuen.

[10] Gliedman, C, 2013, The Forrester Wave™: Innovation Management Tools, 3 2013, Forrester Research, Inc. MA.

[11] Healy, P.J., S. Linardi, J. R. Lowery, J. O. Ledyard, 2010, Prediction markets: Alternative mechanisms for complex environments with few traders, Management Science, 56 (11): 1977-1996.

[12] Hopman, J. W., 2007, Using forecasting markets to manage demand risk, Intel Technology Journal, 11(2): 127-135.

[13] Hoyt, D. 2006, Rite-Solutions: Mavericks Unleashing the Quite Genius of Employees. Stanford Graduate School of Business, Case HR-27.

[14] Ivanov, A. 2009, Using predictive markets to harness collective wisdom for forecasting, The Journal of Business Forecasting, Fall, 9-14.

[15] Karniouchina, E., 2011, Are virtual markets efficient predictors of new product success? The Case of the Hollywood Stock Exchange, Journal of Product Innovation Management, 28:470-484.

[16] Kamp, G. and Koen, P.A., 2009, Improving The Idea Screening Process Within Organizations Using Prediction Markets: A Theoretical Perspective, The Journal of Prediction Markets, 3(2): 39-64.

[17] LaComb, C. A.,J. A. Barnett, Q. Pan, 2007, The imagination market, Information Systems Frontiers, 9:245-256.

[18] Lauto, G., F. Valentin, F. Hatzack, M. Carlsen, 2013, Managing front-end innovation through idea markets at Novozymes, Research-Technology Management, July-August, 17-26.

[19] Lundholm, R.J.,1991, What affects the efficiency of a market? Some answers from the laboratory, Accounting Review, 66(3): 486-515.

[20] Plott, C, K. Y. Chen, 2002, Information Aggregation Mechanisms: Concept, Design and Implementation for a Sales Forecasting Problem, Californian Institute of Technology, Social Science Working Paper 1131 (ideas.repec.org/p/clt/sswopa/1131.html)

[21] Slamka, C, B. Skiera, M. Spann, 2013, Prediction market performance

and market liquidity: A comparison of automated market makers, IEEE Transactions on Engineering Management, 60(1): 169-185.

［22］Soukhoroukova, A., M. Spann, B. Skiera, 2012, Sourcing, filtering and evaluating new product ideas: An empirical exploration of the performance at idea markets, Journal of Product Innovation Management, 29(1): 100-112.

［23］Spann, M., B. Skiera, 2003, Internet-Based Virtual Stock Markets for Business Forecasting, Management Science, 49(10); 1310-1326.

［24］Spears, B.,J. LaComb, J. Barnett, S. Deniz, 2009, Examining trader behavior in idea markets: An implementation of GE's imagination markets, The Journal of Prediction Markets, 3(1): 17-39.

［25］Strohmenger, R., 2011, How Prediction Markets Help Forecast Consumer Behaviors, Forrester Research, Inc.

［26］Surowiecki, J, 2004, The Wisdom of Crowds: Why the Many Are Smarter Than the Few and How Collective Wisdom Shapes Business, Economies, Societies, and Nations, Doubleday, New York.

［27］Taylor, W., 2006, Here Is an Idea: Let Everyone Have Ideas, New York Times, March 26, 2006.

［28］Van Bruggen, G. H., M. Spann, G. L. Lilien, and B. Skiera, 2006, Institutional Forecasting: The Performance of Thin Virtual Stock Markets (http://ideas.repec.Org/p/ems/ eureri/7840.html.)

［29］Wolfers,J., E. Zitzewitz, 2004, Prediction markets, Journal of Economic Perspectives, 18(2): 107-126.

作者简介　　彼得·科恩（Peter Koen），是斯蒂文斯理工学院韦斯利技术管理学院的副教授。目前，他是企业创业联盟（CCE）的董事。他于1998年创办该联盟，旨在提高处于创新前端创意的数量、速度和成功率。现有成员包括3M公司、康宁公司、爱惜康公司（隶属强生公司）、埃克森美孚公司、宝洁公司和戈尔公司。他拥有纽约大学机械工程理学学士学位和理学硕士学位、德雷赛尔大学生物医学工程学博士学位。联系方式：peter.koen@stevens.edu。

5 推动隐性知识与视觉思维技术融合以实现创造性的开放式创新合作

凯伦·克罗伊茨（Karen A. Kreutz）
Iluminov有限责任公司
金姆·本茨（Kim D. Benz）
Iluminov有限责任公司

5.1 引言

开放式创新（OI）团队内部及其与利益相关者之间的隐性知识交流（TKE），是取得最终共同价值创造成功的关键因素。隐性知识交流已被公认是取得突破性创新至关重要的必备条件。如科恩（Koen）及其同事在2004年的一篇文章中所述，"突破性创新包括个体之间的隐性知识交流。不过，这种类型的知识……本质上非常脆弱……从概念上来讲，隐性知识交流的速度取决于环境合作的程度"。该文章解释，合作性环境的一个维度是隐性知识的分享者与接收者之间存在信任关系。

除了在认知科学家的圈子里，隐性知识并不是一个广泛讨论的话题——即使大多数我们自身知道的知识都被认为是隐性的。隐性知识的定义说明，隐性知识交流发生在一定的社会情景下。对开放式创新团队来说，一定要确保TKE处于一个以信任为基础的环境内。

隐性知识的定义

隐性知识是几乎每个常人都拥有，无法通过文字、语言描述且具有隐藏性的大量知识储备。它以人类的情绪、经验、洞察力、直觉、观察力和内化的信息为基础。隐性知识是人的意识整体不可或缺的一部分，大部分是通过与其他人的交往而获得的。它还要求人们通过共同的或共享的活动进行传播。就像一座冰山潜入水中的部分，它包含大多数我们知道的知识，并且形成基本框架，使显性知识成为可能。

匈牙利哲学家和化学家迈克尔·波兰尼（Michael Polanyi）（1891—1976）在他1966年出版的《隐性维度》一书中介绍了这一概念。

一个简单的类比将会帮助阐明TKE在创新团队中的重要作用。从头开始想一想烘焙面包的任务，食谱对于说明制作步骤和所需的材料十分有用。就开放式创新的工作来说，这就等同于项目管理和业务流程运行系统——用碗、量杯和勺子等工具将材料调和，搅拌成面糊状。对于组织内部的创新来说，这就与模仿最佳创新实践相似。虽然那些方法必要且有益，但仅此而已。需要烤箱（以信任为基础的环境）所提供的热力，是为了将混合材料转换成最终的产品，即美味的蛋糕。创新团队的热力就是隐性知识交流。视觉思维（VT）方法可以比喻成烤箱，并且在这些过程中，它能够从个体聚集形成的群体中，极大地帮助"释放"和传导这种热力。

有两个相互关联的挑战通常会阻碍TKE：①将个体的专业知识转换为集体认知；②增进信任。视觉思维方法通过推动团队层面的学习和创新发展帮助团队战胜这些挑战。这些经历有助于增强团队的信任氛围。

本章的主题针对开放式创新团队中的领导者和/或者利益相关者，他们正在争取提高由共同努力创造圆满结果的可能性。他们关注的焦点将会是：在开放式创新阶段，即当联合团队真正需要合作创新以向市场推出想要的产品或服务的时候，为什么以及如何采用VT。

在最初开发阶段，人们利用VT处理社会和商务挑战。在学术界，人们利用它提高学问质量和创造力。在更广阔的工业、商业或者产品开发领域内，这一相对年轻的实践研究方法并没有得到广泛采用。VT技术的吸引力是初期投入小但收益快。这些技术在整个创新过程都能很容易地适应特定团队需求，并且能够轻易地融入团队运营。应用这种工具的相关知识能够从技术娴熟的从业者那里获得，或通过自主开发获得。

本章试图阐明隐性知识如何能够被迅速利用以推动其交流，隐性知识的交流是开放式创新团队中创造性合作的基础。

5.2 视觉思维简介

视觉思维概述

本章中，VT是指一系列能够推动在开放式创新团队内部进行有效隐性知识交流的实践。所有的视觉思维方法都利用视觉语言和视觉聆听的力量。输出的总是文字与图像的结合，用来捕捉和组织重要信息。

视觉思维方法在提高参与、贡献和履约能力，增强一致理解，以及在达成共识方面超越了普通的"仅限语言"的交流方式（无论口头形式还是书面形式）。VT技巧提供仅有的经验就是创造一个足够安全的环境，个体在其中愿意并且能够共享他们的知识，更加开放地考虑其他人的信息。现在，整个团队都可以从多元化个体专家的知识当中获益。

所有的VT形式都是利用图形来捕捉并组织知识的显性部分，最终的成果提供了一个可以显示细节的"更宏观"的框架。这种类型的输出加快了人们对每一位参与者所提供的新知识的吸收。集体认知因此更容易显现。这一过程的直接效果如下：

- 通过与成果输出相关的每一个人加速个体学习；
- 全体取得了集体认知的进步；
- 更加和谐地对任务/接下来的步骤以及方法达成一致；
- 能够获得条理清晰、文档化的信息以支持做出有利决策；
- 创建团队积累性学习成果的存档文件。

这些技巧在多个领域专家聚在一起解决问题或通力合作的时候，显得特别有效。这在开放式创新事业中是一个理所当然的案例。隐性知识交流生成集体认知，解决方案又产生于集体认知。因此，通过有效的TKE，创新学习能以最快的速度开展，同时可以最小化风险，避免返工和其他低效现象。最直接的成果就是队员之间、团队及其利益相关者之间的共识得以更加和谐地建立起来。此外，有效的TKE有助于推动团队信任氛围的形成，提高个体团队成员的行动积极性和参与度。

两种视觉思维类型

通过视觉思维方法，许多不同的想法和观点以结构化流程相连贯，也许偶尔会显得凌乱不堪，但它们仍能稳定输出结果。

VT分为两种主要类型：图形组流程和知识建模。图5.1对这两种类型进行了概述。

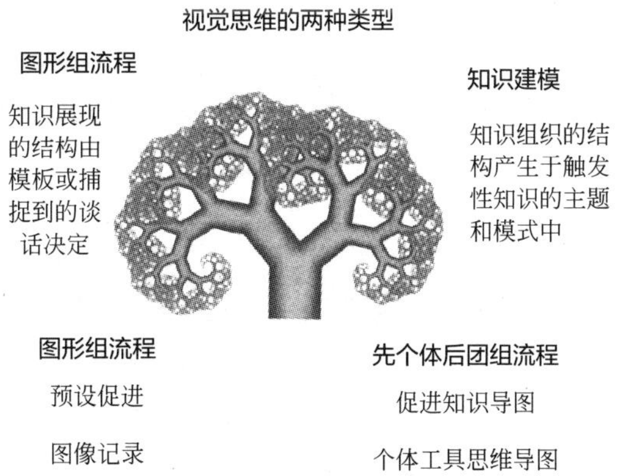

视觉思维的两种类型

图形组流程
知识展现的结构由模板或捕捉到的谈话决定

知识建模
知识组织的结构产生于触发性知识的主题和模式中

图形组流程
预设促进
图像记录

先个体后团组流程
促进知识导图
个体工具思维导图

克罗伊茨(Kreutz)、本茨(Benz)版权

图5.1 视觉思维类型概述

类型1：图形组流程

这种类型的视觉思维包括两类：第一种类型属于专家层面的促进会议，它为团队实现某一目标而预设，即利用一系列图形模板指导知识收集并得到想要的成果。第二种类型利用一位技术熟练的引导者实时地记录重要主题的谈话内容，以得到图形与文字相结合的输出形式。

图5.2说明了如何使用记号笔和纸张（空白纸或模板纸）创造能够轮流与其他人交流信息的集体流程的描述。通过对这种流程的概述，人们可以清楚这两种类型的图形组流程是如何运作和发挥优势的。

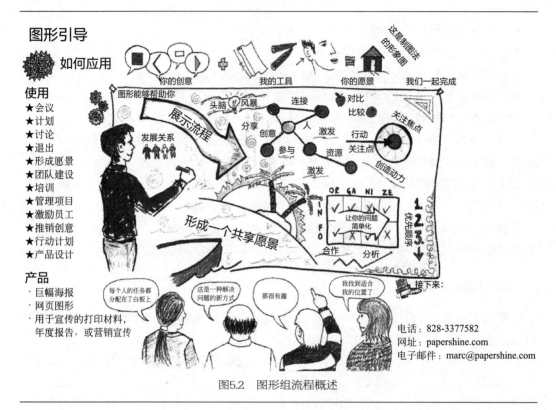

图5.2 图形组流程概述

图形引导指的是两种类型的图形组流程。在预设促进会议中，一位经验丰富的引导者会选择模板来引导对话，并展示由此衍生的知识。至于图形记录，只要对话出现在文本或图像中，一位技术娴熟的记录员就会捕捉到它。

版权 © 2009 Marc Arachambault

类型2：知识建模

知识建模表示个体知识的直接获取。要获得个体的专业知识，可以通过访谈的形式，也可以由个体思维导图完成。接下来，提供者需要整合相关信息，通过框架，将分析之后的知识呈现出来。紧接着，相关信息会被整理在统一的框架之中。随后得到的是一个显性集体知识基础，它也将在随后与团队共享。接下来的交谈建立了新的含义，同时集体认知出现了。图5.3展示了作为视觉思维方法的知识建模模型及其对开放式创新团队的益处。

视觉思维背景

将视觉思维融入我们的工作及合作过程的需求从未如此强烈。我们生活在一个充满着不确定、复杂性与模棱两可的世界里。新产品开发（NPD）和创新本身就是由不确定和风险锻造而成的。随着需要解答的技术问题越来越复杂，就需要运用越来越专业且多样化的知识去解决这些问题。创新团队的前景常常模糊不清。其周围存在着大

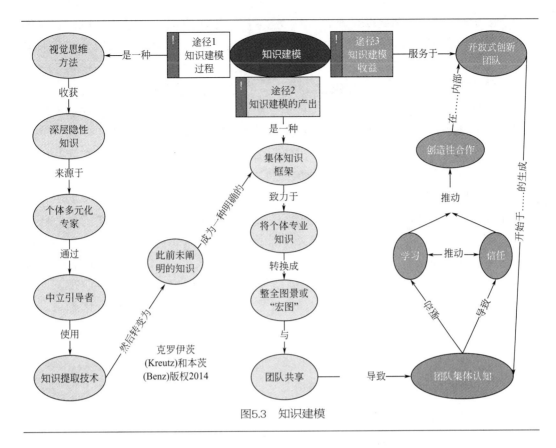

图5.3 知识建模

量关于实现最终目标的最佳步骤的观点。同时，全世界都在强烈推动工业与社会系统的发展，以获得"更好、更快、更便宜的创新"，以及更高的整体生产力。

另外，我们生活在信息时代。人类获取并深刻理解海量信息的能力已经远远不能满足自身的需求。作为一种应激反应，人们倾向于寻求简化，并且抵触外部的强制性变化。由于公司裁员，通常很少有人会真正地从事创新工作。这就给内部创新团队增加了压力。显而易见的趋势揭露了这样一个事实：员工没有多少时间进行有意义的对话（就像对于高品质TKE很关键的那种类型），因为采取行动才是众望所归。接下来，这些压力被开放式创新团队放大。

利用图形培养团队沟通、创造力和合作的方式已经通过一些最新书籍的出版得以普及，这些书籍通常面向硅谷人士，并涉及教育与设计领域。也就是说，商业和相关创新社区正开始对此予以关注。（请见本章结尾相关出版物和资料来源的参考文献）

创新努力——尤其是开放式创新合作——想要有成效、能成功，就急需结合隐性知识交流相关的新方式去减少隐性知识交流的时间、人力以及压力。视觉思维提供了能够轻松"介入"既有运营业务的新方法。它既能够帮助团队高效运作，又能帮助个体在较小的压力中成长。

视觉思维的与众不同

VT方法在处理创新团队的合作绩效方面与其他方式的不同，主要体现在以下两种方法上。

（1）VT不要求个体团队成员精通沟通技巧。一些培训注重建立个体的沟通（如聆听、询问、游说等）和人际交往技巧。这些培训是必要的且影响深远，但也非常需要个体本身的努力和动力来学习和掌握。VT是一个促进过程，因此它提供了一种更中立的方式来沟通（共享和接收信息），以弥补参与者技巧层面的缺陷。VT的图形组流程使用一种模板，如SWOT（优势、劣势、机遇、威胁）矩阵。这些模板提供了沟通的焦点，并且作为向所有人展现所说内容的记录。在VT知识建模过程中，来自专家个体的综合信息随后会被转化成有组织的框架，这有助于知识在团队内部的推广。VT过程不仅带来了轻松的成果共享，而且可以增强学习效果。

（2）VT不要求团队从创新工作中抽取时间。VT与需要停止工作去参加培训的方式不同。VT在必要的团队活动中得到利用，帮助团队完成实际工作。这在任何情况下都可能发生，而不论团队目前处于什么状态。在VT图形组流程中，知识得以实时导出和共享。员工会收集并组织好信息存档工作，以供立即使用或将来使用。在VT知识建模流程中，人们以一种"离线"方式获得所需要的个体专业知识，但这种方式却不会终止正在进行的工作。正在搜寻信息的团队也会暂时聚集起来。一旦被组织好的集体知识在团队内部共享，团队将就此达成全新且更全面的共识。人们可以利用手边的主题立即开展积极的、有建设性的对话。

视觉思维的益处

视觉思维方法有效且高效，因为它们：
- 为共享和接收知识创造了安全的社会环境；
- 在认可贡献者的同时会唤起隐性知识；
- 整合成员的差异化信息以降低复杂性；
- 可以为实现目标而量身定制；
- 生成有组织的陈述以帮助创造并记录团体认知；
- 补充其他开放式创新实践框架和运作的最佳实践。

将这些益处综合在一起，不仅可以将个体专业知识转变为集体认知，还可以驱动团队学习，并且创造一种基于信任的合作环境。

5.3 视觉思维和开放式创新活动

开放式创新和NPD

所有的创新项目都要经历为人熟知的新产品发展周期阶段。也就是说，它们要经历发现（创新的最开端）、开发到最后的商品化（产品推出及实施）全过程。开放式创新秉承共同价值创造的目标，与合作伙伴开展创新合作。

开放式创新的特性之一，是它可以在NPD周期的任何一个阶段或者在整个进程中都可以发挥杠杆作用。实际上，特定项目的NPD阶段基本设定了特定的开放式创新活动背景。

有趣的是，在开放式创新活动中，一方通常会带来"何为需求？"（如消费者需求、技术挑战、市场机遇等），而另一方则带来"何为可能？"（如技术、新能力、专业资源等）。像NPD一样，在追求开放式创新的同时，一项首要商业流程也随之而来。开放式创新成功需要双方在这一流程的两个开放式创新阶段中具备优势：汇合和合作。

汇合。该阶段的重点是要在双方之间找到匹配之处，形成合作的最佳领域或范围。汇合经验和产出能够为实际创新工作奠定基础。汇合流程包括以下三个独特步骤。

第一，战略。决定是否为了一项给定的业务采用开放式创新管理——"何为需求？"，由重要管理部门引导该战略，并将战略决策与战略性商业目标捆绑在一起。

第二，搜索。找到并审查一位支持"何为可能"的潜在搭档，来帮助实现业务目标，即"何为需要"。

第三，商业模式。针对相关的商业/创新模式协议进行谈判。

合作。合作的目标是要使得创新活动能够提供市场所需的成果。合作阶段的目标是高效率结合"何为需求"和"何为可能"在任意时间内的最佳理解，以开发出创造最终产出的解决方案。合作包含一个步骤，即交付，因而要组织一个联合的多职能团队，开发其运作系统并合作，直到完成商品与服务的交付。

为了达成引进视觉思维技术的目的，重点将会放在开放式创新流程交付阶段的活动上。

联合创新成功与隐性知识交流

TKE的两种挑战普遍存在于公司的创新工作中。当公司想要通过开放式创新来提升新产品研发创新能力时，同样的挑战就会加剧。这在很大程度上是由于融合了两种组织的文化。

在开放式创新的合作阶段，要求拥有多元化技能和功能性专业知识的人才，以在取得创新进展时创造出一种新的混合式文化。然而，这个团队已经被要求进行创新了。即便没有建立新行为规范、通用语言以及操作系统的附加压力，创新也已经足够艰难。

不过，为了创新工作能够顺利进行，对未阐明或隐性的知识进行及时、高效的交流十分必要。企业能毫无阻碍地从不同知识拥有者那里获得有关需求和可能性的知识，是获得关于未来任务最佳解决办法的必要条件。因此，要想使得联合创新成功，在有需要时要充分利用所有最优的联合专业知识。但是，交流隐性知识的常规机制的快速性和完整性得不到保证。这也就是要考虑采取积极干预措施为开放式创新团队推动TKE的原因。

首先，隐性或未阐明的知识交流流程涉及公开从多元化、相关专业知识拥有者处获得关于既定问题的知识。接下来，需要以一种其他人都能理解的方式共享从每个个体那里得到的这种导出的知识。最后，其他合作者必须吸收这些知识。只有这样，才能够真正实现集体认知。若能够持续实施实现以上步骤，团队就已经展现出了可以超越首个TKE挑战的能力。

其次，在开放式创新团队合作之初，促进自由高效的隐性知识交流的必要信任还没有建立起来。要达到足够水准的人际信任，需要花费相当长的时间——几乎没有团队有这么多时间。建立这种信任就要付出必要的努力，因为形成团队文化的组织背景有着复杂的社会属性。令人振奋的是，通过视觉思维积极促进TKE，可以有效地促使信任的产生。

因此，在开放式创新活动中，联合创新成功的根本基础是团队是否能够很容易地同时克服两项TKE挑战。

视觉思维如何支持创造性的合作

创造性的合作就是在团队中将项目的价值创造潜力最大化，将任何效率损失最小化。不充足的人际信任，尤其是在开放式创新团队的混合文化中，可能会导致有意或无意的信息抑制。为了创造性合作，团队必须克服一项与TKE相关的"第22条军规"。也就是说，当本团队成员信任其他团队成员时，他们将会更轻松地共享各自的隐性知识。但是，人们总是在与其他人进行深层次知识共享后，才会信任这个人。如果这个悖论不解决，创造性的合作将会受阻。

"无论现有信任程度如何，VT方法都会通过促进知识的共享与接收来处理这个悖论。"另外，信任也随着隐性知识的交流而增加。通过VT释放隐性知识可以切实推动个人专业知识转换成集体认知和增进信任的良性循环。所有希望拥有创造性开放式创新团队的领导者现在已经意识到，VT方法的定向使用有助于尽早推动这个良性循环。

利用有利条件指导VT以推动创新

在创新流程中，最核心的工作包括确定问题或知识缺口，开展一系列实验来学习解决方案，然后制定进一步行动的决策。熟悉创新的人都能了解这一循环流程。在NPD生命周期的每一个阶段内，这些反复的学习周期解决了当产品或服务创意被转化为未来投入市场的形式时所遇到的问题。要引导每个学习周期，开放式创新小组需要反复定义"任务"以及做出"决策"。

团队的生产力受到许多因素的影响。其中一个因素是团队在定义行动任务时能够就此达成可靠共识的速度。另一个关键因素是团队做出有利决策的效率。当利益相关者达成共识的需求十分强烈或者项目面临的技术极不稳定时，团队针对这些活动要素的运营方式就显得至关重要。团队在定义创新任务和做出确切决策时，无论缺乏哪一项能力都将遭遇低效。返工、错失良机、损失时间都会逐渐损害创新的进展和效果。

每一个创新团队都要设计"该如何确定团队要承担的任务，以及要如何做出决策"。如果团队要追求创造性合作，那么每一个活动都要依靠全面且高效的TKE。

任务。 一个团队设计出的行动计划有多好，取决于它在已知时间点处理业务需求/问题和可能性的集体认知能力。而且，团队成员与利益相关者在既定前行道路上达成一致的程度，对于实现发展速度的最大化也至关重要。

决策。 一个团队在充分汇聚所有重要知识并做出知情决策的能力，直接影响到决策的风险水平。达成有利决策的速度与使该知识成为集体认知的一部分有直接的关系。

确定任务和做出决策代表着积极使用视觉思维来克服TKE挑战的高使用点。这两个活动也直接有助于作为开放式创新团队文化属性的信任氛围的建立。如果关于任务的可靠共识较少，或者决策做得并不是很恰当，那么就会产生不信任。通过处理不同观点间的分歧，领导者可以帮助获取更深层次的知识来促进学习和集体认知，并同时促进信任的建立。

5.4 理解隐性知识交流的挑战

TKE挑战概述

前文已经提及，存在两种TKE挑战（图5.4），并且TKE对于在开放式创新背景下的创造性合作具有重要意义。本部分的目标是：①从更深层次理解这些挑战的性质；②分享关于为何VT是解决这些挑战的实用方法的深刻见解。

TKE挑战概述		
TKE挑战是什么？	将个人专业知识转化为集体认知	形成有凝聚力的信任氛围
为什么它是一项TKE挑战？	人类在心智模型中存储隐性知识。隐性知识很难清楚表达出来。心智模型可以对新信息进行过滤	创新发生在一定的社会背景下。信息的接收者必须信任信息的发出者以便于信息的吸收。发出者也必须信任接收者以便于共享
如何以最好的方式克服挑战？	从个体心智模型中引出知识，将差异化的信息整合或组织在统一的背景下	"通过克服社会动态束缚的方式增加对新信息和共享障碍的接受力"
克服挑战的重要益处是什么？	和谐达成可靠的共识	加速项目发展，激发个人的积极性
克罗伊茨（Kreutz）和本茨（Benz）2014	克服挑战后的通常可以获得的收益 激活并推动TKE/信任的良性循环 若无法克服挑战通常会面临的风险 错失机会和返工/其他低效现象	

图5.4 TKE挑战概述

优化环境以推动TKE是在任何复杂创新工作中都很重要，但又常常被忽视的一个方面。主流范式的存在是原因之一；也就是说，实现TKE的首要途径就是增进人际关系和提高沟通技巧。为了实现成为合作创新者的一般目标，个体很有必要增强这些技能。然而，仅仅有这些技能还不足以使开放式创新团队轻松克服两个TKE挑战。

隐性知识交流的挑战：原因和见解

两个关键的隐性知识交流挑战是创新的内在本质造成的："创新是一种在一定的社会背景下，作为一种启发流程而开展的人类活动。"

对这种叙述的检验揭示了产生与TKE相关挑战的缘由，并提供了VT是如何帮助克服困难的见解。

创新是一项人类活动

"真正的学习是人类核心所在。"[圣吉（Senge），2006，p13]创新性NPD流程实际上是一系列的学习周期，所以有必要仔细地观察个体是如何学习的。

人类将集体性知识存储于复杂的心智模型，这些集体知识大部分是隐性的。这些模型基本上是为实现自我超越而准备的知识存储库。存在这样一个与心智模型相关的悖论：一方面，创新团队通过来自个体心智模型的专业知识获益，达到阐明基于需求的要求，以及得出问题解决方案的目的；另一方面，心智模型可能不利于培养人们以一种有助于他人理解的方式共享知识的能力，以及在自己的心智模型过滤新信息的情况下向他人学习的能力。

创新是一个启发过程

创新是一个需要通过个体合作来探索问题解决方法的启发过程（图 5.5）。启发法是专家基于自身经验所使用的诀窍、策略。它们也被称为"经验法则"和"有理有据的推测"。启发法允许个体基于经验决定新问题的处理方法。启发法基本上就是一种捷径，即没必要对任何事情都进行详尽研究，见图5.6所示。

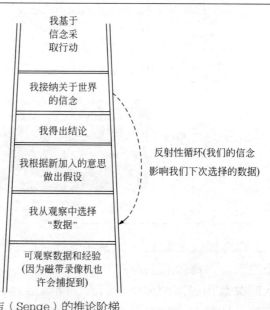

图5.5 圣吉（Senge）的推论阶梯

彼得·圣吉（Senge, P.）《第五项修炼》，p8, 2006, Double Day 出版社

如果创新是一个算法流程，那么人们就可以把它结构化，并对其进行编码，这样就可以一次次重复使用，得到相似的结果。多数生产流程都是算法应用的典型案例。不过，在通过启发法建立解决方案假设，以及提议进行实验以判定其有效

性的时候，创新工作中的团队成员和重要的知识拥有者要利用各自的专业技能。因此，作为人类，团队成员不但要依靠心智模型掌握知识，还要运用启发法想出问题的解决方案。

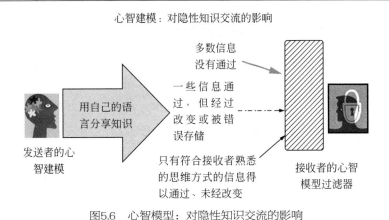

图5.6　心智模型：对隐性知识交流的影响

开放式创新团队在考虑所有与如何进一步开展工作相关的观点时，都需要对自身所需要学习的知识有效地达成共识。如果团队没有真实可信、基于集体认知的共识作为准确定义任务的基础，那么返工和其他低效工作将会破坏团队的生产力。实验结束后，团队需要根据结果和结论做出决策。只有考虑过所有相关信息和达成全面共识后再做出决策，才能将风险降到最低。

创新发生在一定的社会背景下

个体无法进行创新工作。不过，当拥有重要专业知识的个体组成团队时则可进行创新。多数极其重要的开放式创新合作为了取得期望的结果，要求团队内部成员做到真正的互相依靠。要想做到相互依靠，就必须进行合作。创新的社会维度指的是多元化主题领域专家之间的合作。创新工作经过NPD流程时，这种合作对考虑问题的突出方面和相关解决要素来说就显得有必要了。这些与其他人的社会互动是创新流程不可或缺的组成部分，因为在开放式创新过程中，它们经常来自多个学科或职能部门，甚至是不同的公司。

让我们仔细看看，当一个创新团队形成并开始进入合作阶段时，其内部实际上正在经历着哪些社会方面的变化。一份讲述团队绩效模型的广泛应用（比如Cog的阶梯）的概述揭露了两个流程并行的现象。其中一个涉及与人际互动社会属性相关的动态，另一个并行流程则涉及所有重要的隐性知识交流。成为高绩效团队是实现创造性合作的一种虚拟保证。

社会属性凸显了人际关系和交互动态（最初将会趋向于遵照个人所归属组织的规范）问题。交互动态方面所增加的内容包括人格类型、沟通能力和种族/国家文化因素导致的个体差异。一般来说，这些社会动态易于胜过更脆弱、靠信任维系的隐性知识交流流程。如果不对这些社会现象加以阻止的话，它就会妨碍创新团队取得"高绩效"。没有足够的TKE来增进团队内部的信任氛围，开放式创新团队文化的信任维度就会停滞不前。

即使隐性往往意味着一种常常适得其反的初始团队文化，但为了刺激产生必不可少的信任基础，开放式创新团队就需要进行有效且高效的TKE。

TKE挑战1：把个人专业知识转换成集体认知

目前，由于创新流程对个体心智模型的依赖和启发法的使用，第一个TKE的关键挑战出现的原因就显而易见了。

开放式创新的工作人员是按照之前约定好的方式，由来自各个公司的主题领域和功能专家组成。作为人类，这些专家的大脑内已经建立起关于如何看待世界及组织知识的心智模型。这些个体心智模型被称为技术优势，是一个藏量巨大的专业技术和知识存储库。为了实现创造性合作，"从一开始"就需要利用有效隐性知识交流来解决问题、定义任务，以及做出决策。开放式创新团队的成员或利益相关团体对于工作力度、地位和下一步应该进行的内容有自己的认知。"多元化团队通过融合达到集体认知并不是一个毫不重要的过程。"

为了确保始终能够战胜这一挑战，开放式创新团队必须不断地评估如何从个体专家的最优组合中获取隐性知识/启发法的最佳成果。随后，他们需要将相关信息转换为一个程式，该程式整合了迥然不同但又彼此相关的知识。最后，活动会一直持续，一直到更广泛的开放式创新团队（超越相关专家的范畴）及其利益相关者之间的集体认知得以实现为止。

仅仅通过参与VT的经历，所有参与者的学习和思维就可以提升到一个新的水平。这是因为人脑被用于处理视觉信息。视觉思维的另一个作用就是它通常有助于"用一种降低复杂性的方式去阐明和澄清状况"［克雷格（Craig），2007，p11］。共享信息组织揭示了信息及其连通性所在的环境，使之变得更加容易理解和记忆。

一旦TKE挑战被克服，对话便随之而来。和谐且可靠的共识为随后定义下一步的任务或做出有利决策打下了基础。

TKE挑战2：增进信任

第二个TKE挑战的核心揭示了一个事实，即任何创新流程都发生在一定的社会情景中［丰塞卡（Fonseca），2002］。

创新解决方法产生于基于信任的交流网络。随着时间的推移，所有的创新都会通过拥有不同知识和技能组合的人之间的交流取得进步。在开放式创新的案例中，这些交流发生在来自不同组织的人员所组成的团队内，以及信任建立之前。

缺少基本的信任，TKE必将遭受挫败。与那些假定大多数情况下以无意识方式出现的障碍相比，该挑战表现出来的是，TKE在社会领域中面临的真正阻碍相对来说是"隐形的"［圣吉（Senge），2006］。

若团队成员之间缺乏足够的信任，不完全"符合"另一个心智模型的信息共享可能会遭到拒绝。在努力探索和理解信息之前，新信息的接收者要足够信任信息的发出者。一旦理解信息，接收者就能学习，并随后将它们整合到一起以扩展心智模型。这种共享/获取信息的社会挑战是阻碍创造性合作的真正问题所在，因为学习和解决方案都是产生于多元化团队成员的思维之中。

如前所述，有效的信息分享并不是直接的。此外，如果个人学习受到阻碍，创新发展的速度就会受到限制。心智模型的存在和对启发法的依赖常常先会造成个人而后是团队的学习停留在表面。因此，在信任缺失的情况下，他们往往不会在彼此倾听交流和获取信息上付出太多。直接效果就是在不受干涉的情况下，团队容易忽略当今创新挑战的复杂现实，以及偏离成功创新的目标。

在某一文化背景下，不管有没有信任，战胜"增进信任"的TKE挑战都会有点棘手。对一个团队文化造成影响的因素包括很多与知识交流无关的方面。然而，如果TKE得到提升，团队运作设计的几个方面就能够有助于加快作为一种文化属性的信任的生成。这些方面是：①定义要处理的问题；②对如何处理这些问题达成一致意见；③确定结果所代表的意义。

关于"增进信任"的TKE挑战，视觉思维有两大益处：第一，它为个体提供了在一个相当安全的社会背景下参与、彼此接触的机会。在参与者朝着共同目标努力的同时，他们之间的互动成了一种共度时光的有趣方式。第二，输出结果使每一个人的知识民主化。这一特点使得每个人都能够毫不费力地向别人学习，并且为进一步共享建立了基础。

5.5 在开放式创新团队中利用视觉思维

之前提到过，有两类视觉思维——图形组流程和知识建模。每种类型都代表大量的工具、技巧和推动TKE的方法。它们对定义任务、阐明技术问题，以及做出复杂的决定等重要策略活动尤其有用。这些情景阐明了VT如何在开放式创新团队中推动创造性合作。

图形组流程

图形组流程能够轻易地将来自不同群体的信息汇集在一起，若有需要的话，信息还可来自开放式创新团队之外。这些流程利用图形和文本记录下引导出的信息，团队和利益相关者就能够对一个特定的主题加以理解，而后达成共识。在一个较高层面，这些方法会伴随一群致力于寻求类似经历的人员出现。这一经历可以是一次会议，也可以是一项持续多日的活动。参与者在同一实体位置倡导这些方法的同时，以数码技术和网络为基础的工具和流程正悄然兴起。所有的图形组流程方法都只需要使用简单的工具（记号笔/马克笔、便利贴、白纸或是便于使用的预设模板）。这些方法可按照具体活动的目的和重要性量身定制。

和开放式创新团队一起探索图形组流程的使用，是开始使用图形组流程的相对简单的方法。在本章结尾所列出的参考文献中，有几本书可以指导该类型VT。

图形记录

一个团队想要捕捉视觉显示中的重要信息以实现进一步的行动授权，就可以使用图形记录。这样的例子还包括创建一个项目愿景，叙述某一情况的历史或背景，或捕捉到某个既定活动的最佳实践。人们经常用它来捕捉重要演讲或战略对话中的精髓。

在这种视觉思维的子类型中，技术娴熟的图形记录员开发了一种用于记录团队讨论的图形表示法。记录员既能够在记录时帮助推动对话的进行，还能简单地记录谈话内容。其通常没有可供使用的模板，只有大张的空白纸和记号笔，可以出一定的价钱雇佣专业图形记录员。感兴趣的人也可以通过学习获得这项技能。关于该主题的书籍和培训是可以获取的（请见本章结尾参考文献）。

该项技术的好处就在于，团队能够将注意力集中在交流上。假如个体积极响应视觉捕捉到的东西，对话交流就会变得更加活跃，也会引发其释放更多的信息。室内的图形引导者也能够确保出席者参与到对话中。最后一组图形的数码图像会作为参与者的会议记录。最终的记录结果能够使董事会中的未与会者迅速跟上会议进度。

预设促进流程

这些流程中包括一位从一开始就和团队代表在一起定义目标和预期会议结果的推动者。随后，讨论主要围绕如何实现目标和获得预期的结果进行。活动期间，团队推动者通过一系列的对话来指导与会者，并且使他们能够捕捉到已选定的图形模板所述的内容（图5.7）。

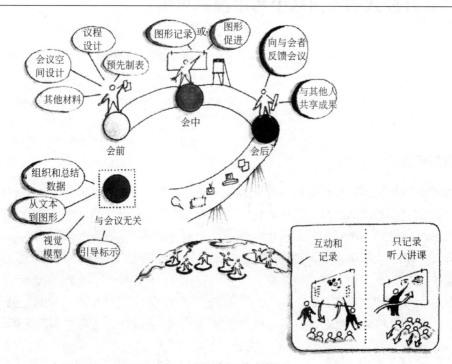

图5.7　图形记录流程描述

版权 © 苏珊·凯莉（Susan Kelly）授权复制。

推动者无所谓是否为团队内部成员，但此人必须对特定结果没有偏好。许多模板不需要专业技能，也没有可用的教学指导。实际上，可以购买全套服务完成某些任务，比如团队启动和战略愿景规划。这些流程可以通过实现制订好的草案进行自我调整，或是利用许多可用模板进行定制设计。预设促进流程作为一种实现多元化投入和参与的方式经过了严密的审查，但它也作为团队达成共识、行动计划或决策制定的基础产生了共享信息的外显特征。

随着这些方法越来越流行，预设流程促进方面的专家，即个人顾问也越来越受追捧，他们会按照要求帮助客户个性化定制会议，并推动会议进行。许多人都会为合伙人公司内的任何人，或开放式创新团队中对提升这种领导技能感兴趣的人提供培训课程。人们会推荐专业的推动者去协助举办复杂、大型、高风险的会议。

实践中的图形组流程

对于利用两种类型的图形组流程，在开放式团队内部存在多种方法。

情景1：团队启动

来自合作公司的开放式创新团队成员相聚到一起，他们需要确立合作运营方式。鉴于类似于决策制定流程和冲突解决程序的问题需要解决，这一点对新建立的开放式创新团队来说非常关键。利益相关者的参与也很关键，他们也对开放式创新团队正努力实现预期目标并成功获取授权信心满满。

现成的团队启动演练设备，是为新形成的团队预先设计好，帮助他们实现高绩效而存在的。这种类型的会议有助于混合团队对他们汇聚于此的原因达成共识。另外，它有助于建立起关于"何为需求"和"何为可能"的通用语言，以此作为项目的背景。其成果则包括建立新型关系以及阐明成功对团队的意义。

情景2：确定行动方案

通常，被指定到开放式创新项目合作阶段的人不同于那些加入开放式创新流程完成汇合阶段的人。因而，有必要转移汇合阶段的信息，以帮助合作团队形成一个共享团队愿景。推动共同创新工作的开展。

一旦团队达成共同愿景，相关的高水平行动步骤就要准备转换成更详细的计划。对于开放式创新团队来说，图形促进群组流程的设计可以包括所有相关知识拥有者和职能部门的合作伙伴，这样产出计划才具有可执行性、有效性，以及与商务安排意图的相匹配性。重要的一点是，参与者能够超越这些"被指定"的人，进一步囊括一些能够间接支持这项工作、从汇合阶段就具有特定想法的关键利益相关者和职能部门的合作伙伴。

战略愿景图形促进流程方法是一个成功又久经考验的范例。人们用它来帮助多元化团队创造一个达成了团队共识的愿景。在这一流程中，团队会综合考虑开放式创新项目的历史及背景，分析其中的SPOT（优势/问题/机会/威胁），然后通过封面故事来设想未来的最好状况。最后，团队完成五个用粗体标出的步骤模板。这一方法将有助于形成详细的行动计划。

"何为需求"和"何为可能"之间的匹配会影响公司间的关系。所以，对于开放式创新团队来说，对以上两点达成共识就显得尤为重要。战略愿景流程或其等价物为团队提供了一个采取有意识后退并且自我反问的机会，"我们大家对于需求和可能到底知道些什么？""我们怎样做才能以最优的方式去实现这个目标？"

知识建模

如本章所讨论的那样，知识建模代表了视觉思维领域中一种新出现的方法。概念映射是知识建模的前身，其可追溯到20世纪70年代诺瓦克（J. Novak）的研究。相关的研究还有由托尼·布詹（Tony Buzan）及其他人❶（请见本章结尾资料来源部分）提出的思维导图。概念映射已经作为一种捕捉详细知识以揭示相互关系的方式被广泛应用于教育领域。与图形组流程的蓬勃发展和受到的关注相似，概念映射对其他应用的效用显得越来越重要。尤其值得指出的是，它支撑起了团队的创造力，将详细、相互关联的知识形成书面材料。

知识建模：流程

图5.8中，知识建模开始于一个阻碍团队发展的两难困境。通常，多元化知识持有人不得不更详细地运用专业技能，才能解决这一复杂问题。

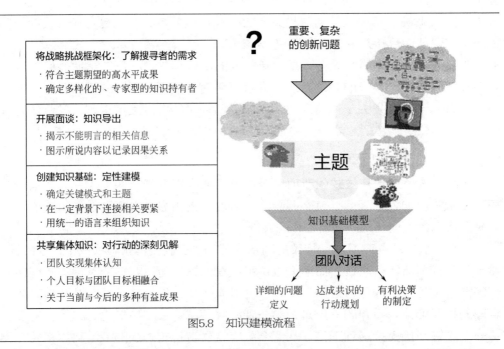

图5.8　知识建模流程

被指定为知识整合者的人在这一流程中扮演的是推动者的角色。一旦理解了团队的需求和期望的最佳结果，团队领导者就能确定将要与哪些专家进行面谈。很重

---

❶ 思维导图是概念映射的一种特定形式。它能够用来捕捉个体自我表达的隐性知识，为与更广泛的团队共享做好准备。这一知识的组织有助于交流。或者，一些熟练掌握思维导图软件的人，能够捕捉到团队讨论或以思维图形式出现的一组文件证明中的共享知识。可用的"导图"和"概念映射"软件程序有很多，有一些还可以从网上免费下载到。多数程序操作简便、易于掌握。其他软件更为复杂，并且允许其他文件和信息与概念及其成分建立联系。

要的一点是，知识拥有者对主题要有多元化的观点和专业了解。也就是说，他们能够从截然不同的角度去阐明问题。下一步就是知识导出面谈。面谈者要脱离期待的结果，但又要对主题足够了解，能够理解所谈论的话题，这一点很重要。知识整合者需要有好奇心，并且理解当下的共享内容，这样专家就能持续参与共享。面谈的目标是在揭露真相之间的因果关系的同时，汇集每位专家观点中的凸显信息。捕捉到所说的内容（不是所听到的，也不是经过面试官心智模型过滤的内容）很重要。这就需要制作音频来记录面谈过程。在这一流程之后，需要创建一个统一的框架，所有面谈的相关信息在这一框架内得以组织和展示。在"大图景"的背景下，加快对复杂知识细节的理解，使获得的知识基础服务于开放式创新团队。换句话说，它帮助团队看到了全局图景。

知识建模流程使得具备整合思维能力的个体头脑得以运转，因而它可以用于服务团队工作。通过对比传统思维和整合思维，罗杰·马丁（Roger Martin）在其2007年出版的《相反思维：成功的领导者如何通过整合思维获胜》一书中，将整合思维描述为一个包含四个步骤的流程。整合思维者能够提出"突破性"解决方法以应付复杂的困境是前提假设。因为整合思维者将复杂、内在关联的信息处理成非直觉"体系结构"的能力是找到新解决方法的基础。实际上，罗杰·马丁在一个案例研究中谈到了宝洁公司的Lafely及其既想创新又想降低成本（两个相反的想法）的期望。这一期望导致Lafely为宝洁公司做出了战略性选择，利用"联合+发展"的商务模式进行开放式创新。

知识建模：实践

情景1：问题说明

常言道："好的开始是成功的一半。"然而，在关于真实问题详细的集体认知被开发出来之前，团队中的职能专家需要多久对其假设进行一次测试？

这样的一个团队需要面对复杂的技术问题。团队由来自两个不同组织的多元化职能专家组成。这个问题已经困扰了专家多年，并且已经延误了新产品的发布。技术转型包括在产品中加入专有生物活性以满足用户需求。该问题阻碍了项目的进展，是因为活性"失效"或是在配方中的不稳定。团队试图努力将问题控制在制造产品的范围内。团队需要知识建模以引导帮助确定新的解决方式。经过与多元主题专家面谈，团队建立了涵盖整个交付过程的框架。也就是说，从生产到在用户家里使用，活性成分的路径清晰可见。一旦来自不同专家的知识在这个框架上叠加，团队就会非常迅速地意识到问题的源头和潜在解决方案的根源并不在流程中，而是在于如何生产原材料。通过问题的再造，开辟了新的创新途径来克服稳定性方面的挑战，见图5.9。

情景2：复杂决策制定

开放式创新团队做出的很多战略性决策与那些直截了当的决定不同。同时，一些涉及具体主题、有着极高技术不确定性或风险性的决策，常常都会很复杂。通常，

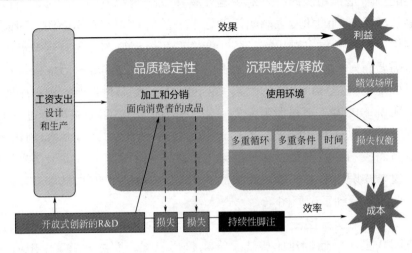

克罗伊茨（Kreutz）和本茨（Benz），版权2014

图5.9 交付创新背景模型

团队会延迟做出决定，直到了解更多细节。

R&D组织的副总经理在他的NPD投资组合中向正在执行两个最重要项目的团队提出了两个问题。这个项目要引进一种在产品领域具有改变竞争格局潜力的"突破性"技术。产品需要进行临床实验来获取发行资格。因此，副总经理提出了以下几个问题：

- 团队将何时准备进行临床实验？
- 将会选择哪种产品（测试准则以及有竞争力的产品）进行临床实验？

几个月后R&D组织的副总经理仍然没有得到答复，于是更频繁地召开会议并且亲自出席。他希望带领他们解决这些问题。即使做了这些努力，还是没能得到答案。技术的不确定性依然很高。同时，不同的技术专家观点鲜明，而个人又局限在对产品运作方式和预期临床效果的深刻的机械理解之上。

副总经理要求使用知识建模以更接近答案。结果不到一个月，成果即得以交付。就第一个问题而言，团队发现实际上在确定临床测试时间之前，还需要做出一系列的决定。这就简化了技术问题的讨论，并且可以让团队将学习放在优先位置。至于第二个问题，即可用矩阵来组织关键技术数据与先前临床结果和相关准则进行对比。这种方法以书面形式呈现出所有定量数据和真实情况，是所有而不是某一位专家提供讨论不同测试准则优点的基础。同时，全球商务和商务计划的细节也将会作为有竞争力的产品的参考因素被纳入研究中。复杂决策制定的详情请参见图5.10所示。

图形组流程vs知识建模：比较

这是视觉思维的两种类型的高层次对比，它可以为领导者在开放式创新团队活动中运用类似方法提供指导。表5.1列出了每种方式的相似之处与不同之处。开放式创新团队开始运用视觉思维的时候，需要避免一些缺陷。表5.2列出了开放式创新团队运用视觉思维时需要避免的一些缺陷以及可能的变通方法。

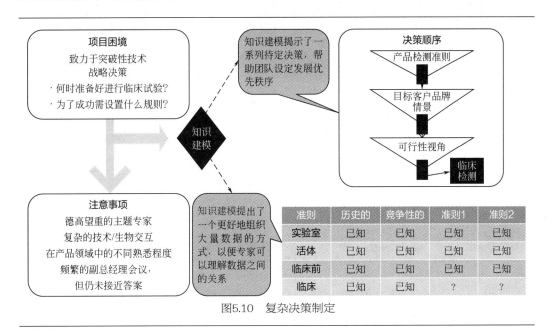

图5.10　复杂决策制定

表5.1　图形组流程与知识建模的相似之处与不同之处

项目	相似之处	
功能	都能为达到推动隐性知识交流的目的服务	
产出	都生成了关于对话主题的共享知识的图形展示	
对认知的影响	都帮助团队中的个体了解了在整体大环境中的共享细节与关系。心怀"更雄伟的宏图"，团队在战胜第一种TKE挑战中得到了帮助：将个人专业知识转换为集体认知	
对信任的影响	都导致了同一种结果：个体以一种安全社交方式共享知识，并公开承认每位专家的知识。这种知识的民主化帮助团队战胜了第二种TKE挑战：增进信任。	
项目	不同之处	
分类	图形组流程	知识建模
何时使用	收集多元投入以及寻求共识时	帮助团队降低问题和决策的复杂性和风险
如何获得隐性知识	在团队中设置由模板或技术精湛的图形记录者指导的促进性对话	主题专家一对一面谈或者通过个人思维导图
知识是如何组织并呈现的	知识是从一系列模板中获取的	先分析专家的知识，然后通过整体环境框架展现出综合知识

第二部分　产品开发阶段的开放式创新

表5.2 在开放式创新团队中使用VT方法的缺陷及建议

图形组流程	缺陷	建议
计划	缺乏清晰的目标	与合适的团队成员合作来进一步明确目标
计划	与利益相关者的预先协调不够充分	保证考虑到了利益相关者的投入,以便精心设计的会议产出可以被接受或实施
执行	将相关主题的引导者技能和团队动态匹配错误。这将导致两种结果:专家引导者承担小任务而初级引导者身负重任	一种避免该缺陷的方式是让正处于学习中的初级引导者从小事着手(小任务或简单模型)。另一种是,对于较大型团队活动,聘请一名娴熟的引导者来协助设计和执行会议
执行	次优出席者可能过少、过多,或者缺少专业知识	仔细筛选参与者。如果适合目标,要确定考虑到那些外部的指定开放式创新团队,包括来自本地组织的利益相关者和功能性合作伙伴
知识建模	缺陷	建议
计划	对问题的最优解决方案缺乏清晰的定义	保证团队面对的问题能够清晰表达,以及哪些成果是最有利的。这通常需要反复从利益相关者和领导者处获取投入。这种清晰的表达对于指导知识的提取至关重要
计划	次优选择专家型知识持有者的参与	拥有多元化专家型视角比其数量更重要。要记得,专业知识的需求可能存在于指定的开放式创新团队之外、本地组织之中或者超出了两家公司的范围
执行	面谈/思维导图没有充分揭示共享知识中的相互关系	引导定向知识提取的面谈技能需要训练并且在与团队合作之前应该预演
执行	知识整合并不是完全客观的,或者是过于浅显的	保证作为知识整合者个人或者小团体是公正的,还要确定他们拥有处理复杂数据的过硬的综合分析能力

5.6 结论

在开放式创新工作中成功实现联合价值创造要依赖创造性合作。隐性知识交流(TKE)对创新合作至关重要。有两大内在相关的挑战常常阻碍着TKE:①将个人专业知识转化为集体认知;②增进信任。没有充分的或及时的TKE,创新发展将会受到阻碍。

当团队能够不断地应对两大TKE挑战时,创造性合作才能实现。然而,考虑到不同文化混合之后产生的复杂性,开放式创新团队要想实现有效TKE就更加困难了。团队中个体的心智模型会形成过滤机制,阻碍对隐性知识的共享和接收。团队中个体的心智模型部分受到初始组织文化的影响。另外,最开始的低水平信任也阻碍了开放式创新团队的合作。

重要的是，一种相互依赖的"第22条军规"关系存在于TKE和信任之间。也就是说，当本团队成员信任团队内部成员的时候，他们更乐意共享隐性知识。但是只有当其他人曾经与其深层次共享过知识以后，他们才会信任其他人。如果这种矛盾得不到解决的话，创造性合作就会受到阻碍。

一种用系统方法解决这种困境的实用工具正悄然兴起。视觉思维（VT）提供了一系列新方法，不要求个人成为精通语言交流的专家，也不要求团队停止工作。一种开展VT的实用方法就是将注意力集中在团队活动上，以便做到以下两点：

- 定义并且共同制定创新工作的任务；
- 在面对复杂性和不确定性时做出有利决策。

来自团队或组织内部的个体可以从过剩资源中学到很多东西，或者说开放式创新团队可以聘请VT专业人士帮助他们使用这些工具。

对开放式创新团队来说，视觉思维的功能是相当强大的，可以同时克服两种类型的TKE挑战。视觉思维方法是有效且高效的，因为它们：

- 为共享与接收知识创造了安全的社会环境；
- 在认可贡献者的同时有助于唤起隐性知识；
- 整合成员的差异化信息以降低复杂性；
- 生成有组织的陈述以帮助团队创造并记录团队认知；
- 可以为实现目的设立恰当的标准；
- 补充其他开放式创新实践框架和具操作性的最佳实践。

将运用VT的益处归结在一起来促进TKE，使它成为一种加速创造性开放式创新合作的方式，不但支持将个人专业知识转化为集体认知，也支持推动以信任为基础的合作。

资料来源

[1] AHHA!, http://experienceahha.com
[2] Atze von der Ploeg, Pythagoras Tree on Wikipedia Commons, used in Figure 5.1
[3] CMAP software, http://ftp.ihmc.us
[4] The GROVE International Consultants, http://store.grove.com/site/index.html
[5] Ideaconnect, http://store.beideaconnect.com
[6] Inspiration software, www.inspiration.com/lnspiration
[7] International Forum of Visual Practitioners, http://ifvpcommunity.ning.com
[8] Mindjet Software, www.mindjet.com
[9] Joseph D. Novak: http://cmap.ihmc.us/publications/researchpapers/theorycmaps/the- oryunderlyingconceptmaps.htm
[10] Occasions by Design, susankellylistens@earthlink.net, used in Figure 5.7
[11] Papershine, Marc Archambault, marc@papershine.com, used in Figure 5.2
Tony Buzan, www.tonybuzan.com/about/mind-mapping/

参考文献

[1] Brown, S., 2014, The Doodle Revolution: Unlock the Power to Think Differently, New York: Penguin Portfolio.

[2] Craig, M., PhD, 2007, Thinking Visually: Business Applications of 14 Core Diagrams, London: Thompson Learning.

[3] Fonseca, J., 2002, Complexity and Innovation in Organizations, New York: Routledge.

[4] Hanna, D. P., 1988, Designing Organizations for High Performance, New York: Addison- Wesley Publishing Company, Inc.

[5] Koen, P., R. McDermott, R. Olsen, C. Prather, 2004, Enhancing Organizational Knowledge Creation for Breakthrough Innovation: Tools and Techniques, Hoboken, NJ: John Wiley & Sons, Inc.

[6] Margulies, N., C. Valenza, 2007, Visual Thinking: Tools for Mapping Your Ideas, Bethel, CT: Crown House Publishing Company LLC.

[7] Margulies, N., N. Mall, 2002, Mapping Inner Space: Learning and Teaching Visual Mapping, Chicago, IL: Zypher Press.

[8] Martin, R. L., 2007, The Opposable Mind: How Successful Leaders Win Through Integrative Thinking, Boston: Harvard Business School Press.

[9] Martin, R. L., 2009, The Design of Business: Why Design Thinking Is the Next Competitive Advantage, Boston: Harvard Business Press.

[10] Peters, D., 2007/Team Launch System (TLS): How to Consistently Build High-Performance Product Development Teams, The PDMA Toolbook 3 for New Product Development, Hoboken, NJ: John Wiley & Sons, Inc.

[11] Polyani, M., 1966. The Tacit Dimension, Chicago, IL: The University of Chicago Press.

[12] Roam, D., 2010, The Back of the Napkin: Solving Problems and Selling Ideas with Pictures, New York: Penguin Group, Inc.

[13] Senge, P. M., 2006, The Fifth Discipline: The Art & Practice of the Learning Organization, New York: Doubleday.

[14] Senge, P. M, A. Kleiner, C. Roberts, R. B. Ross, and B.J. Smith, 1994, The Fifth Discipline Fieldbook: Strategies and Tools for Building a Learning Organization, New York: Doubleday.

[15] Sibbet, D., 2012, Visual Leaders: New Tools for Visioning, Management, and Organization Change, Hoboken, NJ: John Wiley & Sons, Inc.

[16] Sibbet, D., 2010, Visual Meetings: How Graphics, Sticky Notes & Idea Mapping Can Transform Group Productivity, Hoboken, NJ: John Wiley & Sons, Inc.

[17] Sibbet, D., 2011, Visual Teams: Graphic Tools for Commitment, Innovation, & High Performance, Hoboken, NJ: John Wiley & Sons, Inc.

作者简介

凯伦·克罗伊茨（Karen A. Kreutz）是一名拥有理学学士学位的化学工程师和产品开发专家，她对"创新我们的创新方式"充满热情。她曾在宝洁公司工作28年，负责开放式创新能力开发、消费者产品需求设计和营销信息设计。她一直迫切地希望通过ILUMINOV有限责任公司推广知识建模，为全球创新合作的方式带来改变。她住在俄亥俄州的辛辛那提市，并已育有一子。

金姆·本茨（Kim D. Benz）是一名拥有理学学士学位的化学工程师和创新专家，她拥有超过40年的产品创新经验。起初，她在宝洁公司的研发、产品供应以及质量保证组织部门工作。随后，她效力于YourEncore，并与她的姐妹创立了自己的公司——Onederings 薰衣草农场。同时，她还是ILUMINOV有限责任公司的商务合伙人。这些经历使她具备对于组织内部创新挑战特性以及运作方式的独特见解。她和丈夫及三个孩子住在位于俄亥俄州克拉克斯维尔市的一座占地110英亩的林场里。

6

通过私人在线社区推动用户合作

托马斯·特罗赫（Thomas Troch）
InSites 咨询公司
汤姆·德·卢克（Tom De Ruyck）
InSites 咨询公司

6.1 引言

将（潜在）用户整合进产品和服务的开发过程能更好地满足用户的需求，在上市时也会有更高的成功概率，这已经成为一种共识。通过允许（潜在的）用户参与创新，组织将变得更加"开放"，因此，从内而外的思维即转为了从外而内的思维。为预测不断变化的需求和用户期望，在某个时间点这样做还不够。私人在线社区提供了一个与用户合作的工具，在每个阶段结构式地记录他们的意见，以此使创新能更好地响应市场需求。在内部流程中嵌入用户的意见可加快创新决策速度——不仅可以验证见解、观点和概念，而且可以推动企业与用户的创新合作。

本章的目的是提供产品开发的专业知识与实践指南，阐释如何通过创新实践中的私人在线社区与用户合作。本章首先介绍了与（潜在）用户合作的理由，对比了不同的方法及其使用时间。随后，以案例研究说明了这种合作的主要目标。其余部分提供了建立用户社区的分步指导手册。

6.2 从事事争抢到事事合作的转变

企业的成功取决于采用创新、新的产品、过程和观念，这又取决于客户对创新的接受和感知。设计师面临的一个主要挑战是与自己作品的（潜在）用户产生共鸣。这些用户越来越多地开始为自己未满足的需求寻找解决方案。

用户最了解自己的体验，并会根据自己在生活中遇到的产品问题自发地"定义机会"。用户通常会在社交媒体上分享自己的体验，同时也会提到相关的品牌和产品。经过持续的"构思"和"设想"，人们每天都有能力颠覆整个行业。想想爱彼迎（Airbnb），这是个允许个人租用无人居住生活空间的在线服务平台，它为昂贵而同质化的酒店住宿提供了一个替代方案。为了挖掘用户的创新专长，设计师不仅需要观察，还需要不断与用户合作。

传统意义上，用户被视为创新过程中的被动角色，这主要是因为用户受到"验证者"角色和传统用户调查方法的制约[罗伯茨（Roberts）等，2005]。在社交媒体的刺激下，创新从"针对用户"主导的方式转变为"通过用户"的方式。事事争抢——人们在关键创新挑战中自发地积极参与（图6.1）——从改进现有产品，到更好地解决个体需求，发展到通过如Kickstarter和Indiegogo这样的平台为产品争取资金支持。根据最新的观点[普拉哈拉德（Prahalad）和拉马斯瓦米（Ramaswamy），2000；范·贝莱格姆（Van Belleghem），2012]，这种用户合作的意愿为企业带来了大量的机会，公司应该将提升用户的能力作为竞争策略，并扩大能力搜索的范围。

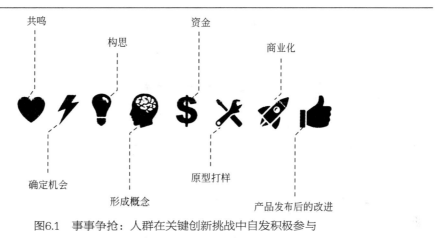

图6.1　事事争抢：人群在关键创新挑战中自发积极参与

版权所有© InSites咨询

无印良品是日本的消费品公司，其尝试同时将用户和设计师创作的产品做出原型并推向市场。在推出后的第一年，用户创作的产品的销售收入，如地板、沙发，比设计师创作的产品高出3倍。这些影响会随着时间的推移变得更大，用户创造的产品也更有可能度过产品观察的三年期[西川町（Nishikawa）等，2012]。虽然无印良品的用户和设计师都在分别生产创意，但我们仍建议为更复杂的产品或产品服务生态系统设立一种更具互动性的合作模式。

不仅是这种合作的最终结果创造了价值，合作行为本身也为用户创造了价值。当人们自己制造产品时，如宜家家具，或应用"发布后改进"的模式，他们往往会高估自己的作品，这种现象被称为"宜家效应"[莫雄（Mochon）等，2012]。

被授权的用户为公司带来了巨大的机会，但从另一方面来说，这也制造了紧迫感；如果企业反应不够快，消费者就会自己去做。在这种情况下，企业能吸收（潜在）用户的创造性，并能够对消费者世界里发生的事情迅速做出反应，从事事争抢转变到事事合作，这一点似乎非常关键。

6.3 众包、共同创造和结构化合作

当然，也存在其他开放的方式（图6.2），其中最流行的是众包和共同创造。众包的主要特点是，它公开呼吁全世界帮助解决某个问题，每个人都可以参加。众包可以是针对一个具体问题的一次性举措：由一家公司将遇到的难题放到网上。例如，要求大众为新活动或产品提交自己的想法，而用户之间极少有或没有互动。莱（Lay）的"创造属于你的味道"活动是众包新产品创意的例子。企业也可以要求用户以更加结构化的方式带来改善新产品／服务的想法：持续进行并设置一个范围广泛的议题。一个很好的例子是"我的星巴克创意"，星巴克在2008年推出了一个开放的网络平台，能不断收集社会大众对其产品和商店的想法。其允许用户公布自己的想法，对别人的想法投票，甚至通过与其他参与者的沟通来完善这些想法。

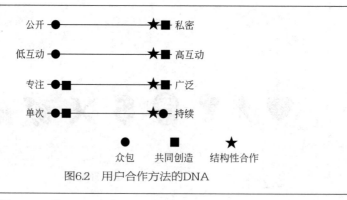

图6.2 用户合作方法的DNA

© InSites咨询 版权所有

共同创造通常需要一小群精选出来的具有特定属性的人，并发生在一个封闭的环境里。在这种情况下，目标是深入某一事件，并紧密联系用户获得对该问题的深入理解，但时间周期很短。最终目的是通过一组人的共同努力，得到相关业务问题的答案。通常，公司利用完善的市场研究技术在创新的早期阶段便使用户加入，以共同创造价值。例如，通常使用焦点小组和领先用户来开发和缩小产品概念。然而，使用这些技术的成本很高，因为它们需要大量的时间来开展面对面的交流。另外，在共同创造模式下，用户和公司之间的互动非常有限，因为在很短的时间内只能接触少量用户。万维网相关的新技术使得用户和公司、用户和用户之间的互动成为可能，这大大改变了共同创造价值的前景[索尼（Sawhney）等，2005]。

要真正挖掘用户在解决复杂创新挑战方面的潜力，建议使用结构化方法。相较于众包，结构化的合作是建立在双方的创意和开发概念之上的重复化方法。这不是一个对所有人的公开召集，而是只邀请那些有能力产生大量创意的用户。与共同创造的举措形成对比，结构化的合作并不是一个临时的互动时刻，而是从创新的一开始一直到最后都在倾听用户的声音。

6.4 私人在线社区

本章介绍了一种有助于与用户共同合作的工具,尤其是适合在整个创新过程中建立结构化合作。私人在线社区被开发为一种研究工具,它们利用当代用户的特点,匹配其社交媒体行为,强调品牌和(潜在)用户之间的对话。这就像一个只用来创新的私人脸书。在线管理这些互动具有很多优势,不仅能够快速、经济、高效地建立起社区,而且能以互联网的普及率覆盖所有地区的市场。

私人在线社区可以被定义为"一小群(最多150人)高参与度的人通过共同的爱好团结在一起,在网上长时间通过使用社交媒体技术连接在一起"[德·卢克(De Ruyck)等,2010]。据此,社区不必具有代表性,因为社区在参与者与话题或品牌的组织平台之间产生共鸣时效果最好。虽然只进行了定性描述,但社区通常是一种混合的方法,它将定性和定量工具很好地结合起来以产生大量的见解或想法。通过长时间与用户的联系,即可立即应用第一阶段获得的知识,并使得讨论更加深入。

社区常常使用邀请制,并以创新为重点。这些私人社区专注于某一特定产品类别、品牌或用户群体。他们允许创新团队观察、促进并加入(潜在)用户之间的对话。参加者享受这种参与性更强的研究方法,互动重新引入了其他工具中往往缺失的社会环境,那些工具往往把用户视为下属,以一种自上而下的孤立方式与其沟通。

从分类学来看,目前在使用的私人在线社区有几个标签和定义,这可能会导致一些混乱,有人甚至争论这些标签是否该归类为真正的社区。标签的范围包括虚拟用户环境(VCEs)、市场研究在线社区(MROCs)、博客、公告栏、社区面板、访问面板等。而"虚拟用户环境"更多是指技术而不是方式,市场研究在线社区指的是它们已成功应用于(市场研究的)一个行业。私人在线社区通过在持续时间、强度和互动或沟通水平之间保持平衡,从而与上述方式区分开来,如表6.1所示。它们也被称为"用户咨询板",暗示它在公司内可能所处的位置。这个名字体现的想法是,企业需要注意到自己的用户社区并将其看作顾问委员会。他们几乎每天都依靠这些,因为大多数商业决策都是在企业的不同部门之间决定的,也包括但不限于创新。

相比焦点小组而言,私人在线社区以更结构化的方式整合用户,这是在创新中整合用户最流行的方法之一。私人在线社区有许多好处:

- 规模——比焦点小组大,它们包括多样化背景的用户,并允许覆盖不同的目标细分市场。
- 深度——考虑到研究社区的纵向性质,有可能对某个特定的主题做出比焦点小组更深入的研究,从现实的概述到对环境的整体描述。
- 宽度——社交平台可以用来采用多种不同的方法:观察和讨论研究(能深入了解行为、态度和用户的价值观),创意生成练习(共同创造新产品创意),任务驱动型日记(能测试原型并获得产品的整体体验)。
- 灵活性——为了遵守创新过程的重复特性,以及响应新出现的主题,对创新方法和活动做出调整的能力。
- 覆盖——鉴于研究社区的在线形式，它们能够覆盖大部分国际市场，这取决于互联网的渗透率。

表6.1 在线倾听和与用户交互方法的概述

项目	博客	公告板	私人在线社区	社区面板	访问面板
描述	一对一异步的讨论和观察	异步焦点小组或小样本的短期讨论	不同长度的中样本异步讨论	利用互动社交媒体应用的网络访问面板	网络访问面板
时间长度	短	短	短期至长期	长	长
强度	高	高	中高	低	无
沟通	一对一	多对多	多对多	少	无
研究技术	只定性	只定性	只定性	定性，部分定量	定量

德·沃尔夫（De Wulf）和德·卢克（De Ruyck）（2013）

这些特性使得私人在线社区成为执行表6.2所示的创新过程的三个阶段的有效开放式创新工具，并在下面的讨论中进一步定义。

表6.2 创新阶段和目标

创新阶段	目标
发现新见解	和用户进行探索性互动；观察任务和讨论带来一种深入目标群体生活的参与感，并能带来新的见解
产生和完善创意和概念	在事先定义了解决方案的空间中共同创造新创意，并将其变为概念
原型和预发布的议题	用户在生活中使用原型，参与任务驱动的活动从而改善产品，对走向市场的策略进行头脑风暴

形成新见解

应用社区与用户合作的第一个创新目标是形成见解。民族志思维在创新前端起着重要作用；它以探索方式观察人们有何需要，从而能更好地了解实际行为、态度和价值观。这种方法的实质是开发能塑造创新概念的强大见解。术语"见解"往往遭到滥用，用来形容观察或肤浅的调查结果。图6.3突出了四种用户见解的特点。

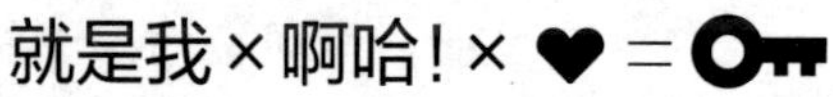

就是我 × 啊哈！ × ♥ = ⚷

图6.3 用户见解的定义

沃黑赫（Verhaeghe）等（2013）

- 就是我。所有的见解应该与用户相关；需要让他们感到被理解。在理想情况下，这些见解也应被用户认可，因此，它应该具有传播性。

- 啊哈！见解应该是最新的，提供了看待事物的新角度。这既包括发现一些全新的东西，也包括以新方式发现现在的事实。见解不应立即呈现，它常处于潜伏状态，往往当听到的那一刻你才意识到它是真的。它将下意识中的东西带到表面。
- 情感。一种见解应该有一个情绪效价。它可以是消费者想解决一个摩擦或问题，但也可以是对某物的欲望。消费者应对潜在的解决方案感到兴奋。
- 商业潜力。一个好的见解可以挖掘品牌的潜力，发现创新，并带来更多的成功交流和用户积极性，最终它会带来更多的销售。见解可以是综合营销策略中不同营销元素的开始。

案例

酒吧成员激发改革喜力啤酒夜店的设计

喜力啤酒赞助的全球设计项目，标题为"开放设计探索：第1版"，邀请了来自世界各地的 19 位设计新秀，共同创造酒吧的未来。为将他们自己沉浸在夜生活旅程之中，设计团队联系了一个拥有120名爱好设计成员的社区。

开发相关具有影响力的酒吧设计时，了解成员的需求至关重要，这便是喜力啤酒概念酒吧社区成立的原因——120名爱好设计的会员在世界最火热的20个城市进行为期三周的在线旅程。这段励志的冒险旅程为设计团队提供了相关的消费者见解，并作为一段简报、一种灵感来源和构思生成的跳板。通过讨论、日记、照片和视频，这些酒吧成员分享了自己的经验，泡吧在他们生活中的作用，以及他们对理想夜生活的期待。

与此动态目标群体的对话产生了超过2000条评论，他们对泡吧产生的本质原因提出了独特见解。为了让结果吸引和启发设计师，组织者制定了一份定制的报告格式。对讨论进行分析后得出了28种见解，每种见解都是设计团队为了满足消费者需求的一个挑战。服务设计思维对这些见解的融合形成了启发效应——传播超过六个触点——在顾客旅程图上，可以见到酒吧成员的经验、需求和动机。

顾客旅程以一种交互式的信息图表的形式展现，刺激设计师发现接触点和用户的见解。完整的消费者旅程图可在 http://nightlifejourney.com 上查看。

见解的实例

"酒保没注意到我有多沮丧啊！我清楚地想吸引他的注意力，但其他人在我之前享受了他的服务。"

请问这个见解如何与定义相关？就是我：对每个定期泡吧的人，已点了一杯饮料，至少应该可被注意到。啊哈：这是一个在目前的酒吧中还没有被满足的潜在需求。情感：这种情况造成了挫折的消极情绪；酒吧成员感到缺乏重视。商业潜力：这种见解与喜力啤酒的产品紧密相连，它涉及饮料订购。解决这个问题可以带来愉悦的交流体验。

　　　　这种见解启发设计师解构并仔细考虑啤酒点单这一简单行为，预测泡吧人吸引酒保注意的需求。酒吧的整个外部被改造成一个互动屏幕。点击互动酒吧的表面瓶形图标，便会出现跳动的同心圆吸引服务员的注意，告诉他你比旁边的人有享受优先服务的权利。当你的啤酒已经上齐时，酒保会点击图标"取消"，表明订单已经完成。

　　研发和设计活动通常会整合更多的传统民族志技术来提出见解，如观察、实地考察和采访［桑德斯（Sanders）和史泰博（Stappers），2008］，而现在的用户正在离线和在线互动之间无缝切换。由于忽略了在线交流，我们不仅错过了宝贵的见解（情绪往往能触发社交媒体的共享行为），我们还错过了一种有效了解个体在线和离线行为的天然工具。通过增加民族志（方法）的范围，它可以对企业决策产生更大的影响。此外，各种社交工具——从日记和讨论到心情墙和视频挑战——增加了数据的丰富性和深度。

　　私人在线社区能推动以一种独特的方式来激活见解，最大限度地增加检测出具有深度和差异化见解的机会。通过研究社区获得的见解已被证明比从市场获得的见解的有效率高出82%［彼得斯（Peters），2012］。多媒体民族志（方法）让社区成员能够通过故事、图片和私人博客上的视频分享他们的经验和习惯。从这个博客阶段获得的有意义观察，可在进一步的讨论中修订。通过信息结构化和模式可检测分析博客故事和论坛讨论，而可视化分析原则［平克（Pink），2007］解释了视觉的输出。

案例　亨氏番茄酱消费的激活和剥夺

　　当亨氏需要在创新漏斗的前端收集有关使用番茄酱和冷酱汁的见解时，他们在创新过程中整合了私人在线社区。为了理解冷酱汁的真实使用情况，这种方法需要超越召回方法，并在某个恰当的瞬间记录使用方法。为了了解冷酱汁使用时刻的多样性，需要在一段较长的时间内邀请更多的人，这使得私人在线社区成为理想方法。

　　公司邀请了四位不同的用户群体加入社区：亨氏番茄酱的用户，使用番茄酱但不使用亨氏牌子的用户，使用其他冷调味汁的人，以及通常在家之外使用番茄酱而不会买回家的用户。社区的个人博客让他们与亨氏团队以图片和故事形式分享其日常饮食瞬间。

> **一个使用过的方法**
>
> 所有的参与者都被要求通报自己和家庭使用番茄酱和冷酱汁的情况。为了揭示用户的潜在动机,他们参加了激活和剥夺练习。在激活过程中,人们被要求开始更频繁地享用番茄酱。在剥夺时期,他们连续几天无法享用任何番茄酱,还得报告自己想念番茄酱的时间。

成功的关键

- 发现新见解不仅是使社区成员参与进来,在博客上写下他们的生活以及有关自己餐食的具体情况。为了从数据中得出尽量多的结论,而不错过关键的细节,单单只有(设计)研究人员的观点是不够的。研究人员从个人角度分析数据,这和用户的角度以及环境并不相同。"大众解释"将用户纳入分析过程,以获得对数据更全面的看法。参加者以三个步骤观察同龄人,即从描述和解释到发表见解。大众解释是一种强有力的机制:它有助于从新的角度阐释数据,并能得到20%~40%的互补见解,与从研究人员那里得到的见解在质量上基本一致 [沃黑赫(Verhaeghe)等,2011]。

需要避免的陷阱

- 民族志项目本质上是探索性的和发散的,通过私人在线社区激活用户见解的过程很容易获得数十种见解,这些见解可以作为创新的跳板。然而,在当前的商业环境中,企业拥有的资金毕竟有限,所以选择最具发展潜力的见解变得至关重要。通过网上调查定量验证这些见解可以找到最具创新潜力的见解。接下来本章的第5节"6.5如何启动私人在线社区"的"第1步:定义你的目标"中列出了能够验证这些见解的关键绩效指标(KPI)。

生成和完善创意和概念

发现新见解的最初目标增强了设计团队和目标用户的共鸣,因为团队沉浸在了用户的生活之中。在此阶段可交付的成果是定义设计空间和操作性问题的规范。这一解决方案基于从高潜力的见解和多媒体民族志(方法)中收集的丰富用户信息;它可作为创意生成的一个跳板。虽然创新团队通常不缺乏创意,但与用户一起生成创意增加了其相关性。对用户的这种全面了解还能够帮助团队决定追求哪些创意。用户不仅希望涉入其中,还希望组织者使他们参与定义自己的未来。与用户在产品或服务的开发过程中合作,为他们提供了一种自我实现的预期。

并不是每一个用户都适合参与共同创造。私人在线社区只适用于高度参与的用户,如图6.4垂直轴的顶部所示。埃里克·冯·希佩尔(Eric von Hippel)已经在

20世纪80年代创造了领先用户的概念［冯·希佩尔（Von Hippel），1986］。领先用户在整个市场之前感知到需求，他们有兴趣发现这些需求的解决方案。对于创新研究，最好了解领先用户，因为他们是最先尝试新产品并做好承担风险的一群人。尽管我们需要一批创新者，但是当创新在社会系统的成员之间通过一定渠道沟通交流后，创新扩散也就发生了［罗杰斯（Rogers），2003］。因此，建议添加用户资料的第二个维度：社会独立与人际影响力——图6.4中的水平轴。由此，我们提出了两种互补类型的（潜在）用户以在某个产品类别下构思并开发概念：

- 独立创新者。这些用户独立形成自己对创新的看法。他们把想法完全建立在自身的经验和意见之上，完全不考虑是否受欢迎。他们喜欢尝试新事物，通常拥有比普通用户更为极端的看法。
- 社会影响者。这组人在讨论创新时会考虑到社会环境的影响。有一定社会影响力的人被视为创意专家，他们很快就能发现新创意的优势。因此，组织者通常会询问并遵循他们对创新的看法。

与用户社区的纵向连接在生成创意情境下尤为有益。虽然现场的头脑风暴可以产生很多创意，但创作的过程并不限于这一个时刻，用户可能每晚、第二天或在周末完全不同的活动中想到一个创意。大多数传统方法无法捕捉用户随着时间变化在脑海中形成的创意。而在第二阶段形成的创意通常拥有较大的突破机会［卡恩（Kahn），2004］。

网络环境特别能刺激创意的生成，用户在确定的问题上受到挑战，并可以在对方的创意上进一步完善，使之更有针对性。在结合同步（实时）和异步互动时，主持者会尝试引导参与者从已知方案转向未知的解决方案。通过开展现场在线讨论或聊天，可以在很短时间内产生许多创意。但突破性创意若要成型，则需要经过孵化期。异步社区平台允许用户在任何时间和地点共享新的创意和评论彼此的观点，通常会引入先前的见解以奠定基调，接着便以"如何……"的格式定义问题。

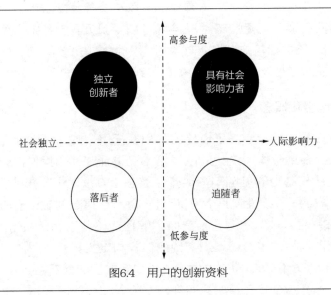

图6.4　用户的创新资料

版权所有 © InSites咨询

> **案例**
>
> **法国航空公司和荷兰航空公司与飞行常客共同创建了未来转机体验**
>
> 为了进一步提高旅客的体验,法国航空公司(以下简称法航)和荷兰航空公司(以下简称荷航)使用分阶段创新的方法与他们的飞行常客取得联系。该项目不仅包括发现新见解,还包括创意和概念的生成和修改。该项目的目标是增强转机体验,因为转机往往被视为复杂而紧张的,为乘客带来了很多负面情绪。
>
> 为了将目前的局势转化为机会,法航和荷航在为期六周的项目中与经常出差的旅客合作。公司在为期三周的民族志社区讨论上与40位常客沟通,乘客们分享了超过400条的文字和图片意见。通过分享他们的个人博客,整个团队沉浸于转机的世界之中,因为他们使用移动应用可以分享自己的经历以及旅程中的实时图片。基于这些见解,法航和荷航构建了10个创意平台,这些平台强调了客户的需求、情感和期望。
>
> 在"我的转机创意社区"的第二阶段,开始使用发布博客的见解平台,此时另一组50人的常客加入,产生了超过450个想法和评论,以提升转机体验。而第一组的选择标准是具有丰富的转机经验以及在社区时间段内安排有转机飞行,此阶段选择了能满足创新者和创新团队重要需求的旅客。这些创新者被要求想出与这些见解的概念成型有关的想法,并且想法越多越好。具有社会影响力的人会对观点进行评论和优化,使其针对更广泛的受众。法航和荷航还研究了三种最终服务概念:转机移动应用,包括实时通知乘客和提供旅游信息;一种新的飞行转机视频;还有一种概念,称为"未来的代理"。此外,收集到的见解和其他29个概念奠定了未来在转机区和很多新领域开展服务创新的蓝图。
>
> **一个创意生成挑战的例子**
>
> 旅行有时会让人感觉不舒适,吸走了你的能量。转机是你调整呼吸、养精蓄锐的绝佳时刻。但怎样把转机时间变为健康的体验呢?你可以想象新的产品、服务、整个环境……想象无极限!

成功的关键

- 相较于前一个围绕用户观察的阶段,在创意生成阶段,设计团队与社区的积极互动至关重要。设计团队可以在第一轮观察他们的想法,此后可以要求参与者具体阐述自己的想法。但在第三轮,企业则可以分享自己的创意,让参与者对其发表评论。

- 作为软件指南的一部分，本章将会进一步讨论使用游戏化元素。游戏化元素已被证明能提高社区成员的参与度［德·卢克（De Ruyck）和韦里斯（Veris），2011］，利用游戏唤起娱乐性在创意生成的背景下尤为适用。考虑一下给一个创意生成挑战设计倒计时，根据创意的质量确立创意状态，再根据社区整体的参与度解锁信息（例如，创意达到一定数量之后便会共享设计师的草图）。

需要避免的陷阱

- 与用户共同创造创意和概念可产生很多不同的概念。公允地判断这些概念的质量显得至关重要。创意需要得到组织或团队内部的支持才能继续进行，但这种信念应该来自创意本身的内在属性而非政治的或个人的动机。因此，团队需要在共同创造过程中与用户密切配合，这样专业人士才能真正产生共鸣。此外，可建立更客观的测试，共同创建的概念和产品的优点可以在创意筛选、概念测试和家庭用户测试中得到证实。

原型和预发布的议题

在新产品开发过程中，变革的成本随时间增加，而变革的灵活性则随之减少。因此，如前所述，建议从一开始便以私人在线社区的形式与用户合作，它可以始于相关的见解，并与创新者和有社会影响力的人共同创建概念和创意。但确定计划和向市场推出产品或服务之间仍有很多变数。因此，尽快从实验室中得到原型或解决方案非常重要，这是为了理解并优化用户的实际体验。从预发布某项服务到探索产品的旅程并不断改进现有服务，用户的加入使得企业能够做出评估并开发一种愉悦的用户体验。

私人在线社区可在这个阶段设立，但理想的情况是，用户已经在更早期的阶段参与进来。在这种情况下，合作可以容易地重新建立起来，因为平台和用户均已具备。通过在创新过程中建立不同的合作阶段，一种真正以用户为中心的方法出现了。相比于通过传统技术建立的临时互动，这也是私人在线社区性价比最高的时刻。

原型或预发布阶段的目标随产品的类型和原型的详细水平而不同，但它一般有四个基础要素，具体如下：

- 了解用户的旅程；
- 确定改进的优先次序；
- 支持与服务；
- 进入市场与定位。

用户在生活中一直使用着产品，在人工环境下的两小时采访根本无法全面了解用户的使用感受和使用情景。要全面了解他们的体验，需要跟踪从第一印象一直到使用的整个过程。私人在线社区的纵向特性使得用户可以记录和共享接近真相时刻的经验。通过获得旅程中的定性见解，标出摩擦点和愉悦点，设计团队可以了解用户的心智模型，以及旅程中何处可能有退出风险。

用户的旅程（图6.5）开始于"发现"阶段："第一印象和期望是什么？全新的体验怎样？"接下来，是内部概念化或"理解"："有没有符合初始期望？用户能否了解产品功能和好处？"初步意见在"评估"阶段形成："产品是否会使生活更轻松，或解决了问题？产品是否反映了用户的意见或其他人的意见？"产品首先于

"试验"阶段投入使用，此时用户决定产品的价值或效用："表现是否符合预期？学习曲线怎样？"当用户的需要和所提供的解决方案之间吻合时，确认使用："接受"。当用户决定继续使用时，情感纽带形成，进入"重复"阶段："解决方案是否能继续解决问题？现在这种解决方案是否是解决该问题的首选方式？"

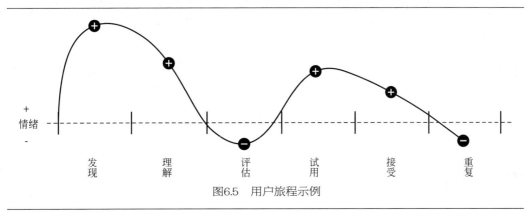

图6.5 用户旅程示例

版权所有 © InSites咨询

当与用户合作时，已存在于企业中的改进和创意的数量会增加并获得相关性。想知道应寻求哪些改进和如何区分优先次序，需要透彻了解用户的期望。通过讨论用户的背景和经验，同时刺激他们对新功能提出建议，可以创建出定性的满意度模型。

改编自卡诺（Kano）（1984）等的客户满意度模型将产品属性分为三类：基本属性、绩效属性和兴奋属性（图6.6）。该模型把用户期望和开发所需的投资联系起

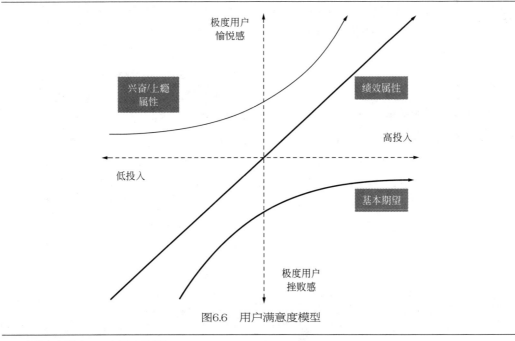

图6.6 用户满意度模型

改编自卡诺（Kano）等（1984）

来,从而整合了用户和组织的目标。基本期望为基本属性,它们的存在会被忽视,但它们的缺失将引起极度挫败感。电视遥控器上的音频控制便是一例。在绩效属性上的投资直接与相应产生的用户满意度成正比,投入越多,用户越满意。用户也愿意为具备更多绩效属性的产品埋单。大多数用户提出的改进意见就属于这一类属性。开通具有更多频道的电视是绩效属性的一个例子。兴奋或上瘾属性是产品的区别属性。这些属性往往出人意料,与潜在需求相关,因此需要与用户密切交流。能够持续在智能手机上观看电影便是这种兴奋属性的例子。在产品的演变中,兴奋属性可能下降为绩效属性和基础属性。与用户的结构性互动将使组织能持续取悦用户,并在竞争中领先。

案例 沃达丰的网络服务原型测试

为了扩大自己的市场份额和每位用户的平均收入(ARPU),沃达丰需要与初次使用智能手机的用户接触。沃达丰在2012财年的业务目标是要推出10个新的商业服务,并获得多达21个当地市场的支持。为了满足和超越客户的期望,将用户纳入这些服务的精益开发过程显得至关重要。传统测试数字服务的方法——如在用户体验(UX)测试中使用的用户日志——并没有提供即时反馈,也没有提供足以说服内部利益相关者的定量证据。私人在线社区的方法很稳定,因其能联系更多的人、时间更长,并且具有所有登记的属性,结合了定性认识的丰富性与定量验证的可信度。此外,沃达丰一直在寻找一种能在多个国家开展的整合方法,提供一个全面的看法,并包括了三个核心领域:了解用户旅程,确定改善的优先次序,并确定进入市场的战略和定位。

为对服务进行测试,每项服务均由75位参与者成立一个专门的子社区,测试日期不同,但时间均为三个星期,涉及多个主要市场(葡萄牙、西班牙、意大利、德国、荷兰和英国),测试均使用当地母语。对于每项服务,沃达丰从至少有两个相关市场的客户数据库中招募参与者,研究指南被翻译成这些国家的母语,当地主持者对这些社区进行平行管理。

通过一步一步扩大用户群,社区向结构化的合作演变。这种混合方法结合了博客和讨论(理解和记录用户的旅程,检测小故障和开发新功能)与实时聊天会话(与开发团队的详细问答讨论会)和简短调查(以获得关于满意度和推荐的事前和事后印象),可以在必要时迅速重新激活社区。

到目前为止,筛选和优先分析使得企业推出了守护者、保护、云、联系人、发现和Joyn等服务。这些服务均达到或超过了预定目标。根据不同的市场,选择这些服务如今已和沃达丰红色套餐计划结合了起来。

社区还支持进入市场战略,包括对每个国家的接纳量进行预测。

> **一个使用用户旅程方法的例子**
>
> 以测试原型为目标，任务驱动的讨论成为关键阶段。除了发现和使用产品，用户还被要求在特定环境下测试产品，比如使用3G而不是WiFi，或是在国外使用产品。经由移动社区应用上传服务的截图，他们可以很容易在用户旅程中持续分享自己的想法。 除了沃达丰的产品，用户还对相似应用执行相同的任务，以此来创建定性的"体验标杆"。

当用户在测试阶段接触了某个原型或产品时，他们的问题和需求信息会与发布后使用者的非常相似。私人在线社区的这些讨论可以指导开发产品过程，无论是在内容还是在渠道方面。越来越多的企业正在从呼叫中心转变为在线社交媒体支持，以提高企业成本效益和服务水平，而服务水平本身往往是用户的兴奋属性。了解特定产品类型的这一机制，有助于将负面体验转变为正面或会话的体验。

最后一个基础要素是进入市场和定位。即通过了解产品的竞争空间和品牌认知，从客户角度把定位变得明确。用户的体验以及被检测过的驱动因素和阻碍因素，都能为进入市场的战略和信息提供额外的帮助。其关键是在用户之间强调这些讨论的开放和自发的性质。

除了这四个基础要素，基本的问题是产品的相关性检查："它是否满足了某项需求？它存在的理由是什么？"大多数传统科技都专注于问问题，而给予用户空间和时间在社区内进行自发自由的讨论能向我们提供更多有用的信息。

成功的关键

- 为得到对原型体验的丰富理解，纳入更多具有不同背景的用户，并涵盖尽可能多的用户情境至关重要。例如，测试智能手机应用时，私人在线社区能让你邀请使用不同品牌智能手机以及不同版本操作系统的用户。

需要避免的陷阱

- 根据产品的不同类别，不可能总能发现某个目标群体的完整用户旅程。虽然私人在线社区在使用本公司的产品或品牌的用户中的应用效果最好，为理解最初的阶段，仍有必要与未使用产品的用户进行合作。用户并不总能记住自己对某个产品的初始印象，因此建议在非用户中记录这个"接近真理的时刻"。为了保证成功实现具有建设性的互动，确保这些非用户不排斥本品牌很重要。

影响

与用户合作对前述的一个或多个目标所带来的影响主要体现在产品、品牌和公司三个层面上。

与用户合作的公司会开发出更多与用户相关的商品和服务。在亨氏的一个生成和改进创意的项目中，在概念筛选中对私人在线社区上用户产生的创意与企业创意团队提出的创意进行比较［德·沃尔夫（De Wulf）和德·卢克（De Ruyck），2013］。在亨氏内部产生的创意明显更加被视为独特的。另外，产生于社区的创意被评价为更"与用户相关"，并在基于同一个代表样本的测试中获得了更高的"购买意向"。为了达到两全其美，专业人士应该与用户共同创造创意。

在另一项研究中［范·戴克（Van Dijk），2011］，对相同产品的两种不同包装设计进行了对比。其中一个包装上加了一句声明："与用户共同创造。"另一个包装上没有任何此类声明。印有声明的包装再次被发现更被视为"与用户相关"，并有较高的"购买意向"。这不仅意味着合作行为本身，还意味着向大众宣示你在合作这个事实。这使得品牌变得更加人性化。如今，对外开放的公司实际做了一些用户期待的事情，他们被视为更现代、更真诚。而通过积极的（品牌）体验，社区成员会对品牌产生积极的反馈，并成为品牌的拥护者。

同样重要的是，与用户的结构性合作能使组织获得快速行动的能力。它使团队在一个项目上携手合作，努力朝着一个共同的目标前进。用户决定了创新的日程和行动路线图上功能的优先顺序。最终的结果是公司变得更加灵活。

> **案例**
>
> **喜力啤酒夜总会评估**
>
> 在喜力啤酒概念酒吧享受了一天的新泡吧体验后，组织者邀请这些酒吧体验者在米兰设计周期间做了一个在线访谈［德·卢克（De Ruyck）等，2012］。组织者通过推特和数据库招募了这次访谈的参与者，邀请他们参加开幕式。访谈选择了24小时泡吧者：男16人，女8人。访谈的核心是三种基本要求：写评论，给酒吧打分，选择自己喜爱的酒吧中展出的设计作品并排名。
>
> 总体来看，酒吧收到了9或10份报告，这被视为喜力啤酒的一个令人惊讶的创新举措。此外，概念酒吧被视为一种不同的、更有趣的体验，而不是一个普通的酒吧。
>
> 根据用户的反映，"排名前5的设计概念"分别为：①互动栏；②端上啤酒时所用的屡获好评的"铝瓶"特别版；③员工服装；④出口处，包括礼宾帮助叫出租车的服务；⑤酒吧入口，使用户产生共鸣。这些概念背后的想法是基于私人在线社区上用户的见解。

6.5 如何启动私人在线社区

前面的章节中描述了与用户合作的主要目标和影响,讨论了如何应用私人在线社区实现这些目标。剩下的部分则提供了分步骤的操作指导手册(表6.3),提示了如何启动以及如何建立自己的私人在线社区。

表6.3 分步骤操作手册概述

第1步:定义你的目标	怎样在项目的创新阶段恰当地定义用户的作用?
第2步:选择正确的技术	平台的基本功能是什么,你需要什么工具?
第3步:招募合适的参与者	找到合作的用户需要什么渠道和标准?
第4步:吸引你的参与者	怎样结合内部和外部的激励技巧?
第5步:建立你的互动指南	怎样开始与用户互动?什么是游戏元素?
第6步:管理互动	主持者的重要作用是什么?
第7步:分析结果	推荐用什么技术分析结果?

第1步 定义你的目标

与任何其他项目一样,从一开始就清楚地确定目标很重要。与用户建立合作是一步一步进行的,需要根据公司和团队结构的不同而进行调整。有三件事要记住:第一,这是临时合作还是持续合作?对于临时项目,关注点很重要;在一个项目中实现一个目标。在结构化合作中,多个目标和项目可在不同步骤中组合。结构化项目的某一步骤或临时合作应专注于先前描述的三大目标之一:发现新见解,生成和完善创意、观念或原型,预发布项目。第二,虽然这些阶段是连续的,但没有必要从第一个阶段开始,与用户的合作可以在任一阶段进行。第三,这些目标是灵活的、互补的,创意生成可以与附加的民族志活动结合起来,以注入新鲜的灵感,有时也需要退一步来了解全貌。

在发现新见解的第一阶段,我们的目标是通过个体观察发现差异。它旨在发现和塑造关于人(目标用户和他们的需求)、流程(决策制定流程)和产品(购买和使用某项产品/服务的激励和阻碍因素)的见解。这个探索阶段能针对更广泛的主题或分类,其他阶段则发生在一个更明确的解决方案空间中,并针对性地将相关的灵感片段融入创意、概念和改进之中。

明确的目标包括商定需要经过测量的关键性能指标(KPI)和需要达到的标准。没有后者,合作对创新过程的帮助就无法证明。测量这样一个定量方法的影响显然是一个挑战,但并没有任何理由在一开始就不测量或不使用以用户为中心的方法。在合作前获取和列出项目中已有的见解、假设和创意,可以很容易地对比用户合作的结果。组织内部的知识和创造力得到了哪些确认、否定或补充呢?

对于每一个目标,都存在三种类型的KPI:①合作方式的直接结果;②对创新流程的影响;③对组织绩效的影响(形象改变、销量提升等)。

"发现新见解"的KPI

- 观察的数量①
- 被证实、拒绝以及新见解的数量①
- 见解的"清晰度":"是否使用用户的语言在表达?措辞是否需要改进?"②
- 见解的"相关性":"用户个人在多大程度上认同这一说法?"②
- 见解的"新鲜度":"啊哈,用户从未想到这个问题可以这样思考!"②
- 见解的"兴奋度":"如果发现有一个解决方案或消息来解决这个问题,用户会有多兴奋?"②
- 见解的"传染性交流"的力量:"人们谈论这个问题的频率怎样?"②

案例 法国航空公司和荷兰航空公司与飞行常客共同创造了未来的转机体验

前面介绍的项目,提高法航和荷航的转机过程体验包括了"发现新见解"和"生成和完善创意和概念"两个目标。在启动与常客的合作之前,公司使用内部研讨会记录不同报告和部门中可获取的知识〔沃黑赫(Verhaeghe)等,2012〕。每次研讨会的参与者都被要求通读以往的研究,并且必须从每个报告中挑选三项最重要的转机学习体会。这些工作的展示、针对每一个发现得到的进一步探究,都带来了解释这些发现的新见解。基于整个研究报告的结果来看,这项工作最后收获良多。

认为所有的信息都得到了明确记录是一种错觉。通常情况下,决定是基于设计者关于用户的假设做出的。为了同样记录企业内部这个更加隐性的信息,可以使用投射技术将假设带到台面上。基于人格化的技术,法航和荷航团队玩了一出棋盘游戏——假设自己站在乘客的角度,团队成员均分配到一个典型的乘客角色。在棋盘游戏中,他们不得不提出自己代表的乘客在转机过程中可能遇到的需求和问题。为刺激反常思维,他们被要求提供一些卡片以获得更多有关角色的信息。这可能是角色更内在的特征(例如,你始终了解最新的技术)或语境信息(例如,你刚从三周的差旅中返回,非常想念你的家人)。通过应用这些技术,该项目获得了一个良好的开始。现有的知识得到了重复利用,所以时间和资源没有花在不必要的主题上。匹配团队的焦点和期望是基础,因为每个人都会遭遇知识缺口。

研讨会得出的知识总结了所有现有的见解、知识和假设,它们存在于组织开始实际启动私人在线社区之前。团队最终得出了26个关于转机的见解,进而定义了5个用户见解平台。在"发现新见解"阶段,68个转机见解被发现,其中42项具有新意,相对增长了61%。这些成果可以转化为5个更深入的见解平台。此外,研究也否决了研讨会期间生成的26个假设中的6个。

"生成和完善创意和概念"的KPI

- 创意和概念的数量①
- 由用户发起与由公司发起的创意数量对比①
- 创意和概念的"实验相关性":"这对人们有用吗?"②
- 创意和概念的"重复相关性":"人们使用创意和概念的频率怎样?"②
- 创意和概念的"独特性":"与用户如今知道的相比,这是否独特?"②
- 创意和概念的"可信度":"用户是否相信产品或服务的实际功能与描述相符?"②
- 创意和概念的"令人兴奋程度":"如果可获取,用户是否会积极寻找它?"②
- 创意和概念的"谈论度":"用户是否会与同事谈论它?"②
- 创意和概念的"可行性":"这在时间/成本/生产上是否可行?"②
- 创意和概念的"品牌契合度":"是否符合企业的长期品牌战略?"②

"原型和预发布提案"的KPI

- 基本属性的数量①
- 绩效属性的数量①
- 兴奋属性的数量①
- 产品特定的性能指标②
- 收益:与预期目标相比在市场上的绩效③

成功的关键

- 从一开始就整合公司方的整个团队,是与用户成功合作的关键。如果没有他们的参与和认同,合作中得出的见解、创意、概念和改进很少能对创新过程产生影响。与这种方法的纵向特征结合起来,他们可以一直调整方向,并获得与(潜在)用户建立密切联系的好处。

需要避免的陷阱

- 虽然确定目标是项目的关键阶段,但也不要把目标定得过于狭窄。目标应该是灵活的、互补的。为你没有提出问题的答案留有余地,可以刺激参与者自发开始新讨论。与用户的每一次互动都可能使他们结构性地参与进来,使用户可以在创新过程的后期阶段自由地参与到社区中来。这种积极性将会对参与者的招募和与参与者的交流产生影响(例如,使他们参与到多个阶段)。

第2步 选择正确的技术

为了方便与用户进行在线合作,平台是必要的。私人在线社区受到当代用户的社交媒体行为的启发。它既包括免费的社交媒体服务,也可使用收取许可费的专用平台。专门合作机构通常有自己的定制平台,进而使得目标与工具匹配,优化用户的参与,提高工作效率。这种平台的基本特征是可能只给一组人访问权限(使用密码保护),使得参与者之间能够互动。密码保护似乎和"开放式创新"矛盾,但它实际上是创建一种社区感和建立与参与者之间信任关系的关键因素。它允许企业邀请用户提供正确的个人资料，并为参与者提供了一种特权感，即不是每个人都被邀请参加。此外，这也帮助企业保护了创意的知识产权。

博客系统之类的免费社交媒体服务平台和专用平台（为了和用户互动）之间的差异体现在四个方面：

第一，融合。免费服务通常可用于一种类型的活动——如论坛讨论或聊天——并且不允许不同类型活动的融合，以此获取对某个话题的整体观点。为了保证使用的方法让用户感到舒服，不建议整合不同的平台。

第二，体验。凭借其单一活动的聚焦，免费社交媒体解决方案的大多数界面都进行过大量优化。但是，它们在另一些方面并未得到优化，比如，长时间提高参与者的积极性。通过建立一个定制的平台可以很直观地触发愉快体验，这种方法往往整合了视觉语言和品牌标志。另外，还可以加入"游戏化"的元素和其他参与技巧，让参与者根据他们的活动收集徽章并达到不同的等级。

第三，管理。专用平台提供工具跟踪参与者的活动，并用管理工具使探索更加深入。综合沟通渠道允许主持者发送简讯和/或短信给参与者，号召其参加新的活动。

第四，分析。将有趣或有兴趣的社区用户整合起来的通常结果是能够得到很多丰富的用户信息。专有合作平台已经整合了多种工具来消化这些信息，方便了标记贡献和解释结果这一类的任务。

为了能够在整个创新过程与用户进行合作，一个平台应该支持的工具包括以下内容。

用来讨论的论坛。这是一种以张贴信息的形式进行互动的工具。为了让成员更好地表达自己，不应该局限于文本形式。平台还应该支持照片、电影的整合以及对如YouTube类似外部服务的整合。互动是异步的，与聊天室的互动不同，互动不是实时的，内容常常也更加丰富，因为参与者能选择不同的时间和地点来发表意见，给予他们充分的时间思考和反思，从而使他们的意见更加丰富。项目的每一个元素都会在不同的"线程"，即单个对话之中进行讨论。理想的情况下，这些线都聚集在"房间"（图6.7）内，引导参与者的心态和关注度。这些小组讨论往往是一个私人在线社区的核心，它们记录了用户对话在创新中的价值。

用于观察的博客。提供一块空白的画布，让参与者表达和呈现自己。博客通常会较长时间保持开放，用于需要多个交互和多媒体上传的活动。博客使参与者能自己撰写民族志（方法），一直分享自己的生活快照。这不是群体互动，而是个人和主持者以及个人与参与者之间的互动。

用于克服挑战的创意构思。虽然讨论的结构是垂直的，但按时间顺序，构思活动则可以采取一种簇状结构。成员都能够发表观点，而作为应对创意构思挑战的一种反应，有可能通过在对方创意上添加注释的方法建立自己的观点。活动通常也有投票功能，以获取有关创意接受度的定量感觉。

获取数字的调查和投票。虽然私人在线社区本质上是定性的，但这确实是一个融合的工具，还引入了短期的调查和投票。由于社区不具代表性，因此相应的定量结果不应被用于验证而是传达给社区，以触发进一步的讨论。对于这些目标，调查功能可以被用于单选题、多选题和开放性问题上。

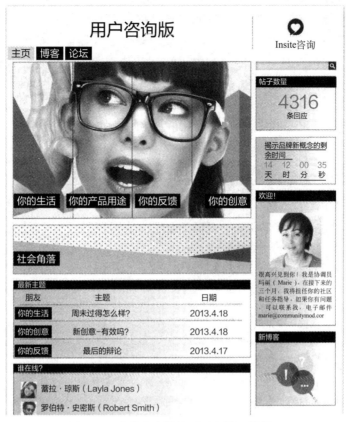

图6.7　一个私人在线社区平台的屏幕截图

在线焦点小组的聊天。这是一种基于即时通信技术的在线焦点小组。参与者仍然可以在家中或任何其他位置自由加入,但实时会议开始和结束的时间则较为固定。这个活动可以和讨论互相补充,例如,初步记录自发反应。作为一种介绍目标、预期和平台的方式,它经常被用来与用户社区开始一个新的合作阶段。

用作深入访谈的2P语音(VOIP)。邀请精心挑选的用户开展深度访谈,以更加了解私人在线社区上某个讨论话题的情况。具有非凡故事或经历的(潜在)用户提供了更多详细信息。通过与桌面共享结合起来,这种方法也可以用来理解对一个网站或其他数字服务的体验。

特殊功能。根据不同的主题,更专业的功能——例如,允许参与者组建一个情绪板或勾画自己的创意——可以是对前面所述活动的一个重要补充。

资料。为了解释用户的贡献,就必须了解他们的背景和情景。私人资料能使用户将自己介绍给主持者,并配以图片介绍。在社区内部公开资料有额外的好处,即增加了社区归属感。当用户了解和相互信任之后,他们会分享更多的个人故事和反馈。

随着智能手机迅速超过计算机的数量,手机自然地增强了这样的合作并成为下一个发展平台。然而,移动交互并不仅仅是把当前对话改为在一个小屏幕上呈现。智能手机的使用是对桌面平台的一种完美补充,从而带来了更多的个人和基于情景的贡献。它允许参与者拍摄照片和视频,即时上传并发表评论。它允许频繁活跃的互动，这在参与者在家庭之外的地方领取任务的环境中可能非常有用。

认为所有的参与者每天都会自发地加入社区，这是一种错觉。团队需要不断提示他们查看"最新消息"并加入最近的活动。整合智能通信系统能成功建立超越平台的技术应用。这可以从一个特定的电子邮件系统开始，这个系统应根据社交媒体推送的活动（比如，通过私人脸书小组更新）来支持寻找特定的参与者群体。

> **案例 坎贝尔的"来，我们一起用餐"**
>
> 坎贝尔已经成立了一个私人在线社区，调查澳大利亚人晚上吃饭习惯的演变和回答这样的问题："目前晚餐普遍是什么样子？它是如何变成这个样子的？这对未来5～10年意味着什么？"企业试图从中寻找灵感和见解，提出新颖的、创新的食物解决方案。
>
> 移动社区应用允许参与者在"一时兴起"时上传照片和视频，即外出购物时拍照、用餐准备时拍照，等等。它已被证明是一个很好的更深入了解烹饪/购物行为的工具，尤其是就地了解〔卢克（Luke）等，2012〕。移动设备上的贡献提供了另一层信息，比如，一天结束之后写日记不是基于记忆，而是基于情感。参与者拍下自己参加特定任务时觉得有趣的时刻，这样可以通过收集更多个性化和情境化的数据进一步丰富合作。

成功的关键

- 人们很容易迷失在过多的功能和可能性之中。在选择高科技技术时，重要的是匹配目标和专注于软件的直观性，既为用户也为内部利益相关者考虑。

需要避免的陷阱

- 目前，市场上有大型合作平台，它们可以进行定制，以满足没有大量投资的特定组织的需求。若对用户合作的管理并不是组织的主要活动，则不建议从头构建一个专有平台。应用最新的技术可能会产生不可预见的费用，如更新移动应用以支持移动操作系统的新版本。

第3步 招募合适的参与者

虽然技术能够促进互动，但社区的核心仍然是人。不只是随机的一群人，而是有趣的和感兴趣的人。"有趣"，因为他们有与社区或阶段有关的产品或品牌体验，也愿意和大家分享自己的体验。"感兴趣"，因为他们认同某个品牌和/或主题并极力想有所作为。是的，这些用户都带有偏见，但他们却反映了一种直观的用户感受，并带来了深入的讨论［德·卢克（De Ruyck）等，2013］。

就像其他方法一样，私人在线社区的讨论也有一个理论饱和点——收集更多的评论被视为不会带来额外的新论点，并因此不具有额外价值。以在线讨论为例，这个特定线程的饱和点就是约30条评论。为了达到这个目标，建议至少整合50名参与者［席尔瓦特（Schillewaert）等，2011］。

更传统的技术从（在线）专家库上招募用户，这也是针对性地召集私人在线社区用户的有效途径。但是，如果品牌的粉丝已经在脸书和其他"自然"社区的粉丝页面聚集在一起，为什么还要从（在线）专家库招募他们？也有可能从用户数据中招募研究参与者。招募往往需要一种自定义的方法，它需要更多的创造力，找到更有创意的个人资料。例如，在海报上印上二维码，贴在用户可能去的地方，甚至在媒体上设立一个"合作呼吁"。

所有参与者都经过了在线调查、电话或面对面采访的精心筛选。品牌和/或主题认同应是特别重要的标准，因为它是社区内积极参与的一个重要指标。

通常情况下，本次调查包括以下几个问题：

- 在给定的时间框架内愿意合作。
- 熟悉互联网（具有社交媒体和论坛的经验）。
- 愿意在网上分享意见。
- 品牌和/或主题认同，一个关于品牌和/或主题陈述的李克特（Likert）量表。
- 体验过品牌和/或主题。
- 选择特定目标群体（如年轻人），或确保异质性社区的社会人口特征。
- 若有必要，有特定技术（如智能手机）的使用经验或拥有特定技术。

为了生成和完善创意与概念的目的，还有一个额外的要求：参与者的创新资料。有两种方法锁定创新者和有社会影响力的人。

第一种方法为自称的一组表述。共同创造方面的文献阐明了整合准则，以确定最有能力的用户。以下是自称方法的两个替代量表。

广义的领先"用户身份"

- 我对使用产品或服务的期望领先别人很久。
- 我曾就如何改善产品或服务有过想法，并已被别人采纳。
- 公司提供的想法我已思考了很长一段时间。
- 相比目前的做法而言，我的想法更具创新性。

新生性消费者[1]［霍夫曼（Hoffman）等，2010］

- 当我听到一个新的产品或服务的想法时，很容易想象怎样把它开发成实际的产品或服务。

---

[1] 新生性消费者是霍夫曼（Hoffman）等于2010年提出的概念，与领先用户相对，新生性被定义为一种独特的能力，能想象或预见如何开发概念使其在主流市场获得成功。——译者注

- 即使我没有立刻看到新的产品或服务的使用方式，我喜欢去思考我将来怎样才能使用它。
- 当我看到一个新的产品或服务的想法时，很容易想象它未来如何走进普通的老百姓的生活。
- 如果有人给了我一个新的产品或服务的理念，没有明确提及如何应用，我能"填补这个空白"，让别人知道如何使用它。
- 即使我没有立刻看到新产品或服务的使用方式，我也喜欢想象一般人未来可能会如何使用它。
- 我喜欢尝试如何使用产品和服务的新理念。
- 我想在复杂性中找到模式。
- 我能想象如今的产品和服务还有待怎样的改进，使其对普通人更具吸引力。

第二种方法通过整合深入分享过创意和建议（例如，在社交媒体上）的用户、通过加入创造性问题和/或要求用户在收集意见过程中形成创意，已得到了"验证"。它也被称为"关键事件技术"。这种方法可以连接众包和共同创造，邀请那些最有想法的人加入私人在线社区，让用户在意见收集过程中受到挑战。它甚至有可能把自称和被证明的方法结合起来，以此确定目标创新者和有社会影响力的人。

成功的关键

- 民族志社区方法的原理在全球范围都是适用的。在以下几部分中，该方法所需的"本土化"被强调为成功的关键。只要国家或目标群体的互联网普及率足够高，不同区域市场的公司便可以通过私人在线社区开展合作而不受限制。然后，建议在社区内设置用户的本地语言，让他们流利和自发地分享自己的见解。这也保证了对于意见的讨论能够更加细致入微。只有保证目标群体能流利地讲除了母语之外的另一种语言，才有可能建立一种非母语（通常为英语，来自不同国家的参与者）的社区［德·卢克（De Ruyck）等，2013］。如果是这种情况，建议在选择过程中加入托福语言考试。

需要避免的陷阱

- 用户招募仅仅是个开始。从一群互不相识的人发展为社区，重要的是建立信任和鼓励参与。为了获得一个良好的开端，可以在开始前组织聊天会话，对参与者简单介绍项目、预期和时间安排［德·卢克（De Ruyck）等，2008］。其他参与技术将在下一节中讨论。
- 虽然私人在线社区大多是集成在B2C的组织之中的，但也可能在B2B的背景下建立这样的合作。只要有一种对品牌、类别或产品的未来产生影响的内在驱动力，便有可能使用这种工具吸引更多的专业用户。提供学习的经验和证明合作的效果是与专业人士成功合作的必要条件。

第4步　吸引你的参与者

私人在线社区往往太注重技术，而真正社区具有的共同基础应该是参与感。为了让所有成员参与，需要内在动机和外在动机完美组合。内在动机意味着成员的贡献不为报酬，只为获得参加活动的兴趣和享受。相比之下，外在动机意味着参加的原因不是对社区本身感兴趣［德西（Deci）和赖安（Ryan），1985］。除了这些内在和外在的激励因素，社会规范在私人在线社区中也起了很重要的作用。某些成员参加是基于更加自利的原因，如优惠券，他们寻求自己的经济利益。其他成员可能会觉得在道义上有义务参与并帮助品牌，他们从完成自己的社区任务中得到满足［德斯肯（Deutskens），2006］。表6.4中展示的下列框架及后续讨论显示了参与动机的关键维度，以及参与混合因素的特定组成部分［德·沃尔夫（De Wulf）和德·卢克（De Ruyck），2013］。

表6.4　参与的混合因素

项目	对自己	对别人
内在的动机	1. 兴趣、乐趣和好奇	2. 影响力 3. 归属感
外在的动机	5. 物质奖励	4. 地位和认可的需要

德·沃尔夫（De Wulf）和德·卢克（De Ruyck）（2013）

内在动机

第一，兴趣、乐趣、好奇。用户想要谈论自己感兴趣的话题。主持者需要利用这种需求来使成员能够分享彼此的激情。举个例子，授权他们分享技巧和窍门。通过共同兴趣的发挥，成员了解了自己所喜爱主题的新方面。此外，结合不同的提问技巧，如头脑风暴、民意测验和争论，主持者可以激发出成员对随后发生事件的好奇心。

第二，影响力。参与者想要感觉自己对品牌或公司产生了影响。公司的代表需要跟社区参与者交谈，并告诉他们自己所知的情况和根据社区的意见应该采取怎样的行动。参与者在这方面往往很现实：他们知道公司无法告诉其一切，因为有些东西因不适合该公司的战略而无法执行，或者是改变情况只是需要一些时间。归根结底，这一切就表示从一开始就要掌控好用户的期待。

第三，归属感。参与者的价值不只是分享他们的反馈和想法，他们通常希望认识并更深入了解志同道合的人。所有成员拥有想达成的目标，主持者需要强调共同目标，以创建一种群组归属感，使参与者感到加入这个小组很自豪。

第四，地位和认可的需要。非货币收益是参与混合动机因素的一部分，比如，成员从社区中得到的地位和认可。成员喜欢别人赞赏他们的努力，他们希望自己被认为是某个主题的专家。接下来需要思考的是如何通过个人层面的游戏化（通过授予徽章）来预测这些出于非货币收益考虑的参与者。

第五，物质奖励。虽然有货币价值的外在奖励不是继续参与社区的主要原因，这种激励方式依然需要被加入到我们的参与混合因素中。当成员第一次收到了加入社区的邀请时，货币激励（优惠券或与主题相关的礼物）被认为是非常重要的。然而，只要社区正式开始运营，参与者的动机便开始转变。会员被社区粘住，他们收到来自企业的每周挑战和反馈，这些使他们持续充满活力和动力。若成员仅受到实物奖励，他们会出现一种淘金式的奖励心态。他们把自己的行为和获得奖励的预期联系起来。这不会产生丰富的数据，参与者也会很快丧失激情。

成功的关键

- 从第一次邀请参与者加入社区开始，组织者便需要明确参与对他们来说意味着什么。在几乎所有国家，参与的主要原因是可能对品牌或产品的未来产生影响。但是，一些国家更容易受到外在动机的激励，在美国和东欧国家尤其如此，但原因却存在差异。美国人认为为换取产品绩效提升付款很正常。然而，在大多数东欧国家，（货币）激励被认为是月收入之外不错的附加激励。在譬如中国这些亚洲国家，内在激励更为重要：他们喜欢与理想品牌联系起来，并分享自己的智慧［德·卢克（De Ruyck）等，2013］。

第5步　建立你的互动指南

与用户较长时间的合作保证了合作方式的灵活性，但仍建议在每个合作步骤的前期建立一个互动指南，为应对合作过程中的变化留有余地。提前考虑这一点对参与者和内部团队都是有利的，具体如下。

- 将主题活动的时间安排得与项目的内部流程和截止日期一致。
- 根据合作步骤的范围管理团队的期望。
- 反向策划结果。如果视觉灵感对团队参与至关重要，应该包括这些类型的任务。
- 以某种逻辑顺序将主题变成结构化的故事，故事将参加者带入旅程。私人在线社区的故事情节可以比作一部好电影的剧本。
- 稍后某个时刻插上更个性化的主题。一旦建立信任，便从"我们"变为"我"。
- 加入一个反馈环节：基于以前的学习收获，充分利用连续的学习效果。

这个阶段也是对已预见社区意见的处理，编辑标签框架和分析计划。接下来的四步把用户合作的总体目标转换为具体的互动指南。

第一，从目标到主题。要为参与者创建一种直观的体验，可以在不同的"房间"开展讨论，每一个房间都具有特定的主题或焦点（图6.7）。当目标是原型或议题的预发布时，可以在社区的不同区域对先前描述的主题进行讨论，如"了解用户旅程"和"确定改进的优先次序"。而另一点也是很可能的，即参与者可以在其他地方自行开始新的讨论或互动。

第二，从主题到话题。"每个主题需要什么信息？"在启动针对具体内容的谈话之前，可以开始更多的探索性话题，并确定这些话题的讨论时间。建议限制主题的数量，可以每周设置约6个主题，以方便对所有利益相关者进行管理。在创意和概念的生成及完善阶段，主题通常可以是不同的创意生成挑战，每人可以分享各自的见解，并被鼓励拿出自己的解决方案。

第三，从话题到技术。你对别人"做"的事情和你"要"别人做的事情一样重要。把每个主题和一种技术关联起来：给参与者分配要执行的任务，并利用（心理学的）投射技术来超越理性。确保有足够多以及更难的替代话题（比如，在去商店路上的购物者旅行，一路上在不同的接触点拍照）和更简单的话题。你可以使用的技术也将取决于你的平台上已有的活动——从博客和讨论到短期调查。

第四，写出话题。最后一步是写出话题。首先描述活动的目标，以引人入胜而有趣的方式写下每个话题。你给出的就是你得到的，不断嵌入与话题相关的丰富数据，如照片和录像，这会吸引参与者提供丰富的数据。避免是/否的问题，确保话题很容易被理解，不使用专门术语。

第五，分析计划。确定话题如何帮助实现项目的整体目标。在分析阶段（第7步）制订一个标签框架来对参与者的贡献进行分析。

通过加入游戏化元素将互动指南转化为引人入胜的体验：应用游戏背后的心理原则，有助于激励人们提升自己的表现。这一过程可以在以下4个不同的层面完成[德·卢克（De Ruyck）和韦里斯（Veris），2011]。

- 问题层面。把普通问题转为小挑战，确保参与者花更多的时间回答这些问题。不要问别人"你最喜欢什么饭？"而要问他们"如果你在超市有一分钟的时间和无限预算，你会抢什么？"不要问别人"对你来说酷意味着什么？"而要问他们"你能用相机拍下的五件事物来解释酷意味着什么吗？"
- 个人层面。为社区成员的伟大成就奖励其徽章，徽章代表他们的地位。该徽章表明用户是某个特定项目的成员，或他们显著推动了项目的突破性进展。徽章出现在社区成员的个人资料页上。
- 群组层面。与不同群体的人们一起工作的妙处在于，会有非常多的讨论。为了刺激互动（这总会引发一个更好的结果），可以把拥有不同观点的人组织在一起开展讨论，或把具有共同利益的人分为一组，与另一组辩论。
- 社区层面。最终的选择是建立里程碑，成员应在给定的日期努力达成这一目标。如果目标达成，便会解锁一个特殊的奖品或礼品。设计师会勾勒出想法将创意可视化，这在构思挑战的背景下是一个伟大的"礼物"。

在上述4个层次将你的社区游戏化可获取7倍以上的专题讨论量[德·卢克（De Ruyck）等，2011]。这不仅带来更多答案，而且内容也更丰富。人们花费了更多的时间回答问题和执行任务，所以思考层次更深。

成功的关键

- 为目标群体调整互动指南。对于青少年而言，建议采用较短的话题，并且加入各种技术和工具，而年迈的参与者更喜欢数量较少但更激烈的话题，以及附带问题或任务的结构化列表。
- 选择与目标群体相匹配的主持者。例如，有关技术或数字产品的私人在线社区应由技术娴熟的主持者主持。
- 使用目标群体的词汇来增加联系。在互动过程中可以一直调整措辞，但也可以提前直接"擦除"网上已有的自然社区内选择的相关用户对话。这样做可以使你从用户的角度获得对主题的第一感受，从一开始就避免出错[Kozinets（科济涅茨），2010]。

- 不同的文化意味着不同的态度和价值观，会带来对一些问题、任务和练习的不同反应。比如，一些文化人士爱分享自己生活的细节。其他人则倾向于谈论团体，这被认为是更安全的选择。这同样适用于创意生成练习。不是在每一个特定的文化氛围中，人们都习惯采取主动。当只要求对已存在的事物进行反馈时，他们才感觉更好［德·卢克（De Ruyck）等，2013］。
- 在社区中添加游戏化的元素可使表格更加丰富，但私人在线社区可以游戏化的水平和强度在不同国家之间有差异。例如，在德国，明智的做法是将其限制在最低水平，因为这在文化上不容易被接受。

需要避免的陷阱

- 不要害怕分享自己的图片和故事，要"以身作则"。只要你影响参与者使用正确的格式，而不影响他们贡献的内容，就会刺激其产生更加丰富的结果。当论及他们对航空产业中不同品牌的感知时，从碳酸饮料中举例可能会有所帮助。
- 给私人在线社区成员自由和时间来自己启动新讨论。发布数量过多的主题或拥有太多与问题或任务的主题，对参与者的贡献会适得其反。

第6步　管理互动

建立一个私人在线社区，在组织内和社区内就创造了某种期望。虽然不同的员工可以介绍自己，并能活跃在社区，但是仍建议由一个专门的主持者来张贴新的主题和调整讨论。建议邀请独立和客观的主持者来协调并分析活动——外部主持者（来自第三方机构），这样会比较有益。优秀的主持者需要有出色的文字功底、有创意，并能在人们的互动中应用"社交媒体"。他或她必须遵循四大价值观："开放"（真实的，对合作的目标诚实，以及对自己诚实）、"奉献"（网络环境是一个24小时可使用的环境）、"激情"（考虑社区的性质，主持者必须参与主题讨论）和"超前意识"（预见到需要确保社区在未来健康发展的行为）。

每个主题至少应该开展两次，包括正式的和非正式的。非正式的主持发生在主题被贴出后和收到首次回复后不久。其目标是对参与者表示感谢，如果他们对自己的贡献不太肯定，我们便给他们授权，并给出公开反馈来引导他们贡献的形式，并使其向预期方向发展。一旦理论的饱和点达到，正式主持即开始，同时约有30条长篇评论被用于讨论。一旦在中间分析期间形成假设，它们即可以被转为用户语言，用于对附加的论据、细节或案例的探索。

成功的关键

- 美国人类学家爱德华·霍尔（Edward Hall）的文化冰山模型表明，语言只是文化的一小部分［迪普伊（Dupuis），2007］。为了充分掌握当地的背景和情况，建议选择的主持者不仅要会讲当地语言，而且应是当地人，非常理解一个国家文化的所有其他方面（如共同价值观、信仰、传统、态度和感知），以及熟悉当地的市场条件和商业环境。

第7步 分析结果

私人在线社区是一种融合性工具，它整合了不同的方法和活动。对于每一个活动类型，都有一种理想的分析方法。由于调查问题题项并没有送到代表样本那里，因此数据统计分析并不是本节讨论的内容。建议在分析参与者的照片时遵循可视化分析的原则[平克（Pink），2007]。分析博客和讨论活动中文本的技术，可以从扎根理论[萨文-巴登（Savin-Baden）和马若尔（Major），2013]中得出，而SCAMPER[埃伯利（Eberle），1971]这样的创造性技术则可以帮助从众多共同创造的想法之中去精心挑选新的概念。后面两种分析技术的描述如下。

一个成功的合作带来很多在线对话和大量数据需要处理。对输出的定性分析，结合了自上而下（从假设出发，就像在传统的社会科学研究一样）和自下而上的原则（从数据出发，像扎根理论的方法）。后者包括5个步骤，同时也在"模式和关系"阶段加入了扎根理论方法。

第一，数据结构化。为有意义的观察或讨论编写代码和标记。这是分析中最具描述性和最容易的步骤。

第二，给数据加标签。整理思想，对相似的内容进行组合分类。

第三，检查数据。开展批判性反思，检查代码和类别的列表是否完整。

第四，建立模式和关系。"这项发现背后的逻辑是什么，原因是什么？类别之间有什么关系？"

第五，得出模型和结论。保留数据，把调查结果概括为一系列对主题有意义的解释。

可以在主持社区时执行前三个步骤，以此提高效率、向参与者反馈中间学习的收获，并便于他们探索和确认。

共同创造概念和创意的本质是不断重复的过程，即一种创意逐渐成型并合并内部团队和用户社区的其他想法。创意可以以类似的方式来得到讨论和分析，从而产生有关其背景和"原因"的额外理解。通过对创意的分析，最终成果会超过不同创意的总和。这种方法可以提供便于未来构思的环境和洞察力。创造力技术可以应用在主持中，以增加第一阶段的贡献，并推动在第二阶段进一步把想法发展成为概念。开发创意的其中一种技术是SCAMPER[埃伯利（Eberle），1971]，即一个助记符，意为替代、组合、调整、修改、换一种用途、消除和反向。

- 替代。"你能替代或换掉哪些材料或资源来优化产品？你还能用哪些其他产品或工艺？你可以用什么规则替代？你可以在其他地方使用这个产品，或将其作为其他东西的替代吗？如果你改变了对这款产品的感情或态度，会发生什么事情？"
- 组合。"如果你将这个产品与另一个产品组合来创造新的东西，会发生什么？如果你结合了目的或目标呢？你能把什么结合起来，最大限度地发挥该产品的用途？你如何组合人才和资源，为这个产品创造一种新的方法？"
- 调整。"你怎样适应或调整该产品来服务于其他目的或用途？产品还能成为什么样子？你能效仿谁来调整这个产品？还有什么与你的产品类似？你能把你的产品放入哪些其他环境？你还能使用什么产品或想法获得灵感？"

- 修改。"你如何改变产品的形状、外观或感觉？能添加什么因素来修改这个产品吗？你还能强调或突出什么以创造更多的价值？你能加强本产品的什么元素，以创造一些新东西？"
- 换一种用途。"你能否把这个产品用在其他地方，也许在另一个行业？还有谁可以使用这个产品？这个产品在另一种环境下的表现有何不同？你是否可以通过回收这个产品的废弃物来做出新的东西？"
- 消除。"你怎样精简或简化这个产品？你能消除哪些功能、配件或规则？还有什么可以低估或淡化之处？你如何使其体积更小、速度更快、更轻或更有趣？如果你拿走了这个产品的一部分会发生什么？你用什么代替它？"
- 反向。"如果你反向这一进程或有序的事物会发生什么？如果你尝试做的事情与你现在做的事情正好相反会怎样？你能替换哪些组件来改变该产品的顺序？你能逆转或交换什么样的任务？你如何重组这个产品？"

为了确保得到想要的结果，在公司内部建立以用户为中心的文化，有必要对内部利益相关者采用与用户类似的参与技术。三步骤的方法能够让公司内部利益相关者接受分析的结果：参与、启发和激活［德·沃尔夫（De Wulf）和德·卢克（DeRuyck），2013］。

- 参与是使团队面对用户的世界，以及他们自己（缺乏的）对有关问题的认识。
- 在启发阶段，内部利益相关者受到互动研讨会见解的启发。
- 研讨会的激活阶段是处理工作成果，并通过构思和概念写作练习等将见解转为行动。

6.6 结论

私人在线社区为开放式创新挑战提供了一个现代化的解决方案。与用户互动频繁、深入的团队可以做出更快更好的决策。这受到了社交媒体使用者的启发，并为他们提供了工具来和公司分享自己的故事与创意。私密的特点创建了一个温馨的环境，参与者在这里有信心谈论自己，并允许组织保护自己的知识产权。为了让用户通过该工具在创新流程中获得结构化的地位，可以对理想计划进行实验。构建囊括技术、参与者、主题、方法、与内部利益相关者互动的生态系统对于将用户意见整合进创新实践至关重要。

参考文献

［1］Beji-Becheur, A., M. Gollety, 2007, Lead user et leader d'opinion: deux cibles majeures au service de l'innovation, Decisions Marketing, 48,4:21-34.

［2］De Ruyck, T., F. Gennart, P. De Vuyst, F. Naessens, 2013, Inspirational Customer Dialogues, ESOMAR 3D Digital Dimensions 2013.

［3］De Ruyck,T., H. Eising, T.Troch, F. De Boeck, C. Van Hoff, 2012, Designing the Club of Tomorrow, ESOMAR Congress 2012.

[4] De Ruyck, T., E. Veris, 2011, Play, Interpret Together, Play Again and Create a Win- win-win, ESOMAR 3D Congress.

[5] De Ruyck, T. S. Knoops, N. Schillewaert, 2011. Engage, Inspire, Act: Three-Step Stones towards Developing More Impactful Products, ESOMAR General Congress.

[6] De Ruyck, T., M. Van Kesteren, S. Ludwig, N. Schillewaert, 2010, How Fans Become Shapers of an Ice-cream Brand, ESOMAR Qualitative Research Conference 2010.

[7] De Ruyck, T., N. Schillewaert, J. Caudron, 2008, Together We Build the Future, ESOMAR Congress 2008.

[8] De Wulf, K. T. De Ruyck, eds., 2013. The Consumer Consulting Board, InSites Consulting. Deci, E., and R. Ryan, 1985. Intrinsic Motivation and Self-Determination in Human Behavior, New York: Plenum Press.

[9] Deutskens, E., 2006. From Paper-and-Pencil to Screen-and-Keyboard: Studies on the Effectiveness of Internet-Based Marketing Research.

[10] Dupuis, C., 2007, The Iceberg Model of Culture. Retrieved from http:// ebookbrowse.com/ theiceberg-model-of-culture-pdf-d219931240.

[11] Eberle, B., 1971, SCAMPER: Games for Imagination Development, Dok Pub.

[12] Hoffman, D. L., P. K. Kopalle, T. P. Novak, 2010, The "right" consumers for better concepts: Identifying consumers high in emergent nature to develop new product concepts, Journal of Marketing Research, 47, 5:854-865.

[13] Kahn, K. B., ed., 2004, PDMA Handbook of New Product Development, 2d Edition, New York: John Wiley & Sons, Inc

[14] Kano, N.; S. Nobuhiku, T. Fumio, T. Shinichi, 1984, Attractive quality and must-be quality, Journal of the Japanese Society for Quality Control, 14, 2: 39-48.

[15] Kozinets, R.V., 2010, Nethnography: Doing Ethnographic Research Online. Sage Publications. Luke, M., T. De Ruyck, A. Willems, and R. Grant, 2012, Come Dine with Me, Australia, AMSRS 40th Conference.

[16] Mochon, D., M. I. Norton, D. Ariely, 2012, Bolstering and restoring feelings of competence via the IKEA effect, International Journal of Research in Marketing, 29,4:363-369.

[17] Nishikawa, H., S. Martin, S. Ogawa, 2012, User-generated versus designer-generated products: A performance assessment at Muji, International Journal of Research in Marketing, 30,2:160-167.

[18] Peters, A., 2012, From insight to foresight, RW Connect, http://rwconnect.esomar.org/ from-insight-to-foresight-in-2012/.

[19] Pink, S., 2007, Doing Visual Ethnography: Figures, Media and Representation in Research, London: Sage. Revised and expanded 2d edition.

［20］Prahalad, C.K., V. Ramaswamy, 2000, Co-opting customer competence, Harvard Business Review, 78,1.

［21］Roberts, D., S. Baker, D. Walker, 2005,Can we learn together? Co-creating with consumers, International Journal of Market Research, 47,4.

［22］Rogers, E., 2003, Diffusion of Innovations, New York: Free Press.

［23］Sanders, E.B.-N., P. J. Stappers, 2008, Co-creation and the new landscape of design, special issue of CoDesign, 4,1:5-18.

［24］Savin-Baden, M., C. Major, 2013, Qualitative Research: The Essential Guide to Theory and Practice, London and New York: Routledge.

［25］Sawhney, M., Verona, G., Prandelli, E., 2005. Collaborating to Create: The Internet as a Platform for Customer Engagement in Product Innovation. Journal of Interactive Marketing, 19,4, S. 4-17.

［26］Schillewaert, N., T. De Ruyck, T. Ludwig, M. Mann, 2011. The Darkside to Crowdsourcing in Online Research Communities, CASRO Technology Conference, June 2011.

［27］Van Belleghem, S., 2012, The Conversation Company, Kogan Page.

［28］Van Dijk,J., 2011, The Effects of Co-creation on Brand and Product Perceptions, MSc Thesis on Economics of Consumers and Households, Wageningen University.

［29］Verhaeghe, A., A. Smith, D.Teixeira, F. De Boeck, 2013, Digging for Gold: How to Select Consumers' /ns/g/if5 That Will Change Your Business, InSites Consulting.

［30］Verhaeghe, A., C. Hageman, T. De Ruyck, T. Troch, 2012, Doing More with Less, ESOMAR Qualitative 2012.

［31］Verhaeghe, A., N. Schillewaert,J. Van den Bergh, P. Claeys, G. Ilustre, 2011 . Crowd Interpretation: Are Participants the Researchers of the Future?, ESOMAR General Congress.

［32］Von Hippel, E., 1986, Lead users: A source of novel product concepts, Management Science, 32, 7:791-806.

作者简介

托马斯·特罗赫（Thomas Troch） 是InSites 咨询公司的高级研究创新主管。他拥有产品和服务设计的背景，了解人们的关注重点。**托马斯**通过私人在线社区那样的新技术把全球知名品牌如喜力啤酒、联合利华、沃达丰、飞利浦与他们的用户联系了起来。

汤姆·德·卢克（Tom De Ruyck） 是InSites 咨询公司的管理合伙人及用户咨询委员会负责人。他是"用户咨询委员会"的主讲嘉宾与合作者。汤姆也是研究协会 BAQMaR 的联合创始人和主席，他还参与了其他几个组织：MOAbouts委员会，NGMR以及SAMRA。

第三部分
与大学的开放式创新

PART 03

谈到开放式创新（OI）时，很多管理者可能不由自主地会想到如何与社区或其他企业中的独立个体进行合作。确实，第一部分和第二部分都关注于如何有效地与其他企业和个体进行合作。但是，很多大学同样为OI推动者提供了大量机遇。与大学的合作创新有很多独特优势。

- 可以利用前沿（基础）研究，而企业中的研究倾向于应用型；
- 可以利用大学里大量不同的实验室设备；
- 可以获取不同的研究视角、新生力量和原创内容。

和其他方面一样，与大学的合作也将对开放式创新成果产生限制。尤其是相较于与企业开展的合作项目，与大学开展的合作项目视野可能更窄，而这是学校的特质。

第三部分包含两章。

第7章中，伊莲娜·斯潘基（Jelena Spanjol）、迈克尔·斯科特（Michael J. Scott）和斯蒂芬·梅拉梅德（Stephen Melamed）、阿尔伯特·佩奇（Albert L. Page）、唐纳德·伯格（Donald Bergh）、彼得·普凡纳（Peter Pfanner）描述了美国芝加哥伊利诺伊大学与几家大企业展开合作的案例。每一年，这些合作项目都会组建大量的团队进行概念构建、原型制作、工业设计/工程记录和营销方案制作等工作。第7章还包含了整年课程、保密协议和相应的成功案例。

阿鲁纳·谢卡尔（Aruna Shekar）在第8章中描述了新西兰梅西大学的合作产品开发项目。这一典型工作非常适用于寻求开展开放式创新合作的小企业。该项目相比伊利诺伊大学的项目科学/工程味道更浓，有时也会产生新的技术发明。除了得到知识产权外，企业参与该项目有时会得到大量的招聘机会。

第7章和第8章都指出了应避免的陷阱和成功的关键。

7

跨越产学与不同学科边界的合作创新：企业如何与跨学科的老师及学生团队开展创新

伊莲娜·斯潘基（Jelena Spanjol），博士，
伊利诺伊大学工商管理学院营销学副教授

迈克尔·斯科特（Michael J. Scott），博士，
伊利诺伊大学机械和工业工学院部副教授

斯蒂芬·梅拉梅德（Stephen Melamed），美国工业设计师协会，
伊利诺伊大学工业设计学院临床教授

阿尔伯特·佩奇（Albert L. Page），博士，
伊利诺伊大学工商管理学院营销学荣誉教授

唐纳德·伯格（Donald Bergh），美国平面设计协会，
伊利诺伊大学建筑、设计与艺术设计学院兼职助理教授

彼得·普凡纳（Peter Pfanner），美国工业设计师协会，
伊利诺伊大学创新中心执行主任

7.1 引言

一项由弗劳恩霍夫协会和加利福尼亚巴克利大学开展的全球调查［切撒布鲁夫（Chesbrough），布伦斯维克（Brunswicker），2013］指出，欧美国家78%的大型公共企业都以某种形式开展了开放式创新（OI）实践。与此同时，大多数组织更关注于内向OI活动，即由外部源（如消费者或联盟伙伴）向企业的新产品开发（NPD）流程进行明显而关键的资源输入。然而，除了能够利用协作强化其NPD组合之外，被调查的组织也对OI方案的管理和测量表示了不满，这些不满部分源自企业仍期望运用与其核心经济活动类似的指标来对OI产出进行评估。在本章中，我们描述了一种产学合作模式。该模式以一种结构化、系统化的方式为企业提供了一种有形的、可实践的视角和新产品理念。我们所描述的特定项目长期在伊利诺伊大学

芝加哥分校得以开展，它也被称作跨学科产品开发（后文简写为IPD）。

什么是跨学科产品开发模式？——简要回顾

在伊利诺伊大学芝加哥分校（UIC），跨学科产品开发（IPD）是一门为时两学期（即一学年）的课程，由来自不同专业学生组成的团队通过UIC创新中心（见本章附录A）与协作企业进行合作。IPD为合作企业带来了创新，并为学校内来自商务、设计、工程和医药等多学科的学生提供了参与体验教育的机会。在30周（即两个连续的标准学期）的课程中，IPD的跨学科学生团队创造出一种基于一手或二手研究的知识成果，借此对合作企业的进一步开发或执行活动给出可行的建议。参与IPD的企业得以接触到这些跨专业学生团队，他们带来了新思维（设计思维），同时在一个有经验的专业团队的指导下，将研究、观念、技术和流程原型应用在商务、工程和设计方面并获取创新产出。图7.1形象地展示了IPD时间轴及其所包含的主要活动（最近的教学大纲范例见附录B）。

自2002年由工商管理学院［阿尔伯特·佩奇（Albert Page）］、机械和工业工程学院［迈克尔·斯科特（Michael Scott）］和工业设计学院［斯蒂芬·梅拉梅德（Stephen Melamed）］联合创办伊始，IPD已经以多学科教育、探索产品开发前沿的实践教育模式培养了超过500名毕业生和本科生。协作伙伴——来自移动通信、电子消费品、家用设备、医疗服务和设备等多个行业——成功获取了超过1000个新产品概念（其中一些已经形成了专利应用）。IPD只是世界范围内大学研究项目的一小部分，这些项目强调与行业伙伴的紧密协作，以得到针对现有问题的创新式解决办法，同时借此培养出下一代的新产品开发专家。关注新产品开发的部分研究项目可见附录E。在这类项目成立之初，美国仅有卡内基梅隆大学针对IPD设立了一学期的课程。而直至今天，IPD仍然因其教学时长和在三个独立领域内的平等合作关系而闻名。

本章所描述的IPD模型能够帮助NPD实施者增进对OI实施过程中关键要素的认识，尤其是在其与大学展开合作时。尽管本章主要以UIC的IPD模式为框架，但成功的关键和避开本章所描述的陷阱的要领却能够应用到任何基于课程教育的产学OI项目中。值得一提的是，在生成、评价和选择最主要的OI问题框架中，前期投资对最后的成功至关重要。随后在相关研究成果（一手的与二手的）的支持下，学生团队逐渐能够有效处理合作组织所提供的信息，重构问题框架，并确保他们正处在解决特定问题的方向上。

7.2 IPD模式：解决开放式创新的主要挑战

创新领域的相关研究指出，新产品的成功或失败受到一些关键要素影响。在最近的PDMA比较绩效方法研究［梅拉梅德（Melamed）和李（Lee），2013］中，创新尝试最为成功的是那些更为主动、引领市场的公司，而非那些相对被动、跟随行业领导者的公司。为了实施积极主动的创新战略，成功企业的管理者明显更为强调知识产权的创造和应用。实现上述内容在一定程度上要通过OI战略，主动寻求差

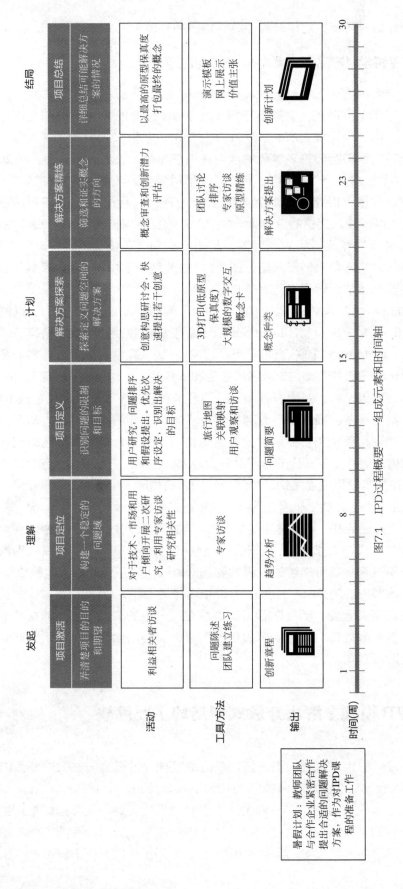

图7.1 IPD过程概要——组成元素和时间轴

异化视角并在企业外部挖掘知识源，以此获得涉及新产品（包括制造产品及服务）、新解决方案甚至新商业模式的见解和创意。这些措施将创新前沿的创意多样性和广度最大化，同时也使得它们得以注入企业发展的可能性最大化。因此，创新前沿的重要性得到了很好的识别，创意管理也成了创新成功的关键驱动因素之一。

尽管OI实践正逐年成为企业追逐的热点，但在相当数量的企业中，其效用并没有达到预期水平［切撒布鲁夫（Chesbrough），布伦斯维克（Brunswicker），2013］。对于很多企业的OI实践，第一个主要的挑战是如何吸收和整合来自不同学科和利益相关者的差异化视角。有效的跨领域团队对新产品开发的成功相当必要，其前提则是各领域的平等融入而非给予某一领域特殊地位。团队的整合与稳定是将跨领域团队转化为增长的新产品绩效的关键所在。团队成员的不断变化，使得原先的集体讨论和决定也完全受到了妨碍，其结果是降低了创造一种关于问题域和潜在解决方案的共享性理解的可能性［斯洛特格拉夫（Slotegraaf）和鸿蓥吉马（Atuahene-Gima），2011］。成功的团队能够平衡个体努力与跨学科合作整合，并以此推动团队成员的协同发展。

OI的第二项挑战在于如何有效识别并表达问题域。出于知识产权保护与企业敏感信息共享方面的顾虑，OI实践的开展通常需要组织减少、提取或去除特殊的创新问题（如在创新竞赛中），以至于这成了一个狭义的技术问题，而作为创新进程一部分的外部合作方对问题域的探索、改进与再定义却被略去。不得不提取和掩饰创新问题的一个潜在不利结果是，外部问题解决方将依据一个狭义的问题来给出解决方案，而并没有在给出解决方案前完全理解问题。这是非常可惜的，因为对待解决问题的再建构与再定义恰恰能为参与OI的企业带来巨大的价值。

最后，对企业的第三种明显挑战来自如何有效将OI实践和结果整合至企业内部NPD过程，同时又使得企业的知识产权（IP）和敏感信息得到有效保护。在众包（基于竞争或是社区的）案例中，获得的创意并不会在最大限度上被组织应用，而仅有那些排名更靠前的解决方案能得到组织的关注与整合。

总之，三种OI挑战都能对企业的成功概率造成消极影响：①在OI团队内部缺乏跨职能整合和/或稳定性；②不完整的或伪装的OI问题陈述；③对吸收OI实践的限制。正如在后文中将要论述的那样，这三种关键挑战在UIC IPD模型中都得到了正式解决。

克服挑战1　IPD如何在开放式创新团队中创造职能整合与稳定性？

无论OI的实践形式如何，其成功都主要取决于企业外创新伙伴的参与。在IPD案例中，跨学科学生和教师团队既是合作组织的外部参与者，也是其合作流程的推动者。

IPD教师团队：双过程整合

IPD教师有两大主要的整合角色，更确切地说，它将以下二者进行了整合。
- 学生团队与企业

■ 将不同的职能视角整合进创新过程

教师团队的双过程整合角色通过多种不同途径得以实现。为了真正将所有跨职能视角进行整合，整个教师团队会在班会上进行展示，并将各自学科的观点融入已有的问题之中。除此之外，所有的课程材料和内容（包括任务、讲课、课内训练等）都由团队合作开发。不仅是这些内容，内容的传递方式和设计也都得到了充分的考虑。这种完全跨学科的课程内容开发和传递方式实现了另外一种教育目标——实现了IPD学生团队在课间讨论的跨学科建设性对话。一般而言，IPD学生团队会参与班会，而不同学科的教师则围绕创新主题对各自的观点、结论及假设进行质疑和验证。这类教师间的开放式对话告诉来自不同学科的学生要重视吸收，立足他人的贡献进行思考，同时了解问题的答案往往并不只有唯一的，并学会从不同视角寻求解决方案。

成功的关键

跨学科教师团队创造开放式对话，鼓励对创新流程内容中的假设进行验证。

教师团队同样也发挥了整合机制的作用，它们将合作公司的优先级别安排与信息传递给学生团队。重要的是，IPD项目的核心任务是对下一代创新实践者的培养，将其对未知的焦虑最小化，同时使其熟知对复杂多元问题的应对与处理。让教师团队而非合作公司成为学生团队实际上的"导师"尤为重要，其原因有以下两点。

首先，如果允许合作公司针对特定创新机会或概念对学生团队进行筛选和引导，公司的现有商业模式即被强加在了OI实践里。更严重的是，这将会导致最终成果新颖性的降低，以及合作公司所创造价值的减少。其次，从其定义上说，教师团队更关注于从创新前端的流程内容对学生团队进行教育和引导。相比之下，合作公司（天然地）更重视可实践的结果。这类差异的部分原因当然是公司承担的在识别与将创新引入市场方面的压力，然而，过于强调产出将阻碍IPD中应用的相关流程完全发挥其效用（相关回顾可见图7.1）。基本上，让学生团队循序渐进地开展这些流程，能够在最终展示给合作公司的创新成果中创造出更多的新颖性和价值。

应避免的陷阱

要避免将学生团队视作常规的创新咨询顾问。

IPD学生团队：跨学科整合与参与

在学生团队方面，一些结构性安排确保了个体与团队的工作能得到充分支持。为IPD团队设置的工作区域相当重要：UIC创新中心（UIC IC, http://innovationcenter.uic.edu）即所有IPD班级的主基地，亦是由执行董事领导的一个常设跨学科设计团队。UIC IC同时提供进行搜集、授课和开展跨团队批判性对话的大型会议场所（全体会议，见图7.2a），以及用于开展突破性活动的小型团队场所（包括专用团队活动场所，见图7.2b），以此支持跨学科研究工作的进行。为了完成创新流程不同阶段的原型制造工作，学生团队能够利用一家功能齐全的原型工作间（图

7.2c），获取包括3D打印、计算机辅助设计工具以及其他有助于快速原型和交互式低保真模型制作的设备。为了帮助学生很好地在漫长的项目讨论会环节（频繁出现证实了学生团队在应对创新挑战中的参与度）中完成工作，该中心还提供了一处带有厨房和咖啡屋的方便聚集的场所（图7.2d）。

为了增强团队凝聚力，IPD课程还开设了多项团队组成练习——创建团队章程（明确说明参与的规则，各队独立设计自己的规则）、表达与聆听训练、乐高智慧游戏（LSP）、个体与团队识别活动［见弗里克（Frick），塔蒂尼（Tardini），坎通尼（Cantoni），2013］等。

图7.2a　全体会议——大型可调节的会议/教室空间

图7.2c　原型与生产工作间

图7.2b　专用团队空间　　　　图7.2d　厨房：鼓励社交互动

第三部分　与大学的开放式创新

LSP——乐高智慧游戏

乐高智慧（LSP）游戏是一项便利的结构化的活动流程，包括了创造性的3D思考、交流和问题解决，并被广泛应用于个体和团队活动中。借助手工操作的乐高积木，LSP使团队能够理解相关环境或挑战，在"通过动手进行思考"过程中认识到关注的因素并开始进行创造性改变，以此开拓视野，获得启发和想象力。

LSP已被用作打破IPD流程中团队成员间交流的壁垒，而在该过程中通常都会存在言语互动的过度依赖。借助乐高积木获取了便于清晰描述现在（存在的问题）情况和提出潜在解决办法的良好环境。

与此同时，IPD也利用LSP进行团队构建和"编造故事"训练，以帮助学生团队更好地在其工作过程中编造并表述出扣人心弦的故事情节。（要想获取更多内容，可参见LSP开放资源手册，http://seriousplaypro.com/docs/LSP_Open_Source_Brochure.pdf。）

教师每周需要对各团队进行登记，以便任何团队问题都能得到及时有效的处理。这种制度时常需要将单独处理某个问题的团队集合在额外的会议中，举例来说，一个团队很难对已确定的新产品概念是应该立即推广还是进行更深远的开发这类问题达成共识。在最初的教师会议和多次电子邮件意见交换后，教师团队从诊断工业心理学文献中开发出一系列可行的倾听训练，这类训练能通过富有建设性的团队辩论为其成员进行演示与训练。类似的与团队间的额外会议构建了有效批判的核心原则，而该原则已然被十分清晰地教授给了所有学生。

跨学科团队中的有效批判法

批判法是一种推动跨学科团队参与创新的有效批判技巧。然而，它并非NPD课程教授的一种典型技巧，也常常被认为是根本不存在的。IPD会针对这一主题对学生进行明确有效的教育。

我们将批判定义为以一种有序探究某种创新或设计假设的方法，批判立足于见多识广的视角（即技术知识、经验或训练），而非个人的观点。

批判与被批判（接受批判）是需要从经验中逐渐得到开发的技巧。提供有价值的反馈——以及对其接受与利用的能力——是创新流程的关键部分。这些技巧将成为经常性的批判主题，明确这一点，能够提升IPD学生团队的工作效率，这迫使他们更清晰地表述自己，并基于伙伴与用户需求进行决策。

在IPD中，课堂施行的首要批判原则如下。

- 批判应客观，出发点应是提升新产品概念。
- 批判应是真诚的、尊重他人的及富有建设性的。
- 反馈应紧扣这些概念在多大程度上体现了商业目标与用户需求。
- 当论及风格时，商业目的（而非个人喜好）必须得到体现。
- 在接收端，所有IPD学生的首要工作都是倾听。他们需要为保护其工作成果做好准备，但是也不能太冲动。各团队能从有效倾听和成员间的反馈中获益。

成功的关键

教师团队持续推动团队结合与参与，同时给予学生团队为自我管理而自行设立规则的自由。

克服挑战 2　确保完全的问题域界定与探索

从定义上说，OI方案的设计目的是开发位于创新公司边界之外的知识库。这一定义同时也暗含了阶段关卡管理系统中的一项行动，即从基于决策的流程向验证与学习的互动创新流程转化。学生被鼓励进行实验、制作样品、不时对其创意进行验证，并被不断提醒早期的失败可能会以一种适时的形式转变为最终的成功。这一问题导向互动在问题域与报告的持续修正中得到了证明。IPD模型以两种方式应用于这一过程：一方面，通过与协作伙伴的广泛工作识别并明确学生团队的初始问题陈述；另一方面，通过在两学期课程之后让学生团队重新回顾并对该报告进行解读，在此过程中团队即获取并开发出了额外的信息和学习过程。

问题陈述很自然地构成了整个创新项目的框架，而问题域又提供了极为丰富的、可行的创造性解决办法，因此对能明确问题域的问题报告的开发相当重要，同时它也需要得到适当的限制，以使团队能更快地进入主要的、以用户为中心的研究工作。开发出一份完善的问题报告，需要在课程之前与协作伙伴及专业团队间进行多次有效的互动，这也是为什么该互动常常在夏季学期而不是秋季学期开始时完成。为了在这些跨学科教师团队与协作伙伴团队间的初始对话中明确问题报告的出发点，IPD专家发现以企业参与的不同创新领域［特尔维施（Terwiesch）和乌尔里希（Ulrich），2009］为主题来发起讨论具有显著的效果（图7.3）。IPD问题报告的最有效级别位于区域2（即对邻近技术和市场的探索，广泛意义上的），位于该区域使得IPD开放式创新实践能够揭示更多的创新性解决方案，以及与参与企业核心能力相关的全新空间。

好的问题陈述通常都有几点共性。首先，问题陈述不能预先提出某种解决方案或是解决方案的形式。这意味着问题应来自创新而非操作层面，这样报告就不会从协作伙伴已有的创意开始（不论其好坏）。同时这也说明问题陈述应避免类似于"设计出一款应用以解决该问题"的表述。其次，好的问题陈述通常包含了对各团队各自项目进行区分的过滤器。这些过滤器可以与用户群的人口统计数据相关，或是与协作伙伴的商业领域、技术或服务上的关注以及任何合作伙伴可能感兴趣的、有意义的视角相关。此外，有效的问题陈述可以是需求导向、技术导向或是两者兼备。当公司拥有某种短期很难被应用（或只能被应用在利基产品）的潜在重大技术，或是公司期望获取某类新兴技术时，技术导向型问题陈述便非常有价值。而需求导向型问题陈述则可能更集中在特殊消费者领域中。表7.1列举了一系列成功的问题陈述案例。

问题陈述的定位与过滤

为了向问题域提供足够深刻的内容，同时又避免将商业模式或创新方法强加给

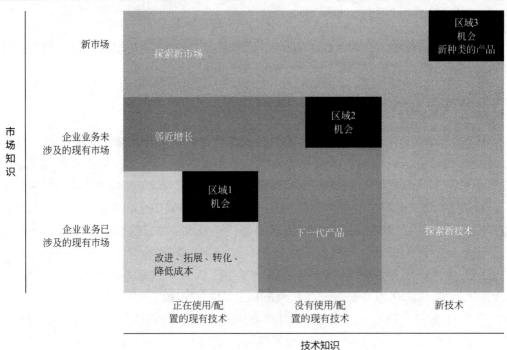

图7.3 IPD关注区域

资料来源：修改自特尔维施（Terwiesch）和乌尔里希（Ulrich）(2009)

学生，公司会在学期开始时的展示中对其初始问题陈述进行定位，内容则包括公司业务的战略视角及其如何看待市场。例如，表7.1中的家居产品制造商在初始会议中（第一学期的第二堂课）展示了公司饮料总类的相关问题域。

表7.1 IPD问题陈述与过滤筛选案例

问题域类型	协作伙伴目标	问题陈述与过滤筛选
需求驱动型	一家在厨房用具消费市场拥有相当大市场份额的家居产品制造商，希望扩展业务	"开发出一种符合我们现有市场规模，并与我们现有业务（全饮料解决方案）相关的新业务。" 过滤器：每一团队选择一种合作方感兴趣的饮料，如咖啡、茶、非咖啡或茶的热饮料、酒、运动饮料、水、软饮料
技术驱动型	一家行业领先的移动通信产品设计商希望探索针对特定的、新获取的技术的创新性应用	"为我们开发出全新的商业机遇。" 过滤器：每个团队从下列陈述报告中选择一项，即 "能够利用电话/电脑产品中扩展的4G网络应用的产品。" "能够利用用户界面在家进行控制与/或监测的消费产品。" "开发出能够利用最新3D视频标准的配件。"
混合型：技术与需求驱动型	一家行业领先的移动通信设备制造商希望从技术特点到使用效益方面重新建构其解决方案空间	"开发出新的无线通信设备，使其在新的全球消费市场中能够得到新应用，该产品需要能为我们带来1亿美元的收益。" 过滤器：团队从下列领域中进行选择，即市民新闻、通信、家庭连接、儿童、医药、移动钱包、旅行及健康

续表

问题域类型	协作伙伴目标	问题陈述与过滤筛选
混合型：技术与需求驱动型	一家自动零售企业希望探索能够实现突破式自助服务解决方案的商业模式	"自动化零售的未来如何？" 过滤器：团队需要识别利用各自的过滤器，包括食物、旅行、健康等

饮料总类是我们从购买角度去除与识别潜在产品机遇时区分饮料类别的方法。我们希望了解消费者如何准备、购买、服务、享用及储存其饮料等，并向其提供独特的产品解决方案。饮料总类包括但不局限于以下产品：茶、咖啡、果汁、蜂蜜、红酒、白酒、雪碧、碳酸饮料、苏打汽水、运动饮料、儿童饮料、健康饮料、饮用水、乳品、果露、冰激凌……以及全部冷或热的饮料。

解决方案应与"现有类别"相关的限制，强调了该生产商的能力在于家居用品生产领域，而不是饮料供给领域，尽管与饮料商的合作很显然能够成为解决问题的可行项。

同样地，移动通信设备制造商（表7.1）也提供了其移动通信方面的愿景，并依此对其过滤机制进行识别筛选。有意思的是，该制造商所选中的过滤类别已经成为公司很感兴趣的产品，然而公司并未将采购任务分配给某一内部团队，即该产品处于公司采购清单前十名之外的"次十大"清单中。这对于吸引合作伙伴同样具有很大优势，因为一旦企业资源达到要求，该产品即会成为公司的首选开发项目，而不再只是学术上的问题。

成功的关键

问题陈述利用了公司伙伴已确认的"次五大"或"次十大"的创新重点（不在公司已经着手实施的"前五大"之列）。

对于参与IPD的公司而言，筛选与其紧密相关又相当重要的问题陈述过滤机制，已经被证实为这类OI方案的关键成功要素。鉴于学生对于自动化零售解决方案的未来发展很感兴趣，一家行业领先的自动化零售公司决定将问题陈述过滤机制的识别与选择工作交给学生团队。尽管最终各团队都完成了任务，但创新问题边界与限制的缺失还是导致了团队工作具有很大的不确定性，团队也被迫从超过以往探索的范围开展研究工作。最终的结果是减少及延缓了对特定问题领域（由技术、需求、用户等界定）的深入探索。

应避免的陷阱

应避免问题陈述的定义发生偏离（太宽泛或太具体）。

问题陈述的持续修正

在IPD项目中，我们需要学生团队在30周的课程中不断重新思考、构建并修正他们的问题陈述。这种随时间持续进行的修正清楚地反映了一个团队对于问题看法的变化情况，以及他们的理解程度。多年以来，IPD专家总结出了两类修正方法：①从广泛问题向更为特定问题的必要集中；②从更为宽泛的问题范围转变为与特定用户需求和使用情景的结合。表7.2提供了一些相应的案例。重要的是，对这类修正持抵制态度的团队更难从其研究中提炼出好的理念，这又推动了更为渐进式的创新。构建并利用深度洞察来对问题陈述进行再建构、再定义的团队更有可能解决企业面临的重要问题，最终也提高了创造出更富创造力、更为有效的新产品概念的可能性。

表7.2 IPD问题陈述修正

修正方向	初始问题陈述	修正后的问题陈述
集中（使得更加具体）	"自动化零售的未来如何？"	A团队 修正1："利用企业的核心竞争力，为该企业识别并开发出一种有吸引力的、可行的自动化零售业务。" 修正2："开发出一种能够增加大批量零售商店内消费体验的方案。" 修正3："针对用餐时间购物提供一种解决方法。" B团队 修正1："在合适地点设置售货亭可能解决消费者的问题。" 修正2："为家长提供出于教育目的而将孩子留在店内的互动式解决办法。"
用户连接性（满足需求）	"开发出新的无线通信设备，使其在新的全球消费市场中能够得到新应用，该新产品能为我们带来1亿美元的收益"	修正："我们的研究显示，市民新闻不可行；用社交媒体进行取代。"
混合型的（集中、用户连接性）	"开发出应用最新3D视频标准的移动通信产品"	修正1："开发出能够在日常生活中利用3D技术潜在价值的方法。" 修正2："开发出一种能提升驾驶体验的增强现实解决方案。"

成功的关键

团队通过洞察力建设研究对问题陈述进行持续的修正。

以用户为中心的研究。为了使学生团队的修正陈述与用户需求相契合，以用户为中心或以人为本的研究原则必须得到贯彻。这一原则是设计思考的根本，也是推动研究者深刻理解用户（无论在B2B还是B2C范畴内）的立足点。这类对用户的问题、经验和需求的细致丰富的理解，正不断与从二手研究中提炼出的"大图景"视野相结合。而一手与二手研究正得到结合、组织、分析和综合，以帮助IPD团队在特定的商业环境下对问题进行建构。总之，IPD学生团队参与研究可以被看成是一种发现过程，即为构思过程、创意开发和测试设置了背景环境。这类研究是形成假设的基础，IPD团队也正是从中创造角色、场景、进行类比并开始验证其假设。

作为构思技术的类比、角色与场景

从以用户为中心的研究中搜集到的丰富资料帮助IPD团队认识到待解决问题的深层次因素,并借此增进了对问题域的理解,相应理论假设也能得以提出。类比、角色和场景使得这类假设验证成为可能。

类比构思是基于两类问题情景的对比,尤其是从两类问题的结构和出于解释或区分的目的出发进行的对比。类比能得出一致或部分相似性,使得潜在创新解决方案的新因素向现有问题域的转移成为可能。

角色和场景都是帮助IPD团队考量其理念中可能涉及的人物与事件的工具手段。它们包括高质量的描述和说明,以此构建出涉及基本特征和设定的完整故事情节。

IPD学生团队在每次合作项目中都搜集到了丰富的访谈与观察资料,为持续学习、假设验证-修正循环以及构思打下了基础。举例来说,当团队与移动通信协作伙伴进行合作时,对于新视角的综合与提炼不仅仅来自访谈,更是来自他们在零售地点的实地非参与式观察。这些新视角不仅以数字形式进行保存,同时也以某种物理形式有效地与团队空间相整合,实现了团队成员间的良性互动。

在问题陈述中构建大目标以鼓励突破性思维

对于移动通信设备制造商,实现创新收益1亿美元的目标为学生团队工作定下了很好的基调,使他们能够进行更广泛的探索而非渐进式思维。对于家居用品制造商,"新商业"的提法将问题很清楚地定位在快速发展的创新领域里。学生的任务也很明显是为公司创造出能够围绕其展开的全新产品或产品线,而不仅仅是与公司其他业务相仿的常用产品。

成功的关键

成功的关键是将大目标整合在初始问题陈述中以推动学生团队的发散性思维。

克服挑战3 将可行结果整合进合作企业内部

将OI实践中的创意、概念、见解和解决方案整合进公司已建立的NPD流程,是一项主要的挑战。为了实现这类整合,IPD项目确保学生团队能够带来多种有形产出,作为团队与合作组织的跨界交流载体,便于对提出的解决方案进行交流(通过项目介绍书、展示、原型、数字模拟和营销推广方案),同时有利于与公司现有创新工作的结合(通过储存的原始的和加工过的数据)。

从与新产品经理和高管的访谈中得知,OI方案的施行似乎并不被视作主要的挑战,更重要的问题涉及如何有效利用实施OI所获得的工作成果。明显被提到的有两大问题:公司内部谁负责这类整合工作的宣传与协调,以及如何有效转化或利用这类OI产出。IPD项目认可也应重视这些问题,并与合作企业的经理团队展开了紧密合作。密切的协作推动了这类产出的持续整合进程(对应"谁"的问题),有效指导了学生团队用正式展示或一些简单易行的方式将项目数据信息传递出来（对应"如何"的问题）。

可共享见解：正式展示、项目书与营销推广方案

IPD利用三种主要的交流工具帮助合作企业在公司内部传播新见解——正式展示、项目书与营销推广方案。

正式展示在30周的IPD课程中共进行了四次（两次中期展示及两次最终展示）。IPD专家希望尽可能多的合作企业的相关人员能够参与这些展示，或是借助合作企业的经营场所来进行最终的两次展示（两个学期结束时分别进行一次）。团队展示被精确控制在15分钟内，随后是每个团队各15分钟的即时提问与回答环节。有时展示中也会加入一个称作"展销风格式"的问答环节，即企业成员在各团队之间以随意对话的形式模拟采购与反馈。这类展示的重要性分为两部分：提供项目信息与见解共享，鼓励企业指导负责人的参与过程。多年来的经验表明，相当规模的合作企业管理者的大量参与与最终产出的质量和创新性呈现正相关关系。

上述简便有效的企业参与形式的效果之一，是企业可能对于IPD团队开发出展示dek[1]（一系列展示幻灯片）的特殊需求。企业可能需要在展示中以某种特殊形式结合确切信息数据或总结，以更好地在组织中开展宣传工作。例如，一家合作企业要求IPD团队按照其内部组织实践，制作一页对于与创新相关的关键竞争及绩效信息的总结幻灯片。重要的是，只有总结幻灯片的信息内容被强调是必要的，而信息的形式与设计模式都没有得到强调（这些内容在合作企业内部也有规定）。

第二种对IPD团队的工作进行总结与共享的工具是项目书。与正式展示不同的是，项目书归纳了项目中产生的主要见解，强调了核心输入（如一手资料中搜集的图片）、流程活动（如研究集成活动）与产出（如创意卡片），描绘出了项目的全过程。举例来说，创意卡片捕获并记录了团队逐步形成的思考结果，反映了团队正进行考量的举措范围，最终选择的概念与原型也得益于此。创意卡片有三种主要功能：①单独的创意开发；②记录创意的发展过程；③捕获不断变化的团队思考成果。图7.4a和图7.4b提供了IPD项目记录作为一种可行的见解共享工具的案例。图7.4a展示了一份最近的项目书目录表，图7.4b则展示了创意卡片模板。也可以通过本章末的附录C获取其他项目记录样本。

IPD模型中的第三种正式交流工具是针对已开发和提出的创新进行的详细营销推广方案。在整个构思与原型制作阶段，团队被要求在大图景操作场景中开展工作，这就要求对创意和观念进行再定义。为支撑已提出创新的可行性，学生团队需要制作出一份包括战略、品牌、地理区位重心（覆盖整个市场或是有所偏重）、促销材料和定价等一系列策略在内的详尽的营销推广方案。对于前1～5年销售情况的预估，同样需要考虑到乐观、悲观和现实的假设情况。附录D中也给出了相应的案例。

---

[1] dek是设计领域所用术语，IPD以此来反映对于设计思考和以用户为中心的研究的强调。

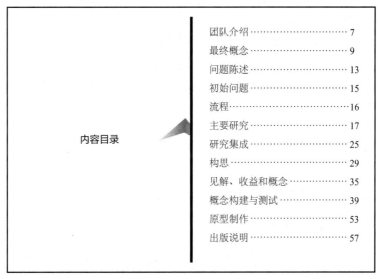

图7.4a　IPD项目书目录表示例

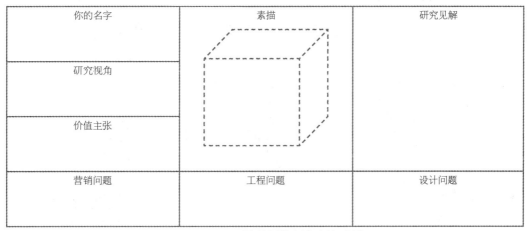

图7.4b　IPD团队使用的创意卡片示例

成功的关键

成功的关键是利用正式展示、项目书和营销推广方案等明确的信息推广方式，推动新理念在公司内的传播。

7.3　概念原型：虚拟与实体原型

IPD方法的典型特征就是制作概念原型。原型制作是实现产品概念的一种关键方法，也是主要的假设验证手段，它以一种互动的形式推动了决策与概念开发工作。原型制作工作从用户研究阶段持续到整个构思与概念开发阶段。原型制作方法已被确认并证实能带来多种益处，包括以下几个方面。

- 对涉及潜在用户与市场总体的隐性猜想与假设进行验证；
- 使团队成员对见解和结论达成共识；
- 向教师与协作伙伴展示概念中的价值主张；
- 不断检验以实现概念的精炼及对潜在用户的最终描绘。

原型制作包含多种形式，其保真度也各不相同，主要包括从涉及用户体验的假设，到对潜在解决方案的描绘，再到进行设计再定义与测试的实体（及虚拟）原型等。

概念原型案例：多代厨房空间

图7.5a～图7.5d通过多种绘画形式和实体展示描述了选择的概念，并阐明了新产品创意由正式的概念描绘到形成功能原型的多个阶段。

概念模型案例：便携式水瓶

同样地，图7.6a～图7.6d展示了便携式水瓶从创意到最终成型的整个过程。

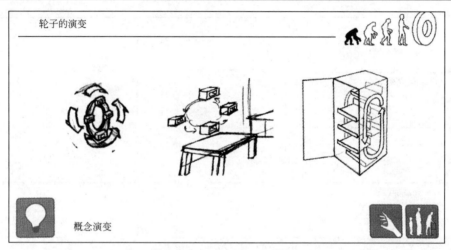

图7.5a　最终概念原型案例1

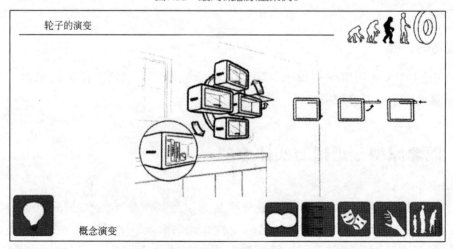

图7.5b　最终概念原型案例2

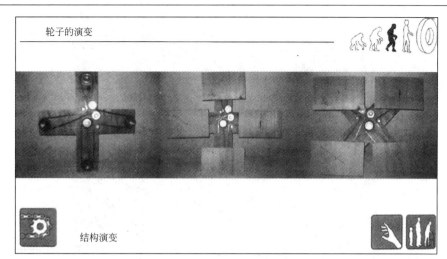

图7.5c　最终概念原型案例3

图7.5d　最终概念原型案例4

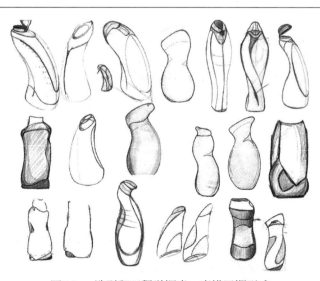

图7.6a　造型和工程学探索：素描早期形式

图7.6b 造型和工程学探索:实体制作早期形式

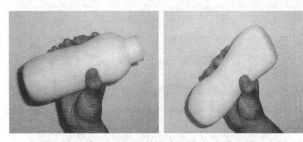

图7.6c 造型和工程学探索:实体制作早期形式

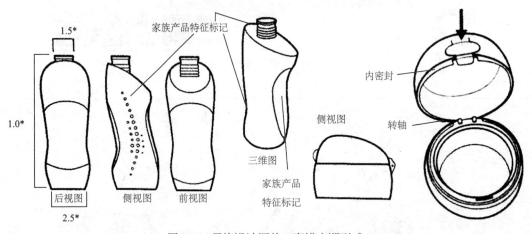

图7.6d 最终设计汇总:素描中期形式

7.4 结论

在讨论了三种主要的OI挑战及IPD的应对策略之后,我们已经接触到了在IPD项目30周课程中所使用的几种工具与技术。我们的讨论向人们简要展示了IPD项目的主要创新流程的各个阶段（研究、构思与原型制作）、各阶段的主要目标及说明案例。支撑 IPD 的跨学科哲学、所采用的技术与工具都来自三门主要学科（工程学、设计学与商学）。此外，这些技术与工具也得到了不断的再定义与升级，以此保证学术研究与行业实践所应用理念的前沿性。例如，教师团队认为，相比个体创意创作或其他构思技术（如类比思维或构思模板），头脑风暴法已经被证实缺乏数量分析依据与质量[相关研究可见马伦（Mullen）、约翰逊（Johnson）、萨拉斯（Salas），1991]，于是决定不再采用该方法。

与学术合作者共同探索选定问题陈述对应的可能，这种做法能够产生除新观点与创新概念之外的意想不到的好处。IPD 专家通常发现，企业经常吸收并利用 IPD 项目中的一些流程要素，并将 OI 方案中的学习成果移植到企业内的创新过程当中。IPD 项目扮演了一个远离企业已有创新体系和路线的实验室的角色，IPD 成果也为企业提供了对创新中的多种可能性"下小注"的机会。相较于寻求单一解决方案，IPD 方案使企业能够探索市场内的多种潜在解决方案，这些潜在解决方案在 IPD 流程的最后阶段会得到有效开发，以保证通过企业内部审查。

随着 IPD 项目的持续发展演变，新的 OI 实践形式也在不断浮现。举例来说，更小规模的项目已经按照相应流程得到建立，它们通常周期更短，其学生也来自不同学科，具备不同的独特技术知识与专业发展目标。除去与 IPD 项目中共有的挑战（如实现有效的问题陈述定义与修正），这些小项目还遇到了一些新挑战（如在传统的学期内和学期外同时运营），需要用新的解决方案和方法来克服。然而，仍然十分明显的是，以 IPD 形式展开的 OI 实践对于企业与学生而言，仍具备相当巨大的潜力。

参考文献

[1] Chesbrough, H., S. Brunswicker, 2013, Managing Open Innovation in Large Firms. Germany: Fraunhofer Verlag.

[2] Frick, E., S. Tardini, L. Cantoni, 2013, LEGO SERIOUS PLAY. White Paper. Available at: www.adam-europe.eu/prj/10330/prd/1/1/s-play_White_Paper_.pdf.

[3] Markham, S. K., and H. Lee, 2013, Product Development and Management Association's 2012 Comparative Performance Assessment Study, Journal of Product Innovation Management, 30(3): 408-429.

[4] Mullen, B., C. Johnson, E. Salas, 1991, Productivity loss in brainstorming groups: A meta-analytic integration, Basis and Applied Social Psychology, 12(1): 3-23.

[5] Slotegraaf, R. J., K. Atuahene-Gima, 2011, Product development team stability and new product advantage: The role of decision-making processes, Journal of Marketing, 75(1): 96-108.

[6] Terwiesch, C., K. T. Ulrich, 2009, Innovation Tournaments: Creating and Selecting Experienced Opportunities, Cambridge, MA: Harvard Business Press.

附录A

UIC创新中心：IPD的跨学科中心

该创新中心（IC）是伊利诺伊大学芝加哥分校（UIC）的合作、教育与开发中心。该大学共有包括建筑设计与艺术、工程、商业管理及医学院等在内的15个学院。UIC创新中心开发了多个项目，并参与了多项活动，旨在实现研究、教育与产业的对接。该中心利用自身全面而多学科的优势广泛开展研究，并将研究项目与进一步的项目开发相结合。

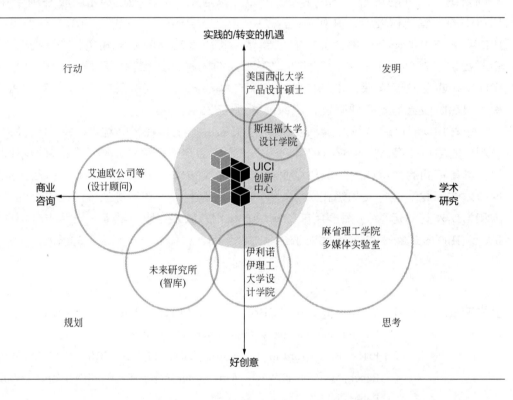

附录B

教学大纲实例（2012年秋/2013年春）

UIC IPD		AD 421 ∣ AD 411 ∣ ME 445 ∣ MKTG 577
		斯蒂芬·梅拉梅德（Stephen Melamed），工业设计学，建筑、设计与艺术学院 迈克尔·斯科特（Michael J. Scott），工程学，机械和工业工程学院 伊莲娜·斯潘基（Jelena Spanjol），市场营销，工商管理学院 唐纳德·伯格（Donald Bergh），平面设计，建筑、设计与艺术学院

续表

UIC IPD 伊利诺伊大学芝加哥分校		AD 421	AD 411	ME 445	MKTG 577
板球无线秋季学期，2012	跨学科产品开发	
概述与目标		本课程由来自三个学院的教师进行团队教学：建筑与艺术、工商管理与工程学院。此外，也会有多位客座教师介绍各自领域的专业知识。来自平面设计、工业设计、市场营销和工程专业的学生将组成多个小组，来自合作企业的代理人/课程负责人将给出较为广泛的市场领域，随后各学生团队针对其中的新产品/系统/服务机遇的识别与开发进行共同研究。 我们的目标是帮助学生团队在为时一年（两个学期——2012年秋季学期和2013年春季学期）的设计过程中完成新机遇识别与开发，在这一过程的最后需要提交制造的原型和相应的项目报告。各团队都将向赞助企业的高层管理者进行四次主要展示。 2012—2013年的合作企业/赞助商是板球无线公司。他们已向课程提供了一项有趣而富有挑战性的任务，以及较为丰厚的经济支持。同时，他们还将与课堂成员共享专有信息与知识。所有的学生都被要求签署一份保密协议（NDA）和知识产权协议（IPA），表明公司对项目中的全部成果持有所有权。这项安排已得到了大学法律部门和三个学院院长的许可
班级会议		星期二 下午2:00—下午5:00 UIC创新中心，哈里森西街1240（除非收到改动声明） 注：与教师的团体会议可能持续到下午6:00
教师办公时间：需要预约	斯蒂芬·梅拉梅德（Stephen Melamed），工业设计学，建筑、设计与艺术学院 106 JH 312.996.3337 melamed@uic.edu	伊莲娜·斯潘基（Jelena Spanjol），博士 市场营销，工商管理学院 2214 UH 312.355.4953 spanjol@uic.edu
	迈克尔·斯科特（Michael J. Scott），博士，工程学，工程学院 2019 ERF 312.996.4354 mjscott@uic.edu	唐纳德·伯格（Donald Bergh），平面设计，建筑、设计与艺术学院 106 JH 312.731.9038 dbergh@uic.edu
课程网址		http://www.ipd.uic.edu/IPD
日期	周数	
8月28日	1	主题（可调整） 课程介绍——概览，企业赞助，项目全过程： 研究，构思，原型概述，执行细节，技能评估，课程技巧，评分规则，考勤规定及团队组建流程 ● 迈尔斯/布里格斯评估 ● 法律协议：NDA/IP ● 创新中心/IPD基地之旅 ● 棉花糖挑战 ● 团队与自我评估 ● 第二周 逻辑学 ● 课堂训练：设计思维

续表

UIC IPD		AD 421	AD 411	ME 445	MKTG 577
8月28日	1	• 学生照片/大头照（IPD班级网站） **任务0**：完成课堂管理要求，在网址（ASAP）进行登录[包括项目实验室，安迪·格雷厄姆（Andy Graham）]；A+A认证 **任务1**：研究行业一般背景、品牌、产品类别、渠道、价格提升等方面的内容 **任务2**：学科特定技能评估（至9月3日星期一中午截止） **任务3**：浏览目标内容（链接见黑板），如果你还没有浏览过的话
9月4日	2	• 任务1截止 • 公司简介 • 客座演讲：克雷格·索尔（Craig Thole） • 问题陈述介绍 • 组建团队与选择问题陈述 • 预览：IPD一天 • 企业线下参观——板球无线公司直营店；芝加哥北密尔沃基大道1215号。成员在IC集合并一起出发 **任务4**：团队熟悉（第3周截止） **任务5**：团队名称/团队标志（第3周截止） • 团队组建开始仪式（地点待定）
9月11日	3	IPD一天：移动的团队空间 • 研究新产品开发技术与方法 • VOC（用户声音）/以人为本设计研究（课程）
9月18日	4	委员会审批活动与临时委员会准备启用 • 作图/竞争视角（课程） • 把活动记录在白板上 将白板拍照上传（jpg格式） **任务6**：中期交付（第8周截止） **任务7**：项目书（长期：第15周截止） **任务8**：制图任务（第5周截止）
9月25日	5	一手研究： • 观察 • 访问 **任务9**：一手研究（第6周截止）
10月2日	6	研究分析/综合 • 目标：需要哪些额外的一手研究？哪些原型需要开展额外的一手研究 • 原型阶段I **任务10**：综合（第8周截止）
10月9日	7	中期排练（试行）与指导
10月16日	8	中期在UIC创新中心对板球公司与专家团队进行团队展示

续表

UIC IPD		AD 421	AD 411	ME 445	MKTG 577	
10月23日	9	构思阶段1 ● 类比 ● 创意卡片 ● 乐高智慧游戏 **任务11**：构思阶段1（第10周截止） **任务12**：最终成果上交（第15周截止）
10月30日	10	构思阶段2 筛选 **任务13**：构思阶段2（第11周截止）
11月6日	11	角色和方案设定 原型阶段2
11月13日	12	课堂工作会议
11月20日	13	课堂工作会议
11月27日	14	最终演示，教师指导
12月4日	15	最终针对板球公司与专家团队的实际展示 ● 展示已确定并得到阐释的创意：前二种创意卡片，比较分析/最好的创意卡片 ● IPD第一学期/年终节日宴会，地点待定
12月11日	16	最后1周，没有课
		冬休期——享受吧 **春季学期再见**
UIC IPD		AD 421	AD 411	ME 445	MKTG 577
		斯蒂芬·梅拉梅德（Stephen Melamed），工业设计学，建筑、设计与艺术学院 迈克尔·斯科特（Michael J. Scott），工程学，工程学院 伊莲娜·斯潘基（Jelena Spanjol），市场营销，工商管理学院 唐纳德·伯格（Donald Bergh），平面设计，建筑、设计与艺术学院
	伊利诺伊大学芝加哥分校	
板球无线秋季学期，2013	跨学科产品开发	
概述与目标		本课程的授课教师来自三个学院：建筑与艺术学院、工商管理学院、工程学院。此外，还会有一些专家会针对特定的专业知识领域进行客座授课。来自平面设计、工业设计、市场营销和工程学的学生团队将共同开展工作，在由协作代理/班级赞助人所确定的广泛市场领域中，共同致力于针对新产品/系统/服务的识别与开发。

续表

UIC IPD		AD 421 I AD 411 I ME 445 I MKTG 577
概述与目标		我们的目标是帮助跨学科学生团队享受一学年（2个学期——2012年秋季和2013年春季）的新机遇识别与开发设计历程，在这一过程的最后需要提交制作的原型和相应的项目报告。各团队将对赞助公司的高层管理人员进行四次主要的展示。 2012—2013年的赞助商/代理是板球无线公司。它们为课程提供了一项有趣并具有挑战性的任务，以及显著的资金支持。公司同时将在课程中共享其专有的信息和知识。所有的学生必须要求签署一份保密协议（NDA）和知识产权协议（IPA），这些协议确定了代理公司对课程中所有产品的所有权。这项安排得到了大学法律部与三个学院院长的许可
课堂会议		周二 下午2:00—下午5:00 UIC创新中心，哈里森西街1240号（除非另有通知） 注：与教师进行的团队会议可能持续到下午6:00
教师办公时间：需要预约		斯蒂芬·梅拉梅德（Stephen Melamed），工业设计学，建筑、设计与艺术学院 106 JH 312.996.3337 melamed@uic.edu	伊莲娜·斯潘基（Jelena Spanjol），博士 市场营销，工商管理学院 2214 UH 312.355.4953 spanjol@uic.edu

		迈克尔·斯科特（Michael J. Scott），博士 工程学、工程学院 2019 ERF 312.996.4354 mjscott@uic.edu	唐纳德·伯格（Donald Bergh），平面设计，建筑、设计与艺术学院 106 JH 312.731.9038 dbergh@uic.edu

课程网址		http://www.ipd.uic.edu/IPD
日期	周数	每周主题（可调整）
1月15日	1	学期介绍与概述 讲座：产品的含义：第一部分（收益）。 课内训练： 重申概念框架下的视角（通过标签展示的形式，有效交流视角是什么）。 **任务14**：将视角、收益与概念联系起来 **任务15**：总结：中期成果上交
1月22日	2	特定学科汇总（15分钟，每两周一次） 讲座：产品的含义：第二部分（特征） 讲座：概念构思 **任务16**：概念
1月29日	3	定性测试/原型制作 **任务17**：原型制作（实体的与数字的）
2月5日	4	特定学科汇总 讲座：提供与接受批评（有效地） **任务18**：定量测试

续表

UIC IPD		AD 421 ｜ AD 411 ｜ ME 445 ｜ MKTG 577
2月12日	5	（形成、抓住）机会。 最终成果纲要（请想想你想在下周的学科汇总中希望讨论的内容）
2月19日	6	特定学科汇总 课内工作研讨会
2月26日	7	实际运作：对教师的展示
3月5日	8	期中考试
3月12日	9	汇报 **任务19：最终成果交付**
3月19日	10	特定学科汇总 **任务20：营销与品牌传播方案**
3月25—29日	11	春假期
4月2日	12	特定学科汇总 工作研讨会
4月9日	13	设计审查/点评
4月16日	14	特定学科汇总 工作研讨会
4月23日	15	实际运作：对教员的展示
4月30日	16	最终展示
课程学分与要求		AD 421 学分：4 要求：完成2012秋季和2013春季学期 AD 411 学分：4 要求：完成2012秋季和2013春季学期 ME 445 学分：4 要求：完成2012秋季和2013春季学期 MKTG 577 学分：4 要求：得到MKTG 500分并完成2012秋季和2013春季学期
评分政策		IPD没有考试。个人成绩主要包括教师评价的团队项目表现（及其在项目的不同阶段的表现）、团队学生的表现（努力程度与贡献），以及学生参与和出勤状况
团队表现		学生将基于其总体表现获得相应的评分。基于项目的评分总是要比基于考试的评分更加困难。在评分时，专员应遵循下列原则。 1. 强调过程而非结果。尽管每个人都期望获得好的结果（通常是得到高分），但主要目标应是让学生学到如何处理产品开发过程。 2. IPD教师团队将在学期中提供定期的反馈。提供给团队的反馈包括两类：①书面反馈，以备忘录的形式（一学期最少会有两个反馈备忘录）；② 口头反馈，以在团队进程中的持续讨论交流形式。 3. 教师团队更关注学生的工作在项目本身中的质量，学生在一个多学科团队中工作的方式，以及学生所在团队工作成果的文档资料与实际展示。

续表

UIC IPD	AD 421	AD 411	ME 445	MKTG 577
团队表现	4. IPD 教师团队最担心的是，所有团队成员都应有重要任务，并且将这些任务带到团队中去。这一点的影响要比它听起来严重得多，我们要求学生通过两种方式对这一点进行监督。首先，团队将保有分配给成员的任务列表，列表按团队每周安排一次，这些任务的完成情况将以每周简报的形式送交学院。未能完成任务将对成绩造成一定的负面影响。其次，每个学生都需要坦诚地评估其团队成员。学期中将多次使用这种标准评估表（见附录A）。 5. 学生在课间会议的出勤与准点到达课堂情况对整个项目的完成非常重要，对学生所在的团队同样如此。未经允许的缺席与迟到将导致扣分或是不及格的处罚。如果学生有无法出席的正当理由，必须提前通知教学团队（最好以电子邮件的形式），并说明学生缺席的理由，以申请并获取缺席的正当资格 梅拉梅德（Melamed）教授　　melamed@uic.edu　　312.996.3337 斯科特（Scott）教授　　　　mjscott@uic.edu　　312.996.4354 斯潘基（Spanjol）教授　　　spanjol@uic.edu　　312.355.4953 伯格（Bergh）助理教授　　　dbergh@uic.edu　　312.731.9038 团队表现 6. 课程的成绩分数构成（如下）……这些类别将由教师依据整个学期的观察和同行评估来进行评分。 70% 的分数是团队表现，分配如下： • 项目工作和最终文件　　　　　　　　　　40% • 向课程赞助商/代理的展示　　　　　　　30% 30% 的分数是个人表现，分配如下： • 个人对项目内容的贡献　　　　　　　　　20% • 个人对团队运作的贡献　　　　　　　　　10%
学术诚信	帮助保持大学的学术诚信，拒绝参与或容忍学术不诚实是学生和教师的责任。欲了解更多信息，请参阅学生手册中的"学术不端"内容。如果确定发生了该种行为，我们将依照大学规定的程序，并采取适当的纪律处分措施（其中一项至少将是取消成绩）。注：抄袭包括将原本属于别人的思想、语言、文字等用作自己的成果。按照这个定义，如果学生抄袭了他人的工作并将之作为己用，即便得到了该人的许可，也将被定义为抄袭。我们将使用黑板的安全作业工具进行检测。 UIC CBA 荣誉守则 本课程及相关课程正接受芝加哥伊利诺伊大学（UIC）工商管理学院荣誉守则的政策管理。所有的学生必须尊重和维护该守则。 （荣誉守则全文可见http://business.uic.edu/cba-faculty-and-staff/cba-honor-code） 荣誉守则违反与执行 与CBA政策相一致，学术不端的行为将招致课程成绩取消和大学的纪律审查。学术不端行为包括但不限于作弊（提供或接受作弊）、编造/伪造、剽窃（包括不正确地引用原材料）、贿赂、利诱或威胁、通过代理参加考试（为他人代考）、分数篡改和提交他人作品。相关定义和细节参见学生手册或学生纪律处分程序（www.uic.edu/depts/sja）。欲获取完整的UIC知识产权与学术诚信政策，请浏览： http://www.uic.edu/depts/dos/studentconduct.html

续表

UIC IPD	AD 421 ǀ AD 411 ǀ ME 445 ǀ MKTG 577
残障学生住宿	考虑到残障学生，芝加哥伊利诺伊大学正致力于构建无障碍环境，以使残障人士能够充分参与项目、课程、服务和活动。需要获取住宿的学生必须在残障资源中心（DRC）进行注册。该中心的联系方式：(312) 413-2183（语音）或(312) 413-0123（TDD）。 更多信息也可见http://www.uic.edu/depts/oaa/disability_resources/index.html.。需要住宿的学生必须提供一份注明特定课程所需特定住宿条件的信件。这些信件由DRC与学生协商完成，并将在每个学期开始前由学生交给辅导员
一般信息	**退学政策** 直到最后一天才完成注册；添加或删除课程或进行部分修改的截止日期是2012年9月7日。我们强烈建议学生在课程第1周放弃IPD课程（如果确实有需要的话），以使一直等待加入本课程的学生能够选上本课程。 **管理政策** 分数变更请求应以书面形式提交，并且仅能在辅导员出现了程序或管理上的错误时进行。 对于有医学证明表示他们无法完成50%以上课程任务的学生，我们将只能给予一个不完整的成绩
团队评估表	**评估** 在一学年中，每位学生将需要评估团队各成员对项目做出的贡献。作为个人，学生也需要以公平、公正的态度评估学生和队友在特定时间段内对项目做出的贡献。教师将利用这些反馈进行评分。个人反馈将始终得到保密。此外，不同团队成员间的互相反馈也可能是教师评估团队的指标之一。请注意，给自己的绩效评分不应影响到他人的成绩，也包括自己的成绩。 **贡献** 依据对项目整体做出的贡献价值，学生将有100点分数分配给各团队成员。学生可以将其看作各成员对项目做出贡献的百分比分数。包括学生自己在内，确保总分数为100，同时所有成员都得到了分数分配。 **努力程度** 项目工作努力程度需要以相对方式给定。学生需要把自己的努力程度设定为10。如果其他团队成员比学生自己多付出了一倍的努力，则他们的成绩为20，如果他们少付出了一半，则成绩为5，以此类推。与贡献分数不同，团队成员的努力程度值没有特定的总数。请注意，团队成员付出了大量努力但却对团队贡献甚少的情况也是可能存在的，同样也可能出现团队成员贡献很大但并没有怎么努力的情况。 **提交** 所有团队评估和自我评估都将通过IPD课程主页http://www.ipd.uic.edu/IPD的电子表格提交。 评估表将只能在指定的时间期限内提交。这一开放时间将位于学年期中与期末的四个时间段

附录 C

项目文档任务
（2012年秋/2013年春）

UIC IPD		AD 421 ∣ AD 411 ∣ ME 444 ∣ MKTG 577
		斯蒂芬·梅拉梅德（Stephen Melamed），工业设计学，建筑、设计与艺术学院 　迈克尔·斯科特（Michael J. Scott），工程学，工程学院 　伊莲娜·斯潘基（Jelena Spanjol），市场营销，工商管理学院 　唐纳德·伯格（Donald Bergh），平面设计，建筑、设计与艺术学院
	伊利诺伊大学芝加哥分校	
板球无线 秋季学期，2012	跨学科产品开发	
任务 7	项目文档	
简介		记录项目的演变是一个关键的工作过程环节。它使团队与专家能够快速明确你的工作进程与可能的发展方向。在每堂课上，我们将给予学生在自己的移动团队空间工作的时间，我们期望能在照片墙上看到相应的讨论、研究、计划、行为模式、观测照片等明显结果。每堂课结束时，学生需要向照片墙上附上相关资料，粘贴在左上角。在每一周，各团队都需要附上一张5.5英寸×8.5英寸（1英寸≈2.54厘米）的图像，即一张有关团队工作进程的可视化时间进度说明。 　到年底，各团队需要编写一本书，用来反映所在团队的所有工作成果。该书应按时间顺序编写，并根据团队经历的不同阶段进行章节划分。这是一次对团队的想法、计划与项目发展的完整记录。学生可以将其视作自己将讲述的一个从课程开始到结束的完整故事。 　学生需要准备几种不同的文档资料，它们分别针对不同的对象。 　1. 第一个对象是板球无线管理公司，学生需要准备高质量的书面报告，并附带幻灯片展示的口头陈述，并且在年底时，需要有一本书对项目进行总结和回顾。这些文档资料应起到说服与提醒的作用，并常常有助于向其他对象解释某一项目（当然需要先得到板球公司的许可）。 　2. 第二个对象是学生所在组织内的产品开发同事。针对这一群体的材料应包含更多的细节及更少的推销技巧，因为他们更希望在自己的产品开发项目中借鉴你所学到的经验教训。学生的板球公司导师可能属于此类。 　3. 第三个对象是学生自己的团队。对于学生自身而言，这不仅是在准备公开的报告，更是在确保自己在项目过程中的笔记、文件和作品都得到了有效整理，同时团队成员能够根据各自的需求进行相应的利用。 　4. 教师并不是真正意义上的独立对象，但我们的确有一些特殊的目的需求，特别是我们将需要学生工作的电子档案副本。

续表

UIC IPD		AD 421	AD 411	ME 444	MKTG 577
简介		该书应在年底完成，但学生需要从现在开始进行规划，并在项目进展过程的每周增添相应材料。学生也可以参阅往年的案例。所有团队成员都应参与该书内容编写，而图像设计人员则对该书最终的汇编、设计与生产工作负责。因此，图像设计人员应在编辑工作中承担领导角色。 最终格式应为8.5英寸×11英寸，并能够容纳书面报告、PPT、影像、绘图、示意图、素描等资料。 该书应包含学生从初始研究到最终成果的完整思维过程步骤。该书的对象是板球无线的管理层。考虑到装订时间，学生将需要在年底的前几周完成该书
文件汇集		在年底，学生所在团队应在Dropbox中设立一个单独文件夹，其中应包含该项目一年内的电子文件。学生应该从项目初始就着手组织该文件夹。在主文件夹下，其他的文件应归入子文件夹或子子文件夹。不要把文件直接存放在主文件夹里。如果没有合适的针对新文件的文件夹，请重新建立一个。记住，一定要遵循命名的规范，这样文件夹的内容才能一目了然
文档要求		为团队项目在Dropbox中创建一个主存档文件夹，并在9月25日星期二之前与斯科特教授（mjscott@uic.edu）进行共享。子文件夹的创建是必需的。学生可以仅仅使用该文件夹来保存已完成的工作，或是用该文件夹来进行项目流程的协作工作。 在春季学期末，主文件夹将被具体化为一个全面的项目总文件。因此，它应当包括专门为外部消费准备的文件资料与任何辅助材料。一个检测是否需要辅助材料的有效测试是换位思考，如果学生将来需要开展类似的项目，是否会对这些辅助材料有兴趣？

附录D

营销运行方案任务
（2012年秋/2013年春）

UIC IPD		AD 421	AD 411	ME 444	MKTG 577
		斯蒂芬·梅拉梅德（Stephen Melamed），工业设计学，建筑、设计与艺术学院 迈克尔·斯科特（Michael J. Scott），工程学，工程学院 伊莲娜·斯潘基（Jelena Spanjol），市场营销，工商管理学院 唐纳德·伯格（Donald Bergh），平面设计，建筑、设计与艺术学院
	伊利诺伊大学芝加哥分校	
板球无线春季学期，2012	跨学科产品开发	
任务19	营销方案制订	

续表

UIC IPD	AD 421 ︱ AD 411 ︱ ME 444 ︱ MKTG 577
简介	学生团队现在需要选择唯一的一个针对板球无线公司的特定概念。现在可以开始考虑新方案的市场化运作。在本次任务中，学生团队需要向公司提交一份营销方案。该方案需要阐明团队如何将解决方案销售给目标用户，从而使其市场价值最大化。期末结束时，这一方案将与所有其他的产品开发材料共同提交给公司。方案本身应遵循下面段落中特别指出的结构和内容。 营销方案应针对该解决方案来满足个体需求的顾客（终端用户）和出售公司产品与服务的零售商为目标群体。学生团队同样应进行相应地使产品成功进入市场的预算。可以学习公司现有产品的市场化过程。利用好公司导师，以发现更多的可能对新产品扩展有利的现有或发展中的合作伙伴。考虑好什么样的广告策略会有帮助。该方案应包含新概念在第一年的发展状况，并关注于尽可能地使其成功进入市场。 学生团队可以让团队中商学院的学生承担方案任务执行的主要职责，但是关于高效而成功开发新方案的创造性设想工作应由全体成员共同完成。因此，所有的成员都应对营销方案提出创意和意见
项目要求	1. 最终的营销方案应包含 10～15 页的内容。表格、图片、图形以及注释都是应该包含的，且不算在内容中（即不应算在 10～15 页的内容之中）。 2. 当方案的初稿完成并经过审核时，准备一个一页的标出了关键点的执行总结（单倍行距）。 3. 提交：将初稿和第二稿提交给斯潘基（Spanjol）教授。最终的营销方案应包含电子版（PDF 格式）和纸质版的。营销方案也应包含在 IPD"书册"（见任务 5）中
资源	UIC 图书馆有电子书（可以从下列简要书单开始） （注意：学生需要创造一个电子账户进行阅读和下载） ［1］营销方案如何准备并完成（第三版），路德（W. M. Luther）(2001) ［2］马科姆·麦当娜谈营销方案：理解营销方案和战略，马科姆·麦当娜（M. McDonald）(2008) ［3］营销方案研究室：14 个杰出的真实营销方案，以及你可以从中学到什么以加强自身战略，约翰逊（W. Johnson）(2004) ［4］市场研究的有效利用：如何驱动并聚焦更好的业务决策（第四版），伯恩（R. Birn）(2004) ［5］新产品前瞻：应用视角，卡恩（K. Kahn）(2006)，也可参见 http://www.forecastingprinciples.com/
截止日期	星期二，2 月 19 日 机遇规模、竞争对手（直接或间接的）的初始估计。 准备好在你的中期成果中利用这些信息。 星期二，3 月 12 日 团队方案第一版应交给斯潘基（Spanjol）教授审核。 星期二，3 月 19 日 方案第一版将返还给团队，其中包含了教授作出的评论和建议。 星期二，4 月 9 日 方案第二版应交予斯潘基（Spanjol）教授。 星期二，4 月 16 日 再一次将方案第二版返还团队，其中包含了教授作出的评论和建议

续表

UIC IPD		AD 421	AD 411	ME 444	MKTG 577
截止日期	星期二，4月30日 方案最终版应在最终展示日交予IPD教师和公司经理	
营销方案的组织 和内容	简介 • 任务是什么，所强调的问题和机遇是什么？ • 团队开发了何种新产品？ 外部环境 目标市场的界定与分析 • 目标市场是什么？——市场地理描述、定义与规模（市场潜力）。 • 市场人群的需求和问题是什么？从终端用户（顾客）和B2B用户（零售商、其他潜在合作伙伴）进行描述。 • 在研究中，关于该市场的哪些内容是对营销目标有用或重要的？这可能包含需要考量的规章制度、基础设施等。 竞争环境 • 你现在想要解决的问题的解决方案（竞争产品）是什么？ • 它们的优势和弱势是什么？价格如何？ 总体战略陈述 • 团队发现市场中存在的问题（用户需求和零售商问题）是什么，新产品将如何解决这些问题？ • 团队计划如何迅速进入产品生命周期的增长阶段？ • 如何让潜在购买者（包括零售商/B2B用户和终端用户）接受新产品？ • 新产品概念如何与公司现有的业务线相协调？ • 新产品/业务线如何命名？ 定位陈述 • 新产品在潜在买方心中的定位是什么？ • 团队对新产品的定位情况如何？ • 以如下格式撰写定位情况："对于[细分目标市场]，[概念]是[最重要的阐述]因为[简述最重要的支持]。" 产品收益 • 新产品为终端用户和零售商（B2B用户）带来了什么收益？ • 新产品与现有的竞争对手相比如何？ • 双方的相似点、不同点和竞争优势在哪里？ 分销问题 • 如果将其引入市场，公司需要注意什么不寻常或特殊的分销问题吗？如果有，你的解决办法是什么？ • 新产品应分布在哪些零售商店或地点？它可以如何进行存放（收银机、入口外面、走廊上，或放在大厅，等等）？ • 公司为了将商品引入商店需要做些什么？ • 对于新产品线还有哪些适用的分销方式？ 定价 • 基于其对目标群体的价值，新产品的零售价应为多少？ • 该价格与竞争对手相比如何？如果该价格更高，团队如何说明高价格的合理性？ • 为什么人们会买本产品而不是竞争产品？	

UIC IPD		AD 421 ǀ AD 411 ǀ ME 444 ǀ MKTG 577
营销方案的组织和内容	品牌与沟通 品牌 • 针对公众消费，你将如何进行产品命名？ • 该名称看起来像什么，与产品设计相关吗？这一名称如何成为"品牌"？ • 什么将成为产品的品牌/识别点？ • 品牌如何被转化为图形用户界面（GUI）？ • 团队如何将品牌（外貌、感受、用途）转化为其独特的"经验"？ 沟通 • 沟通的对象是谁？ • 如何接触他们并使其知晓新产品？ • 你将使用哪些沟通渠道？ • 你希望告诉他们关于新产品的什么？ • 你的沟通信息将是什么样的？（故事板或短文案例） • 口头沟通的语气是什么样的？它与产品的关系是什么？ • 促销在营销方案中的作用是什么，应该使用哪些形式的促销？ 一般评论 你的团队已经在两个学期中完成了大量的市场研究。 在你的营销方案中任意使用这些研究成果，只要它们对你的分析、决策而言是合适而有价值的	

附录 E

开放式创新学术项目

下列是与企业伙伴协作以生成创新的部分大学项目列表。

学校	项目名称	项目位置
阿尔托大学/赫尔辛基理工大学	国际设计业务管理计划(IDBM)	赫尔辛基，芬兰
亚利桑那州立大学	创新空间	坦佩，亚利桑那州，美国
万隆理工学院	创新、创业和领导中心	万隆，印度尼西亚
本特利大学	信息设计中的人力资源+MBA双硕士学位	沃尔瑟姆，美国
波士顿大学	战略与创新部	波士顿，美国
卡内基·梅隆大学	综合设计创新集团	匹兹堡，宾夕法尼亚州，美国
中欧国际工商学院	中欧国际工商学院营销与创新中心(CMI)	上海，中国
克赖斯特彻奇理工学院	创新与创业硕士文凭	克赖斯特彻奇，新西兰
代尔夫特理工大学	产业设计工程	代尔夫特，荷兰
达卡保尔大学	新产品管理中心(MBA)	芝加哥，美国

续表

学校	项目名称	项目位置
洛桑联邦理工学院	公司战略与创新	洛桑市，瑞士
欧洲商学院(EBS)	Strascheg创新与创业研究所能力中心创新管理	奥埃斯特里希-温克尔，德国
勃兰登堡应用科学大学	技术和创新管理硕士	勃兰登堡，德国
乔治亚理工学院管理学院	TI：GER技术创新；产生经济效果	亚特兰大，乔治亚州，美国
普福尔茨海姆大学	产品管理硕士项目	普福尔茨海姆，德国
保罗·塞尚大学管理研究生院	全球创新管理硕士	艾克斯，普罗旺斯地区，法国
欧洲工商管理学院	蓝海战略研究所	枫丹白露，法国
麻省理工学院	麻省理工斯隆MBA创业与创新项目	剑桥，美国
梅西大学	产品创新中心	奥克兰，新西兰
密歇根州立大学	包装学院	东兰辛，密歇根州，美国
密尔沃基工学院	新产品管理科学硕士	密尔沃基，美国
新加坡国立大学	工程与技术管理部门(ETM)	新加坡
北卡罗来纳州立大学	创新管理研究中心	罗利，北卡罗来纳州，美国
西北大学	科技创新研究中心(CRTI)	埃文斯顿（芝加哥市北郊城市），美国
纽约大学斯特恩商学院	专业化的产品管理MBA	纽约，美国
波特兰州立大学	创新管理和创业MBA	波特兰，美国
普渡大学	技术实现方案	西拉法叶，美国
伦斯勒拉力理工学院	塞维里诺科技创业中心	特洛伊，纽约州，美国
罗彻斯特理工学院	产品开发的科学硕士	罗彻斯特，纽约州，美国
伊拉斯姆斯大学鹿特丹管理学院	技术和创新管理	鹿特丹市（荷兰西南部港市）
瑞尔森大学	技术和创新管理MBA/MMSc	多伦多，加拿大
法国商科联盟	企业家精神、技术和创新(ETI)	欧洲里尔，法国
纽约州立大学技术学院	技术管理MBA	尤蒂卡，纽约州，美国
史蒂文斯理工学院	技术管理专业	霍博肯，新泽西州，美国
坦佩雷理工大学	Citer-创新与技术研究中心	坦佩雷，芬兰
汉堡技术大学	产品开发、材料和生产	汉堡，德国
埃因霍温科技大学	创新管理	埃因霍温，荷兰
天普大学	创新与创业研究所	费城，宾夕法尼亚州，美国
德州农工大学	产品开发中心(PDC)	大学站，美国
清华大学	技术创新研究中心	北京，中国

续表

学校	项目名称	项目位置
科克大学	管理和营销硕士	科克，爱尔兰
埃尔兰根－纽伦堡大学	产业管理部门	纽伦堡，德国
加利福尼亚大学尔湾分校	创新与创业唐北奥中心	尔湾市，加利福尼亚州，美国
剑桥大学	商业研究中心：企业和创新计划	剑桥，英国
底特律大学	产品开发项目的科学硕士	底特律，美国
都柏林大学	创新和技术管理硕士	都柏林，爱尔兰
杜伊斯堡－埃森大学	关税同盟管理与设计学院高级MBA	埃森，德国
美国佛罗里达大学	集成产品和工艺设计方案	盖恩斯维尔（美国佛罗里达州北部城市）
格赖夫斯瓦尔德大学	Ideenwettbewerb 10	格赖夫斯瓦尔德，德国
格罗宁根大学	战略与创新学士	格罗宁根，荷兰
伊利诺伊大学芝加哥分校	跨学科产品开发(IPD)	芝加哥，美国
曼彻斯特大学	CRIS－消费者、零售、创新和服务集团	曼彻斯特，英国
美国马里兰大学	先进生命周期工程中心(CALCE)	大学公园，马里兰州，美国
莫登纳大学	工程管理学硕士	摩德纳，意大利
新罕布什尔大学	兼职MBA专业化营销和供应链管理	达勒姆，美国
美国圣母大学	ESTEEM	圣母，美国
宾夕法尼亚大学沃顿商学院	IPD 集成产品设计	费城，宾夕法尼亚州，美国
雷根斯堡大学	创新与技术管理	雷根斯堡，德国
圣地亚哥大学	MBA 营销重点	圣地亚哥，加利福尼亚州，美国
南加利福尼亚大学	史蒂文斯创新研究所	洛杉矶，美国
南加利福尼亚大学	技术商业化的研究生证书	洛杉矶，美国
托马斯－明尼苏达州立科技大学	工程产品开发认证学院	圣保罗，美国
荷兰特文特大学	新产品开发模式	恩斯赫德，荷兰
美国犹他大学	工程硕士和MBA	盐湖城，美国
加的夫威尔斯大学	产品设计MBA	加的夫，威尔士
滑铁卢大学	商务、创业与技术硕士(MBET)	滑铁卢，加拿大
弗吉尼亚联邦大学	产品设计与开发创新中心	里士满，弗吉尼亚州，美国
奥托贝森管理学院	创新和组织的主席	瓦伦达尔，德国
苏黎世艺术大学(ZHdK)	设计与技术学院	苏黎世，瑞士

作者简介

伊莲娜·斯潘基（Jelena Spanjol），博士，是芝加哥伊利诺伊利奥托商学研究院的一名营销学副教授，她在伊利诺伊大学香槟分校获得了博士学位。其研究内容包括营销与创新战略及决策，以及管理和用户目标驱动动态等。她至今在《营销学杂志》《营销科学学报》《产品创新管理杂志》《市场营销快报》《商业伦理与健康心理学杂志》等期刊上发表了大量文章，并有大量作品发表在其他书籍作品中。

迈克尔·斯科特（Michael J. Scott），博士，是伊利诺伊大学机械和工业工程部的副教授与研究生主任。他同时也担任跨学科产品开发（IPD）项目的负责人。另外，他常年坚持骑自行车出行。

斯蒂芬·梅拉梅德（Stephen Melamed），美国工业设计师协会会员，是一名工业设计师与设计教育家。他现在担任芝加哥伊利诺伊大学工业设计专业的临床教授，同时也是UIC创新中心的跨学科产品开发项目的副主任。斯蒂芬还是特雷斯设计团队的负责人，该团队曾凭借其在国内外多个产业中的工作得到了国际上的认可。

阿尔伯特·佩奇（Albert L. Page），博士，是芝加哥伊利诺伊大学工商管理专业的营销学荣誉教授。他在西北大学获得了MBA和博士学位，其研究兴趣集中在产品开发，尤其是在检测与改善产品开发绩效的标准等方面。其作品大量发表在营销学领域的前沿期刊上，一些文章也发表在了全球产品创新管理杂志上。佩奇博士是产品开发与管理协会（PDMA）的长期会员，曾在协会多个部门任职，并于1994—1995年担任该协会主席。

唐纳德·伯格（Donald Bergh），美国平面设计协会会员，是芝加哥伊利诺伊大学的一名兼职助理教授，现执教跨学科产品开发相关课程。他从1983年开始涉足设计教育领域；曾执教于明尼苏达艺术与设计学院，伊利诺伊理工大学设计研究院与伊利诺伊大学。在教学之外，他也拥有丰富的工作经验，其职业身份包括芝加哥当代艺术博物馆的设计和出版主任，麦肯锡咨询公司麦肯锡季刊的设计主任，以及一家感应器基础研究企业——洛塔（Lota）公司的合伙人等。他是格雷厄姆基础设计协会的成员，并在明尼苏达艺术与设计学院获得了美术学士学位。他也曾参与了耶鲁大学/布里萨戈研究项目。

彼得·普凡纳（Peter Pfanner），美国工业设计师协会会员，是芝加哥伊利诺伊大学创新中心的一名执行主任，同时拥有堪培拉大学环境设计专业的应用科学学士学位与伊利诺伊理工大学设计研究院硕士学位。他拥有超过25年在亚洲、欧洲与美国的公司、咨询机构和大学担任设计师、设计管理、设计指导、创造指导、创新者及教育者等职位的经验，其工作领域包括移动通信科学、消费电子、医药、办公产品、家具、建筑、材料科学以及创新等。他拥有超过20项设计与应用专利，并且获得了跆拳道黑带一段。

8

开放式创新：产学合作产品开发框架

阿鲁纳·谢卡尔（Aruna Shekar）

梅西大学

8.1 简介

本章展示了一项合作产品开发项目，阐明了行业内人员如何能借助大学资源实现开放式创新。同时，本章还呈现了一个有用的合作框架，以及管理产学项目合作伙伴的办法。本章的研究基于20多年的田野调查和实证研究，提出了基于实际情况的经验教训与建议。涉及该主题的文献大都关注大学的教育功能，而本章则致力于展示出企业能从大学资源与专业知识中所获取的优势。同时，本章也选取了相应合作项目的案例来做更精确、基于实践的说明。

新产品开发（NPD）大都受益于跨学科团队，即由不同背景和专业的人针对同样的目标开展协同工作。差异化的成员结构是一项优势，因为团队成员能利用彼此的独特视角和技术。在开放式创新（OI）中，与世界一流大学的合作能够最好地实现其效益。对于大学教师和学生而言，他们有机会通过合作企业参与到真正贴近社会实践的项目中，并在社会大众中产生影响。通过提出有助于社会财富（广义上的）创造的解决方案而对社会实践产生影响也很有可能，即有可能在社会、环境、经济上推动生活质量的提升。

21世纪的进步需要依靠创新，产业与大学的创新者也需要能够解决现实世界中的问题。整合企业与大学的差异化技术和知识，对于解决21世纪的问题至关重要。作为信息和前沿知识中心，大学正是与产业推动开放式创新与问题解决的绝佳合作对象。

本章介绍了产学合作在开放式创新资源共享上能起到的重要作用，以及这类合作如何在实践中开展。本章还详细描述了产业通过与大学的合作所能获取的优势，随后提出了一些影响合作成败的关键因素与应避免的陷阱。此外，对合作伙伴的结构、关键参与者的角色与项目的选择标准等问题，也在文中进行了探讨。

8.2 开放式创新项目

本章所描述的开放式创新项目基于产业与新西兰梅西大学工程与先进技术学院开展的产品研发合作。本节内容包括项目的结构与选择、合作机制、项目的发起，以及在产学开放式创新合作中所应用的方法。

合作伙伴结构

这里所描述的开放式创新合作涵盖了三大主要人群：学生、大学教职工及产业代表。对于这三类人群（学生、大学教职工、产业代表）关系的管理，是项目成功与否的关键所在。项目团队成员（表8.1）由学生、指导员（即来自工程与先进技术学院的教职员）和学术课程协调员共同组成。项目团队也被分为三类：核心团队、扩展团队及临时团队。核心团队成员包括学生（工程学本科生）、教师（工程、设计和管理领域）、学术课程协调员。扩展团队成员包括一名来自合作企业的代表（通常是项目经理、设计工程师、产品开发经理或小企业中的总经理），以及咨询委员会成员。咨询委员会则由产品开发方面的高级企业人员组成，其成员通常来自工程或商业开发等领域，也可能是来自知识产权保护、商业分析、风险投资和政府政策制定等方面的专家。咨询委员会需要在决策的关键点对项目进度进行评估。临时团队成员包括终端用户、车间技术人员、专责人员、利害关系人、其他学生和外部专家等，临时团队会依据开发进程需要进行组建。这一成员结构并不是固定的，例如，在有些项目中终端用户就可能被涵盖在扩展团队里。在三类团队中，核心团队的召开会议通常更为频繁，并且发挥着更为重要的作用。

每周的项目会议通常由核心团队的教师与学生参与。当学生在特定的项目中需要帮助时，他们也可以邀请临时团队成员进行特别会议。对于需要得到高度保密的项目，会议则被严格限制在核心团队内部。对于其他项目，每周团体会议大概会包含10～15个项目，并鼓励协作式学习和学校其他学生、教职工的积极参与。会议上针对学生在上一周的成果和后续的工作方案展开讨论，指导员会指导学生制订方案，给出相关建议，鼓励学生，帮助他们找到解决问题的多种方法。

表8.1 开放式创新团队成员

团队	职能和开会频率	成员
核心团队	通过经常性会议（每周）进行讨论，指导学生，审核其工作成果和工作计划	学生（工程学本科生） 指导员（来自工程学、设计和管理领域的教师） 学术课程协调员
扩展团队	进行四次定期的审核会议，评估项目进度并给出反馈	合作企业代表 咨询委员会成员
临时团队	按项目进程需要参与	终端用户 车间技术人员 专责人员 利害关系人 其他学生和外部专家

8.3 产学开放式创新框架

本节提到了关于如何实现大学与企业成功开展 OI 协作的关键问题。图 8.1 展示了梅西大学与合作企业的产品开发机制。从合作企业、客户、学生和教职工满意度来看，这类模式已被证实行之有效。

在开放式创新项目中，参与的大学生通常都处在工程学本科大四阶段。在参与该项目之前，他们已经完成了三年的本科专业学习，完成了核心的工程学论文，并对金融实务和项目管理方面保持着很高的兴趣度。

对于短期的本科项目而言，企业规模大小通常并不重要。企业所处的地理位置反而对项目有较大影响，即处在相同城市的大学团队与企业能进行更频繁的接触。在大多数案例中，企业员工通常都很乐意接纳一名高年级学生参与商业化产品开发进程，并在这一过程中帮助学生实现他们的特定目标。

图 8.1 中的框架有两栏：一栏是由学生构成、由大学教职员进行指导的产品开发核心团队，另一栏则是企业代表。产品开发区域又被分成了三栏：经济部分（图中左边的白色区域）、技术部分（中灰色区域）以及市场营销部分（深灰色区域）。然而，各环节相互依赖而相互发生作用，正如图中的箭头指向所示。这一整合过程框架经过作者多年的发展，已被应用在了诸多项目中。这一框架图视觉化地解释了各个参与者的角色、期望和时间范围。框架图还指出了企业管理者（委托方代表或咨询委员会成员）与教学人员一起评估项目和提供有价值反馈的时间节点。

企业会结合学生的其他课程任务给出相应的项目时间要求，但有时经济压力也迫使企业需要快速得到反馈。学生已经了解到现实世界中的时间压力，并学会了如何有效应对这些挑战，这也成了他们的一大优势。在框架计划中的审核关键点上，三方团队会共同参与关键的会议，而他们也能从这些会议中获益。对于企业而言，妥善处理这些日期与时间上的压力对于帮助他们更好地融入项目至关重要。

使用跨学科的方法来处理产品开发过程，使得多视角探索成为可能。这类框架图能帮助企业在关键阶段进行审查和参与，检查关键时间点的期望是否如期达到，或计划是否按目标在进行。框架图使得委托方对明确项目进度非常有信心，能够以符合企业目标的方式参与项目并提供指导。

上述产品开发进程和框架机制构成了能在复杂问题中减少风险与不确定性的系统性结构，同时有助于协调三方团队间的互动，结构中也包含了一些弹性空间。这些成熟的机制也为其他项目节省了在开始时制订详尽方案的时间。对于开放式创新，有效的沟通相当重要，上述框架图则充当了一种沟通工具，实现了对进程的审查与监管，以及对关键时间点与成果任务的传递。

项目选择

选择合适的项目对于项目的最终成功十分关键。此外，项目是否满足大学、企业的需求，是否适合学生的能力，同样相当重要。在持续时长（9 个月）、问题复杂程度、学生能力与知识等方面，产业合作伙伴对于大学的需求非常清晰。以下给出

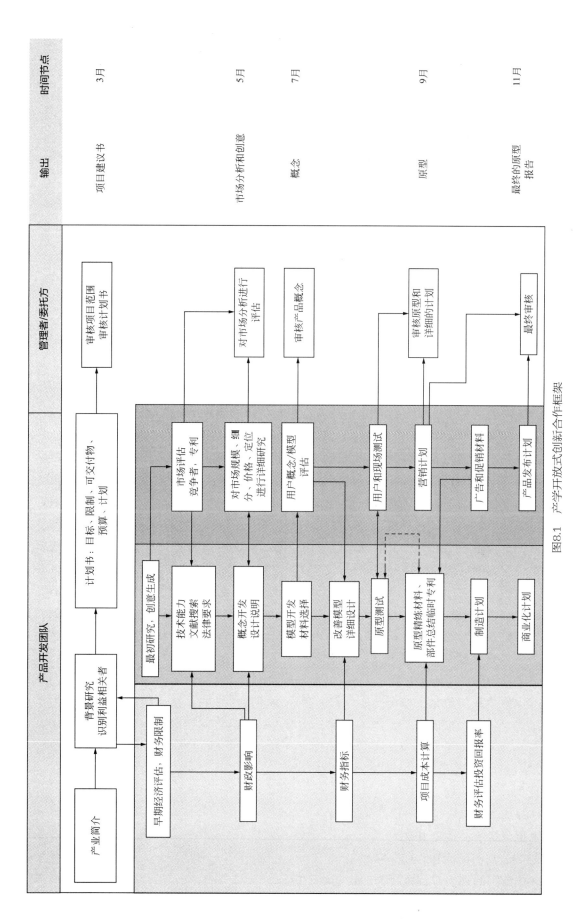

图8.1 产学开放式创新合作框架

第三部分 与大学的开放式创新

了一些项目选取的标准。

- 与学生的知识与技能水平相适应（行业中有相关的典型案例）。
- 与时间节点相符合，时间上足够完成全部开发阶段。
- 项目领域要足够宽泛以发挥学生的创造力，同时要紧紧针对某一明确的问题或需求。
- 允许相关权益相关者参与设计。
- 有足够机会在项目中考虑商业化选项，包括经济计划、营销计划和生产计划。

项目启动

每一个合作项目都有一家合作企业参与，由该合作企业启动项目并提出相应要求。重要的一点是，这些要求需要明确地对问题或机遇进行简要定义。每年的项目在3—11月展开，大学教师要进行严格的指导。项目产品的种类相当广泛：从电器用具到饮料；从农产品到安全设施；从消费电子产品到医疗设备；等等。每一个项目都十分独特，并有明显不同的侧重点。可能某项目关注技术的进一步开发，另一个项目则关注其产品在新市场上的适应性，以及相关的技术、财务和营销挑战中的适应性，其他项目则可能探索循环利用废料或行业副产品来创造出新产品。所有这些项目的目标都是研究开发出合适的解决方案，以满足识别的机遇或需求。

通常是从每年的9月开始，由大学院系向有潜在需求的新公司或已经合作过的企业发出邀请（附录A）。邀请函包括项目的细节、开始时间、持续时间及项目类型。受到邀请的企业可以与大学协调员进行联系，以展开更进一步的讨论。课程协调员会将学生的兴趣和技能与企业需求相匹配，并选出最适合的学生参与。可能的项目名单也被公布在服务于项目课程的大学内部网站上，只有参与课程的学生有权限进入该网站，并针对其感兴趣的项目进行选择与报名。有时一些委托企业希望通过面试选择学生，这一点也可以进行协调。而如果项目领域过于庞大，则会有2或3名学生同时参与该项目并平均分配工作。

随后，学生、指导员和课程协调员会与企业代表会面，针对问题或机遇的内容、项目领域等展开详尽的讨论。双方对产出和研究成果上的期望达成一致。随后的讨论内容则是双方的能力与专长，以及在共同开发过程中如何最大化地对其进行利用。接下来双方需要签订一份合同，合同中确定了时间节点、知识产权所有权、双方责任与关键里程碑（附录B）。

学生要按照给定的模板（附录C）写一份项目计划书。在计划书中，需要包括产品类型，在早期阶段是否能够明确，将要展开研究的问题或需求，以及创新的重点领域。项目简介和目标既不能太宽泛（无法形成明确的方向），也不能太过狭隘（无法充分发挥创造性并实现多种解决方案）。

宽泛的、开放的简介，如：

- 为加拿大市场制造一款产品。
- 将公司收益提升15%。

狭隘的或封闭的简介，如：

- 按给定的规格与材料制造一款电动牙刷。

- 按给定的尺寸制造一款便携式医疗设备。

更为合适的目标简介，如：

- 为哮喘吸入器研究设计出一种自动电子监测系统，使其能搜集使用时间与频率相关的数据。
- 调查市场上轮椅的性能和使用情况，根据该结果和相关用户的需求提出一种新的设计方案。
- 针对需要存放在适当温度的药物设计一款便携医疗设备，以提升适应性，保障病人的身体健康。

作为其项目计划书的一部分，学生也需要制作一幅甘特图来展现任务和时间进度（图8.2）。甘特图显示了9个月时间里的平行任务及关键时间点。而有时针对每周或每两周的任务，甚至是两次会议间的任务制订一个列表也很有帮助。这种列表是一种低一级的时间表，它更关注特定的行动与短期时间节点。甘特图则能帮助团队成员跟上项目进度，对其任务与时间进行有效管理。

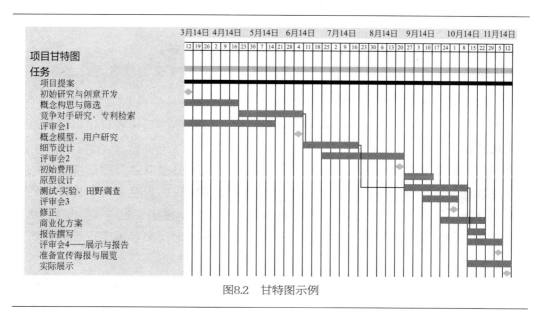

图8.2 甘特图示例

与大学的合作

对于参与项目的各方而言，明确各自的期望和角色均十分重要。合作关系的失败很大程度上源于在合作过程中缺乏交流或管理不善，以及对各自角色的不明确。在开放式创新中，所有团队成员都应保持开放心态，彼此信任，能够倾听每位成员的观点。下面分别给出了学生、大学指导员、合作企业和咨询委员会的相关角色指导。

学生的角色

- 在项目各方面扮演项目经理的角色。
- 围绕主要利益相关者制订沟通方案，尤其是包括大学指导员、企业代表在内的核心团队成员。

- 在前述任务框架和时间表中展开工作，但在实现特定目标的过程中证明自己。最终的实践报告要达到前述的审核要求和时间要求。
- 确保工作方法良好，始终遵循安全条例。
- 始终保持保密性与专业性标准。

大学指导员的角色

- 检查工作计划与报告，为项目提供指导意见。
- 评估项目开支，监管财务安排与预算。
- 与项目委托方（企业）保持联系，参与项目审核会议。
- 支持学生，帮助学生达到产品开发项目所需的高标准。

合作企业的角色

- 指派一人作为联络员，与参与项目的学生和指导员进行沟通和交流。
- 在开发阶段适时派出设计人员、研究人员、营销人员、零售人员和车间工作人员参与项目。
- 确保学生能获得相应的公司资源以圆满完成项目。
- 与学生保持经常性联系，及时参与审核会议并提供反馈。
- 依据项目进展决定公司所需的（预定的审核会议除外）交流频率。

咨询委员会的角色

- 对关键项目的决定做出外部客观判断，有时也应邀参与选择项目或确定项目所属领域。
- 对于学生，委员会代表现实世界的企业团体，学生必须向委员会证实自己的技能和创新。在口试环节，委员会的出现让学生暴露在他们将来可能要面对的新产品展示环境里（新产品批准会议或向公司董事会的演示汇报）。这类经历增强了学生的口语表达能力，使他们必须深入了解相关的研究和事实以证明其决策的合理性。委员会与学生的关系是商业实践的一个缩影。委员会成员会让学生置身于一个被称为"龙穴"的问答论坛里，以此确保学生考虑到了成功实现新产品开发所需的所有关键要素。委员会成员所持的公众利益出发点也为学生做出了榜样，使学生在产品开发中能更多地关注社会价值。
- 对于合作企业，委员会成员充当了一个外部专家源，能够对项目提供更为客观、中立的观点。委员会中的专利律师也能对委托人是否以及何时适合利用临时性专利给出相关建议。

8.4 开放式创新项目案例

通过开放式创新项目的相关案例，我们能对这类与大学开展创新合作的价值有更好的理解。本节介绍了一个项目案例，该案例完整覆盖了项目界定、项目设计与项目开发以及项目交付的主要过程。

高科技地下管道探测器照明系统设计

该项目是为某公司地下管道探测器照明系统所进行的研究与开发工作。该企业主要专注于日用水与废水管道多传感探测设备的设计与制造。所需的探测器带有一个强力摄像头,它能向管道商和维修工程师提供管道内卵形度(真圆度)、容量和其他内部状况的精确测量数据。这些信息将被当地机构用于管道的管理与维护。该企业向世界上35个国家出口探测器系统。保密起见,该公司名称将用某公司来替代,一些项目中的商业敏感信息细节也将被去除。但是,理解典型项目及其如何与大学开展开放式创新所需的基本信息都得到了完整展现。

阶段一 项目界定

这一项目从核心团队成员间的一次会议开始,其成员包括学生(本案例中指产品开发专业的大四学生)、企业代表(一名设计工程师)和指导员(来自梅西大学工程与先进技术学院)。如前所述,在讨论开始前,团队成员需要签署一份保密协议(非公开的)。在会议上,学生、企业代表和学院代表针对此次创新合作展开讨论,随后确认并签署一份合同(附录B)。此后,学生需要获取相关信息以更好地了解面临的问题和机遇,并在指导下完成一份项目计划书(附录C)。这一工作截止到学期开始后的第二周,即3月14日(图8.2)。指导员与企业代表将对计划书进行审核,以确保会议内容得到了很好的体现。这一阶段最终于3月底结束,其目标则是帮助明确项目目标、项目领域、成果、时间节点及关键里程碑。

项目简介或目标是创造出一种能对大型(最大直径4米)地下管道进行有效探测的新型照明系统。在本案例中,项目目标简单来说是设计并测试一款与公司探测器系统(通过漂浮装置将一个高科技摄像头随水流带入管道中)相兼容的新型照明结构,并克服现存的照明不均匀与管道影像质量差等问题。

学生开展了一系列研究活动来全面了解上述问题,并对市场上现有的相关产品进行了检测(见图8.2,任务:初始研究与创意开发)。初始研究包括了田野调查,以及对企业技术员就其常规任务进行的调查访谈。随后,学生检测了潜水摄像摄影照明系统,并进行了一次专利检索(见图8.2,任务:竞争对手研究与专利检索)。为了更深刻地理解问题与背景以及照明系统在水面与水下的效果差异,项目组进行了一些初始实验。实验在一处夜间带有覆盖设备的游泳池进行,用于模拟黑暗的管道环境。这些相关研究与实验持续了3~4周。

在此之后,学生会在3周内在公司所在地设计制造出一个大型测试场所(模拟真实管道环境),对现有照明系统进行测试以获取基准参考数据,并对改进后的照明系统进行相应的对比测试。测试结果表明,现有照明系统不能很好地与公司探测系统相结合,水下摄像头也无法在大型管道中有效获取高质量图像(1024×768像素),甚至当摄像头在管道中移动时,影像会出现曝光过度或曝光不足的情况。学生联系到了公司内的一名照明专家,并得到了他的相应建议和复杂的照明检测设备。在测试管道中,学生使用亮度计来绘制光线输出情况,并测量色栅中的光线输出流明值。其结果表明,现有照明系统不仅无法在大型管道中有效工作、提供光线输出,甚至也无法控制管道中的光线指示方向。

接下来的3周，学生对LED（发光二极管）技术及其他技术进行了相关研究，并不断提出有助于解决已有问题的创意（见图8.2，任务：概念构思与筛选）。他们还比较了多种LED二极管在流明、光色、温度、正向电压和费用等方面的不同表现与标准。随后在对终端用户与企业职员进行咨询后，目标设计详细说明如下。

- 流明总输出：9000勒克斯；
- 最优化光线均匀传播阵列位置；
- 防水设计（最低水下3米）；
- 与现有探测器系统能够直接对接；
- 与现有漂浮装置系统不产生冲突。

大约在5月底，第一次审核会议正式举行（图8.2）。在每一次的审核会议上，扩展团队成员都聚集在一起对项目进程进行讨论，严格评估项目现状并对下一阶段的工作提出相关建议。

阶段二　设计与开发

在照明二极管的调试和更换问题上，学生提出了很多不同的观点。上述目标详细说明了被用来筛选出最合适的概念，学生依此开发出了简单模型和正式模型。

模型使用金属冲压板进行组装，这种材料有助于对不同模型进行直接而简单的评估。这一阶段包含了一系列的互动和实验。不同的模型在新测试设备中进行了检测，其结果被记录并得到了对比。测试结果显示，发光二极管需要被适当斜置以实现持续性的光线传输。随后，在8月中旬，举办了第二次审核会议（图8.2）。

此后，进一步的模型开发和检测工作也顺利完成。随着最佳解决方案的选定，下一步工作转变为在防水壳中保持二极管的所处位置设计一款外壳。两款外壳被设计出来并进行了测试。根据测试结果，快速模型很快得到了制作、测试和修正。基本财务评估也在同一时间完成，并对一些减少系统成本的部件进行了删除。第三次审核会议在10月初召开。

不断的修正和测试最终带来了良好的结果（见图8.2，任务：修正）。测试中的图像对比清楚地表明，新系统明显提供了更多光线输出，光线传播也更为均匀。在新系统得到应用之后，所获图像质量更清晰，管道的照明效果也得到了大大增强。这一结果帮助扩大了单次管道探测的检测范围，同样有助于节省检测时间。

学生处理的另一大问题是，由于管道中的水流流向不规律，漂浮装置常常随水流四处游动，这导致某处传来的图像会出现曝光过度或不足的问题。学生考虑的解决方法是对左右侧照明装置进行自动调节，这样能够持续提供合适亮度的光线。为了实现这一目标，照明设备亮度需要在其内部进行独立调节，或者设计出能依据所处环境自动调节光线和图片曝光度的系统。后者是一种智能系统，在10月份被学生设计出来并进行了测试。

与此同时，一份详细的材料清单（BOM）被列了出来，包括所有零部件的供应商、说明、单价、数量和总成本。学生基于公司提供的现有销售数据，提出一份三年的销售预测财务分析，并记录下了最终样品、技术图纸、测试结果和财务上的详尽信息。

阶段三　成果交付（演示、说明、展示）

项目最终以向公司代表和学校教职员的正式展示（见图8.2第4次审核会议）和模型演示而结束，一份详细报告和最终模型被送至公司。模型也与其他不同项目的成品在年度展览会（11月中旬）上得到了展示（在得到公司许可后），这是一次对一整年创新合作工作的庆祝和总结。最后，项目被展示在学校网站上，当地媒体也针对一些项目进行了报道。

该企业在现有探测系统中应用了新型LED二极管，这为他们带来了64%的设备照明度提升以及50%的成本缩减。新型二极管与现有系统非常兼容，也就是说，它们在现有照明设备和驱动电路中工作非常好。新型二极管同时延长了电池的寿命，除此之外，设备生产时间也得到了缩减。先前的照明二极管在使用前需要焊接到印制电路上，新型产品则省去了这一步骤，这就意味着在生产流程上除去了一项复杂而耗时的任务。另外，这也意味着产品组装工作不再需要聘用高级技术员。

本合作项目的成功之处是：

第一，在公司所在地设计并建造了一处大型测试场所。

第二，设计出了一种两倍于原产品功效的新型照明设备。

第三，设计出了能在管道中保持均匀光线输出的最佳照明方案，并将其成功应用于实践。

第四，智能光线调节系统的设计。

第五，在照明技术上对公司专业知识和技术上的贡献。

第六，关于产品制造、营销和财务方面的商业化方案。

项目成功的价值体现在公司能够进入一个新市场。先前的系统并不能应用在大口径水管中，新系统对于终端用户而言，其价值则是相关机构和基建管理企业能够控制他们的地下管道系统，并根据需要进行紧急而精确的维护工作，而不是被动地等待问题出现。大型测试设施的构建使得公司能够按照他们的设想模拟真实环境进行测试工作。

这家企业已经与该大学就开放式创新项目展开了五六年的合作。这类合作甚至超出了合作项目的范围，扩展到大三学生的暑期实习中，随后这些学生也能够在大四参加相应的项目，或是在毕业后得到该公司的聘用。

8.5　开放式创新项目中合作企业的潜在收益

在合作项目中，合作企业能够获取一份全面的报告及设计完善的原型产品，这些都能够满足股东的利益。这些项目整合了技术、消费者和市场等方面的需求，学生也需要在经过反复的探究后得出合适的解决方案。这类创新者行为也在格里芬

（Griffin）等（2012）的研究中得到了确认。

产品开发全过程文档记录。一旦项目开始，学生就在经验丰富的指导员的指导下开始利用最新的技术，了解项目进程中各部分的细节。所有项目都需要学生进行日常性的记录和存档工作，而企业也能够使用这些内容。可视化技术，如草绘、二维或三维的绘图技术等，也得到了频繁利用。早期阶段的模型制作和产品原型生产包括了审美性与功能性原型，以及书面和口头报告。此外，每位学生都需要准备一个设计笔记本。素描本就是这类工具，可以在空白页随手进行草绘。有时也会用电子文件夹或记录本来记录并分享项目进程，保存不同的观点，记录下关于产品的优缺点、计算结果、模型数据等。学生团队成员在会议上进行正式或非正式的交流，或者是借助Google在线文档等在线平台进行沟通，指导员能进入这些在线平台。

遵循公司目标。最终的解决方案将依照公司的目标和设计要求进行评估。企业代表非常欣赏学生基于精度、时间、预算等方面的要求而作出的对产品细节的把控。例如，他们可以购买现成的一种小部件（如创新式安全系统中的锁扣），将时间和精力集中在最重要的一些小部件上。设计合理的另一案例则是，在功能和复杂度要求不那么高的情况下，或是当部件能够包含在使用寿命较短的产品中（如一次性涂药器中的触发部件）时，学生使用了更能节省成本的零部件。企业需要学生在考虑产品特征和合适的材料时，能够在收益与成本间保持平衡。设计决策使用到了一系列分析技术和最优化方法。企业在设计决策过程中要考虑到资源的优化配置，以及考虑以下四个方面的基本要求：经济、环境、社会和文化因素。

现代通信技术的应用。对于合作企业而言，另一大收益是在与潜在或现有用户进行关于其需求和问题的讨论中，利用在线论坛、YouTube和社交媒体获取了大量信息。在创新项目的早期阶段，学生利用现代技术节省了时间，同时也提供了大量有效的田野和用户数据。学生熟悉并乐于尝试新技术，例如，在田野调查中利用其照相机和摄影设备（手机或iPad）搜寻数据，并将其上传至电子记录本，以便团队成员能在任何地方随时进行浏览。

利用大学资源。在合作中，企业能够利用大学内部资源，如实验室设备，包括新型快速原型机、立体打印机、激光烧结机以及电脑数控机器等。企业也能利用大学在材料设计、工业设计、包装设计、人体工程学及其他领域的专家。学生快速制造的原型让合作企业印象相当深刻，这类原型在项目开发早期帮助他们展示了创意和产品功能属性。在标准测试无法适用于新产品时，学生设计并制造出了新型测试设备（例如，进行现场测试、加速或坠落测试、受损测试以及优化测试等），这些也在案例中为企业创造了额外的可用资源，如在公司X的项目案例中。

商业化计划。项目最后的报告包括一份阐述了制造、营销和财务计划的商业化计划书。制造计划包括了详细的技术绘图、材料和制造要求，营销计划针对的是目标市场的特征、价格、分销渠道和推销策略，而财务计划则包括材料、固定设备、营运资本上的支出和投资回报。这类项目以正式的展示和审核宣告结束，教师和学生则会举办一场年度展览会，企业也会被邀请参与。项目中的审核结果与记录最后成为从思考、决策到实际应用阶段的发展证据而得到保留。

大学生不会受传统思维的禁锢，同时也不会受到公司思维和时间的限制，因而往往会带来一些差异化的视角和新奇的创意。大学的前沿研究和教师的专业知识以及企业职员对于内部商业经验的分享，最终促成了创新的成功。

8.6 产学合作面临的挑战

大学与企业间合作的难点主要源自双方目标的差异，大学通常更关注良好的学生学习经历，而企业则对商业现实和财务回报更感兴趣。大学内的应用研究更多的是以发现导向或探索性的研究为主，而企业则更多受到实际和经济利益的驱动。不幸的是，对于很多学者和企业家而言，产学之间的互动并不频繁，有时甚至因大学的传统理论发表要求而很难实现。企业家有时会将学生视作更廉价的劳动力，而非合作关系所带来的益处。但21世纪的大学不仅仅关注教育和研究，同时广泛参与到了为社会创造价值的真实问题解决当中。

为了使开放式创新合作顺利展开，双方都应主动克服上述困难，尊重彼此间存在的差异。从产品概念或机遇的构思，到整个商业化的开发过程，双方都需要准备好与另一方进行合作交流。只有形成了对各自文化与观点的相互理解，双方间的互惠性互动、资源与知识共享才能最终实现。

合作中存在的主要困难可能来自如何实现对角色和期望的清晰理解。通过更好的沟通，对角色与责任的界定，并将本章中所提到的框架、协定、计划书等方法付诸实施，这类问题也能得到解决。

双方都需要认同这类形式的合作和参与。学生应该尊重公司的保密性要求和下达的各类责任要求。大学的行动与制度应富有弹性，对于项目的审核日期不应规定得太死。因为不同项目本身可能存在一定差异。因此，每一个项目的审核都应该依据项目本身特征进行。企业需要意识到，这类项目只是大四学生的任务之一，他们还有众多的课业需要完成。

8.7 从行业伙伴获得的反馈

近几年来，一项关于对开放式创新项目满意度的调查在合作企业中展开。来自企业的相关评论包括以下方面。

第一，商业优势。其中一些评论如下：

"该项目帮助我们紧跟竞争对手。"

"这是一项非常具有经济效益的项目，无论是进行新产品设计，还是简单地做出关于产品可行性的决策。"

"缩减了我们的开发周期。"

"很好的实践性项目，带来了可观的经济效益。"

大部分回答对象都表示会将项目介绍给其他公司［利姆（Lim）等，2001］。

所收到的一则评论则表示："我将会把项目介绍给除了竞争对手之外的所有人！"

第二，信息与资源的获取。另一项对22家合作企业的调查揭示出了合作关系所带来的巨大效益。很大比例上（84%）的企业都从合作对象的经验中获益，认为合作对象的经验"比预期要好甚至要好得多"。其中一些评论如下：

"很好的流程掌控，推动项目一点一点走向成功。"

"最终报告非常全面，信息充分。"

"所投入的努力程度非常值得赞许。"

最终的调查发现，企业的主要收益是获取了市场与技术相关的信息、新创意，并以低成本有效利用了大学资源［谢卡尔（Shekar）等，2007］。这一结果也支持了先前研究者的观点，他们认为知识转移是推动合作的主要动力，同时也是合作各方享受的主要收益［切撒布鲁夫（Chesbrough），2006］。

此外，18项深度访谈的结论也证实了调查所得的部分观点。大学与企业间的合作框架（图8.1）被认为稳固了开放式创新系统的组织与结构，这给予了企业相当的信心。也有一些被访者提到，当消费者知道产品是在与大学的合作过程中开发出来的时候，消费者认为该产品具有较高的价值。总而言之，合作企业对开放式创新项目表示了肯定与支持［谢卡尔（Shekar）等，2007］。

8.8 成功的关键

本节与随后一节阐述了产学合作的开放式创新项目的关键成功影响因素及应避免的陷阱，这些内容来源于大量学生项目中的实际经验，以及从合作企业得到的调查和反馈结果。

- **明确项目性质**。企业能提供与大学学科相适应的项目相当重要，在本案例中指的是产品开发项目（通常是范围广泛的满足特定需求的制造业消费品，包括适用于发展中国家的社会创新）。从理论上而言，项目应该完整地经历从项目界定到商业化方案的全部开发阶段，并有机会得到真实的商业化应用，实践证明这也是可行的。相较于确切强调所需制造或测试的项目，发挥学生创造性的项目能让企业获益更多。因此，企业在项目中最好能提出相对宽泛或开放式的任务要求。大学也能够提供先前项目的案例，以帮助其明确合适的项目领域和性质。
- **提供承诺与支持**。大学与企业应平等互待，保持为了最终目标而共同合作的心态。之所以学生被动员之后积极参与，是因为他们看到了该项目能够实现的潜在价值，以及合作企业在随后能够使之商业化的喜悦。能在市场上真正看到他们设计的产品给学生带来的成就感和自豪感远远超过一个高的分数。大学与企业提供的承诺和支持推动了项目的最终成功。举例来说，企业可以具体指派一名员工参与项目监管，也可以为参观企业的学生提供办公桌和电脑（例如，在学习间歇或项目周期内的某一天）。企业也能为学生提供相应的背景材料，并将研发、财务、制造和生产领域的专家介绍给他们以提供帮助。
- **保持沟通**。沟通对于学生、指导员和参与企业都非常重要。在实际项目里，有一些企业过于担心这类沟通可能会泄露竞争性机密信息。但参与开放式创新的各方之间就项目愿景与动机及其如何与公司创新战略相适应进行信息共享同样重要。担心泄露公司机密的参与企业可以通过签署非公开保密协议（附录D）或隐藏敏感信息来规避信息泄密。实践证明，进行了更多信息共享的企业能获取更多的价值，项目成果也更符合他们的需求。

- **持续深化合作**。项目各方都希望进行经常性会面以讨论相关进程。计划书里通常明确了项目机遇与愿景，项目框架则为开发协作、持续时间以及其他结果确定了相关进程（图8.1）。而在关键时间节点和审核会议外，学生与企业代表进行沟通的时间并不固定，需要视项目进展需求而定。企业必须尽可能多地针对项目如何与自身创新战略相适应进行信息共享，并提供与问题性质相关的必要资料。为了取得最后的成功，各方所获取的新信息都应得到及时有效的分享。最后建议合同协议尽量精简，繁杂的合同文件会吓走可能的合作伙伴。
- **保持长期合作关系**。相比于将项目仅仅视作一次性合作，合作双方更应将之作为一种获取大型、长期合作项目的机遇。企业观念的转变被证实是通往成功之门的钥匙，即将参与学生由额外劳动力转变为获取新创意与天赋的机会。有时这类项目也被企业看作通过一年的面试发现潜在雇员的机会。对于参与的三方而言，项目也是增进彼此了解、构建长期合作关系的一次机遇。企业在暑期能够雇佣学生，这类暑期兼职也能为项目创造提前启动的机会。相应的建议是，企业每几年就提供一次合作项目，这样能为双方节省文案工作、后勤工作和彼此了解的时间，同时也促成了项目合作的高效率和大型、长期合作项目的实现。
- 目前，有一些政府基金专门支持与企业建立合作关系的学生，或是支持开展开放式创新的企业，企业需要有效利用这些政府基金。如果双方都有意建立稳定的合作关系，企业也能够通过加入大学咨询委员会来与高校建立稳定合作的关系。
- **知识产权**。在这些短期项目中，知识产权最好以有利于各方的形式共享。建议大学能够将之应用于教学和科研出版（在合作企业对知识产权形成保护之后），企业则能通过新产品商业化这种方式获取相应的经济利益。

8.9 应避免的陷阱

- 真实世界中的问题通常不是靠单一学科知识能解决的，因此团队成员应习惯跳出自身的专业领域来思考问题，在跨学科团队中进行互动。突破式创新常常来自这样的团队［乌尔里希（Ulrich）和埃平格（Eppinger），2012］。因此，在项目中避免单独工作、企业代表尽可能参与、在关键决策中能够接纳其他意见，都非常重要。
- 不要过度承诺，并且有效利用承诺和协议非常关键。合作方应谨记，所期待的成果应符合实际。
- 企业不应当提供那些对自身生存非常关键或是急需在几个月内完成的项目。当企业需要大学提供的是非限制性思维和能力时，这时的项目就称得上好的选择。对于双方而言，时间节点都应该合适而且能够接受。
- 企业应对其所能提供的帮助保留协商余地，并通过提供原型材料和/或企业制造设备以及额外的专业指导等形式，来提供"以货代款"的帮助。

- 项目不应缺乏监管。构建项目框架（图8.1）、保持监管对双方的利益都很重要。
- 企业代表能够就知识产权（IP）所有权进行协商，并在需要时针对具体问题具体处理。合作企业也不应当对IP保护得过于死板。
- 如果同一行业中有两家委托企业，就需要设立额外的防护措施以避免发生利益冲突。这一点能通过在不同项目中设置不同的学生与指导员团队，让团队成员签署非公开保密协议（附录D）来实现。

8.10 开放式创新项目的收益

开放式创新项目同时使合作企业、大学指导员与学生受益。企业能够利用前沿知识、低成本劳动力（即约9个月时间、高年级学生大约375小时的工作），以及大学指导员的项目监管，学生则得以亲身体验商业化环境和实践经历。对各大学专家的利用，同样有助于获得跨学科的成果。企业获得的不仅仅是实践性的技术方案，更是学生的创造性技巧和项目中产生的"人际关系"。学生创造出了与市场、消费者和产品等相关的绝佳研究材料，以及关于新产品的原型与测试信息，这些都能被公司商业化并用来获取利润。企业对项目中的部分产品拥有专利权，其中很多产品甚至赢得了全国和国际性大奖。

来自企业外部的创造性观念和知识帮助企业获益。企业同样受益于大学资源——通过教师的时间、学生的时间、知识、设备和其他资源等形式。企业中的校友通常会联系母校并向母校提供相关项目，并从这类合作中发现价值（当他们很好地认识了这类项目后），因此最终形成了三赢的局面。

中小型企业缺乏复杂产品创新所需的资源，如快速原型机、立体打印机、测试设备、图书馆资源或特殊研究专家等，它们可以通过这类项目获取相应的资源。一般来说，大学内的贵重设备在假期并没有得到充分利用，此时企业可以相对低的价格租用这些设备。

8.11 结论

企业能从与大学间的开放式创新合作中获益，尤其是对于中小企业而言，他们更缺乏进行复杂新产品开发所需的全部资源。大量有价值的新创意被搁置的原因，都要归结到资源与时间不足上。本章描述了产学合作带来的收益，并提供了成功的操作框架。该框架非常全面，包括了周期性的审核会议、视觉化的关键时间节点等。这类合作项目推动建立了制造部门与大学社区之间的紧密联系。

在很多国家，尽管有很多专家都将产学合作视作创新生态系统中的关键要素，但这类合作仍然没有得到很好的发展。企业与大学需要共同致力于全球性的人道主义事业发展，解决那些亟待处理的社会问题，在世界范围内产生影响。

随着产学合作的不断增加，世界范围内的资源与知识共享也在增加。事实证明，某行业中的解决方案或创意有可能在其他行业形成新产品。鉴于其具有的显著优势，未来很可能会出现更多的此类合作，最终形成新的创新生态体系。更多的独立企业应转变为开放式的创新系统，包含联合团队、创新者。随着更多的开放式创新的进行，知识产权共享的新形式也很可能在未来出现。当我们已经能通过现代通信技术迅速获取全球知识时，为什么还要进行自我革新，通过开放式创新加速自身的产品开发进程呢？

致谢：作者希望对所有参与这类项目的委托企业、学生、教职员工表示感谢。

参考文献

［1］Chesbrough, H. W., 2006, Open Business Model: How to Thrive in the New Innovation Landscape. Cambridge MA: Havard Business School Publishing.

［2］Griffin, A., R. Price, B. Vojak, 2012, Serial Innovators: How Individuals Create and Deliver Breakthrough Innovations in Mature Firms, Stanford University Press.

［3］Lim, S. S., E. L. Loo, A. Shekar, 2001, Product development partnership programme and its evaluation. In R. A. Dwight, and E. J. Colville (Eds.), The 8th Australasian Conference of Engineering Management Educators (pp.129-137).

［4］Shekar, A., S. S. Lim, A. M. Anderson, J. A. Gawith, 2007, University-Industry Partnership in Product Development. Paper presented at the 14th International Product Development Management Conference, European Institute for Advanced Studies in Management (EIASM), Porto, Portugal.

［5］Ulrich, K. T., S. D. Eppinger, 2012, Product Design and Development, 5th ed., NY: McGraw-Hill.

作者简介

阿鲁纳·谢卡尔（Aruna Shekar）是新西兰奥克兰市梅西大学工程与先进技术学院产品开发专业的高级讲师。她从1994年开始讲授产品创新流程、方法和管理方面的课程。在此之前，她曾在澳大利亚吉百利食品公司和新西兰电信公司工作。2003年，她从梅西大学获得了产品开发专业的博士学位，至今已经指导了多位研究生。她担任了超过十年的产品开发专业工程学学士学位主要负责人，并担任了工程与技术学院第一任院长（奥尔巴尼分校）。她还负责了多项研究与咨询项目，获得了多项独立项目专款。同时，她也获得了多项奖励，出版了大量作品，并在国内与国际会议上得到了展示。谢卡尔博士负责了多年的梅西大学开放式创新项目协调工作，她2007年发起了新西兰产品开发与管理联合会（www.pdma-nz.org），担任该协会的创立董事会成员。她还参加了创新者协会，该协会获得了新西兰政府的资助，其由一群研究人员组成，旨在支持当地制造商完善其产品开发工作。谢卡尔博士对于在产品开发教育中培养创造性、创新式思维，提供以项目为基础的学习机遇相当重视。

附录 A

致公司邀请函范本

回复：产品开发项目合作伙伴

  本邀请函旨在邀请您参与此次的产品开发项目。此次项目是与梅西大学工程与先进技术学院开展合作。本邀请函将介绍项目相关细节，以及一整年的工作纲要。

概述

  对于想获得工程学学士学位的学生而言，在第四年进行的产品开发项目非常关键，这能帮助他们广泛应用其所学到的知识、技能和经验。本项目实现了产品从最初创意到成品的全过程，包含概念界定、原型设计、市场研究、制造生产和财务分析直至最终形成成品的全部阶段。而本项目最重要的方面可能是，它将紧紧围绕赞助企业所提供的现实的商业问题来进行。

您能够期待的是：

- 一个全面的、结构化的、集中于企业需求的项目，最终能形成新产品设计及其制造计划、营销计划和可行性分析报告书。
- 与学生的频繁沟通和流程升级，您也将从项目审核数据中获取相关建议。
- 一个设计完善的产品原型。
- 一份包含了市场评估、原型开发、制造计划和整体可行性分析的完整版的最终分析报告。
- 保密要求获得承认。

监管与协调

  学校将会为学生配备指导员。也请贵公司指派一名能在一年中大致与团队会面四次的代表，如双方需要，会面次数可以增加。

协议

  除非另有商定，项目中产生的知识产权成果归赞助公司所有。如果项目中有特殊的敏感信息需要得到保密，那需要赞助商和学生共同确认。

  项目持续时间为3—9月。我们将送上三份协议附件，请在3月底前交还至工程与先进技术学院。学生的项目提案书也将在3月送至贵公司。

  如有任何疑问，请联系项目协调员。

  再次感谢您对于产品开发项目的关注。我们期望能与贵公司合作成功。

真诚的，
课程协调员
梅西大学

附录 B

项目协议书

日期：
协议方：（赞助商/委托人）
　　　　（学生）
　　　　（大学）

声明：

A. **学生**来自于梅西大学工程学本科四年级，参与实践性商业训练是其课程内容的一部分。

B. **赞助商**需要为**学生**提供财务支持，帮助学生完成计划书/提案所确定的项目内容。

1. 协议内容

学生应完成计划书/提案所约定的项目内容。学校按计划书/提案要求，指定指导员对项目进行监管，对项目外的任何工作不负有任何义务。

2. 协议期限

除非本协议在第七条完成前失效，或是合作双方经书面协议一致同意拓展，项目起止时期按计划书/提案内容确定。

3. 费用

赞助商应向**梅西大学**支付经商定的一定费用，以此支付**梅西大学**及其**学生**在项目中产生的正当合理的费用。

该费用基于学生拟定的、计划书/提案中明确规定的预算。在不确定事件下，如果项目开支超过该费用，**梅西大学**将与**赞助商**协商额外的支付费用（除去不必要的费用和一开始就取消的部分）。

- 50% 的商定项目费用将在项目开始之前 30 天内开出收据，剩余 50% 的费用将在项目结束时的最终报告中附上费用收据。

4. 责任

梅西大学与**学生**同意采取一切适当的措施确保项目顺利进行，当因梅西大学的能力问题造成协议范围内的损失或者由**梅西大学**或**学生**的过失造成**赞助方**的成本、债务、破坏、损失、诉讼声明等形式损失或负债时，应由**梅西大学**进行赔偿，赔偿上限为 5000 新西兰元。除此之外，**梅西大学**不应对**赞助商**的任何经济损失、业务损失或持续性亏损负责。**梅西大学**对项目研究成果的可靠性、精确度、安全性或商业可行性不做出任何担保、说明或其他工作。**梅西大学**与**学生**无法保证项目中的所有产品或原型都将用于商业用途。

5. 知识产权

项目流程中产生的所有知识产权应归**赞助方**所有，包括对任何创新权利的分配，但不包括在计划书/提案书中确定的归**学生**所有的书面报告版权。知识产权意指任何包含新西兰1953年的专利法、1953年的设计法、1953年的商标法、1962年的版权法和/或其他类似法律中所规定的内容，以及由任何其他国家立法机关所规定的其他类似权利等。知识产权包括技术信息、专业知识、机密信息、版权、模型、模式、绘图、说明书、原型、发明、任何交易机密、未注册商标或商品名，以及基于注册任何这类权利的行为的批准权利。未经本协议其他签署方的书面许可，任何一方不得转让此权利。

6. 保密条款

赞助方明确了本项目被作为本科教学与学习训练项目，因此不要提供任何形式的机密信息。本项目包括与其他学生和教职工相关的研究工作与流程的讨论，以及对**梅西大学**的公开展示等。**梅西大学**同意保密**赞助方**所明确的任何商业敏感信息。**梅西大学**将明确有权接触这些机密信息和对这类信息负责的相关人员。该保密义务不适用于下列信息。

- 涉及或将涉及公众领域的，在某些方面超出本协议效力范围的信息；
- 在先前的书面记录中已经出现过，在其公开期间归**梅西大学**所有的信息；
- 已经从其他来源获取的，**梅西大学**已经明确并负有保密义务的信息；
- 已经在**梅西大学**的运营与活动中被独立开发出来的，不在本协议效力之内的信息；
- 协议方以书面形式确定无须保密的信息；
- 法律要求公开的信息。

依照**赞助方**的要求，所有特定的商业机密信息和未使用的信息应归还**赞助方**。

7. 公开出版

研究项目成果将按计划书/提案以书面报告的形式进行发表。在项目终止后两年内，未经**赞助方/委托人**的书面许可，这些报告不应向计划书/提案中未确认的其他方公开。

8. 宣传

未经协议方的书面许可，任何一方不得使用与项目相关的其他参与方的名字。

9. 项目终止

如某一方违背协议内容，且该行为在接到书面警告30天内能够得到纠正但未进行纠正的，**梅西大学**与**赞助方**有权终止本协议。书面警告必须被送到或寄至计划书/提案中所确定的地点。当项目因不可控的原因而失败时，任何一方不必对此负责。在发生不可控事件后，受损方应立即恢复本协议中的权利和义务。本协议的效力范围不应被改变。如任何参与方在某一时间无法实施本协议条款，也不应改变本协议效力范围。

10. 项目纠纷

对项目纠纷的警告将以书面形式进行。**梅西大学**与**赞助方**将本着友好协商的态度，共同解决纠纷问题。该过程可能包括中介协调。如果纠纷在20个工作日内无法得到解决，该纠纷将依据1996年仲裁法进行仲裁。

11. 协议变更

本协议和条件只能依据协议方与参与方法定代表之间的共同书面协议进行变更。

12. 司法管辖

本协议依法接受新西兰法律与新西兰法庭的管辖。

13. 协议代表

签名人能够全权代表参与方，并代表参与方接受本协议的条款与条件。

              委托人署名
              职务

              学生署名
              大学代表署名
              主任，研究服务中心

附件：提案书

人员

  学生：

  赞助商：

  单位：工程与先进技术学院奥尔巴尼分校

项目

  项目名称：

  项目成果将在学年末的报告中进行展示。

  此外，**学生**也将进行一次口头上的最终展示，欢迎**赞助方**代表参加。

日期

  签署日期：20_____年3月

  终止日期：20_____年9月

费用与开销

  总费用为（含税）

  总费用的50%将在协议签署30天内开具发票。剩余的50%费用将在项目结束时开具发票。

              赞助方/委托人：
                学生：

附录 C

项目计划书

项目计划书应精练，明确描述项目工作和可实现、可检测的目标。

项目计划书指南

项目名称：简单明确（如关于……的研究与设计）。
项目总目标：精确描述可能的成果，包括项目产出和收益。
项目分目标：必须划分出分目标的和精确的步骤，所实现的分目标的汇总即总目标的完成。
项目背景：精确描述项目愿景，包括需求、项目相关问题或机遇。简要进行现状分析和产出效益分析。
项目范围：对问题范围的有效描述，应有利于多种解决方案的调查研究。
项目限制条件：包括妨碍行动或调查范围的客观外部限制条件。应依据特定项目情况进行描写。
项目关键利益相关者：列出可能参与项目或对项目结果造成影响的人员/组织。
项目时间约束：明确项目起止日期，列出每个阶段的时间分配及需要达成的关键时间点。
项目资源：列出所需的资源与人员——资料室、工作室、专家、材料（50美元以上）等。
项目沟通方案：列出如何与团队进行沟通，以及进行交流的频率。包括将会与之进行沟通的对象的电子邮件地址和电话号码。
项目成果/交付产品：列出指导员能够审阅的项目产出成果，如记录本、草绘图、模型/产品原型、赞助商审核会议与展示成果、最终报告等。

学生：
企业代表：
指导员：
日期：

附录 D
保密协议范本

保密协议

（委托方）和（大学）间可能的敏感信息交换全权受本协议所属条款约束。

协议生效条件：

1. 委托企业职员和/或其他授权代表希望就研究、咨询、教育、商业化或相关活动进行合作的可能性进行磋商。

2. 在磋商中项目双方应就项目中可能出现的涉及研究与开发相关的敏感信息进行重点考虑。

特此协商如下：

1. 双方应尊重协商中明确的如信息、样本、物品或其他材料等机密。
2. 当机密信息遭到口头泄露时，参与方应在24天内对机密状况进行确认。
3. 没有一方的书面许可，另一方不得利用这类信息或材料进行再加工。
4. 接收方不得以任何形式将机密信息或材料进行出售或转让。
5. 所有的复印件、照片或其他材料归原所有方所有，须按原所有方要求归还。
6. 除另经书面协定，本协议不对双方原领域的知识信息所有权产生任何效用。
7. 接收方应采取合理措施确保所述信息与材料仅对本协议所确认的有需要的人员开放，且相关人员应熟知本协议保密义务。
8. 发生如下情况时，双方均不承担保密责任：
   a. 协议生效前，相关信息已公开；
   b. 相关信息经第三方的合法行为被公开；
   c. 相关信息涉及或随后涉及了公共领域；
   d. 相关信息的进一步利用得到了转移方的书面许可。
9. 本协议自签字日期始五年内有效，或直至被双方进一步的研究、咨询或其他协议所取代。

校方代表签字：
姓名（打印）：
企业代表签字：
姓名（打印）：

第四部分
大项目的开放式创新

PART 04

  本书第一至第三部分主要关注如何利用不同的开放式创新模式和方法来解决个别企业的特定的、十分具体的问题。在第四部分中,克里斯托弗·米勒(Christopher Miller)超出单个企业的范畴,对需要多企业、机构甚至是政府协同解决的开放式创新问题进行了探讨。他利用6个不同的案例阐述了在这类合作中的六大发现。这些案例有些使用的是多个非竞争性企业,有些使用的是多个竞争性企业;而另一些案例则整合了不同企业、政府组织及其他非营利组织来解决特殊问题,这些特殊问题可能产生于人口增长,但更多则是由先前的商业化创新活动所引发的未预测到的附加效应。本章阐述了社会中有多少主体能进行合作以开展大型项目的创新。

9

应对特殊挑战的开放式创新途径探究

克里斯托弗·米勒（Christopher Miller）

没有什么我们所面对的问题是不能通过新产品开发过程得以改善的。

默尔·克劳福德（Merle Crawford）

亚瑟小型研发公司的高级职员乔·史迪威（Joe Stilwell）感到非常沮丧。在超过30年的时间里，他不断进行食品与药物包装设计，并感觉到自己对材料、功效和安全的进步做出了极大贡献。从任何标准来看，他在20世纪都是一个成功的创新故事的主人公。他的职业生涯集中在"包装产品"的"包装"设计上，从宽泛的概念上说，则服务了成百上千家企业与成千上万的科学家、工程师、消费者。乔在降低货箱成本上也做出了贡献，估计成本收益数亿美元。从最大估计价值来看，他也帮助将因包装导致的食品腐坏比例由1900年的30%—50%降为1980年的2%—3%[史迪威（Stilwell），1991]。随后在20世纪80年代早期，药物污染向泽西海滩不断扩散，他的产品也被列入环境恶化源。针对这一控诉，他出版了《保护环境的包装：需要合作的过程》一书（AMACOM，1991），其中列出了防治药物污染的相应困难，包括联邦法律和城市治理条令废置等。然而，仅仅列出这些问题还不够，作为一名将要退休的工程师，乔希望能够解决这些问题，他并不希望下一代面临同样的问题。

正如乔所指出的那样，这些问题是远非某家企业所能解决的，还牵涉到商业机构、政府和其他非营利性组织。这些问题太过复杂而难以进行管理。简单地说，药物污染问题是一项"艰难的挑战"，于是乔转向了开放式创新领域。

9.1 在创新的冲击波中遨游：特大问题起源

激进创新在全球经济中创造了大量的发展机遇。数十年的努力和数千家企业都致力于在新市场中抢占先机。每一次创新都会产生冲击波。冲击波是在创新过程中产生的，经常是预料之外的结果。有些结果是积极的，其他则不然。有时创新冲击波会成为横扫各地的经济大事件,并带来一次次的机遇和增长。食品与医疗产品包装上的创新使得这类产品更吸引人,不易腐败,也更加便宜,这些是可预料的结果。但作为一种成熟的创新技术,尽管包装产品带来了很多益处,同时也促使产生了大量的肥胖症和糖尿病患者。

这些新问题都是创新冲击波带来的影响。也正如所有已知的市场问题那样,成百上千的研究人员与企业家投入到了解决新问题的工作中。创新冲击波是成功创新所引发的不可预料的结果。对这些结果的发现和识别是首批PDMA工具书之一《猎场打猎:对模糊前端的预测》(2002)中第二章的主题。本章则关注于解决特殊问题,并利用创新冲击波所带来的独特机遇。

冲击波所产生的问题很少局限在特定领域,或是被创造它的组织所认识到。当问题出现时,它们或者超出了该领域,或是与公司的能力与战略不相匹配。倘若创始创新人觉察到了这类问题,它们就会被视作麻烦或威胁。如果唐纳德·莱纳特森(Donald Reinersten)最初的模糊前端理论得到认可的话,在其他公司看到该机遇并涉足之前,现有的创新冲击波或问题可能只会存活一半周期[莱纳特森(Reinersten)和史密斯(Smith),1991]。然而,当其他公司纷纷参与进来的时候,这些冲击就会持续更长的时间。上文对于大量人员迅速投入新问题的表述可能过于乐观。

9.2 过程、目的和回报

开放式创新是一种能利用很多标准创新工具跨越常规的经济和社会边界的过程。在出现了高潜能但没有得到界定或是缺乏相应资源的机遇时,开放的合作式方法很可能能够发挥作用。下面的六个短案例研究(表9.1)描述了通过开放式创新(OI)以应对特大问题的相关内容。其中,有一些是针对特定目标的、简单而直接的合作,另一些则是应对突发性挑战所付出的巨大努力。尽管每一个案例都是独立的,但它们之间也存在联系,即大部分的产品开发人员都能够对这些问题进行探索,或是至少能使用探索性工具。在这些探索阶段完成后,机遇即能得到更清晰的识别,合作的每一方也获得了继续合作的机会,或是通过开发和交付开展进一步的独立研究。

表9.1 特大问题的开放式创新:探索阶段与相关案例

阶段	过程	目的	案例
需求与领导人确认	领导发起对话	在创始企业中构建问题识别与组织意愿	药物污染——医疗资源对话联盟(HRCC)(案例1)
诊断与设计	构建对问题的明确认识与协商进程	构建有限度的可实现的计划	一种夭折药物——纳曲酮(案例2)
构建合作	吸引关键赞助商和协作者	聚集合适的合作伙伴,打造内部承诺	未来的厨房(案例3)
建立项目章程	两种章程:协同式的与内省式的(特定组织的)	确保共享的与独立的合作产出	保险领域的合作(案例4)

续表

阶段	过程	目的	案例
共享式探索	共享经验；合作式探索过程	构建人员与创意上的跨组织承诺	模具成型技术（案例5）
合作与独立行动	展开行动	通过多元共享和独立的途径利用所探索的成果	应对糖尿病的联合行动（案例6）

阶段一　药物污染方面的需求与领导人确认

1992年，乔参加了亚瑟小型研究公司（ADL）的先进制造流程/模具成型（案例5）技术研讨会。他想知道同样的流程是否能应用在药物污染问题上（药物污染因其高曝光率和引发情绪化的骚动成了应处理的核心问题）。带着这一挑战，他开始了多年的项目研究，唯一的目的就是想将之从对话付诸实际。他的行动步骤包括以下几个方面。

授权。将企业内外的当地利益集团汇聚起来进行一系列的探索性对话。意在构建对于该问题的定义，以及对问题能够得到解决的信念（如果有帮助的话，ADL在下午5点过后会提供鸡尾酒车）。

社会交往。借助开始时的对话和联系，他们找到了有明显需求的赞助商，梅奥诊所、杰弗逊诊所和琼斯诊所的总医师都对此表示了兴趣。这些又反过来吸引了一些其他的赞助商，如杜邦公司、强生公司甚至是废物管理公司（WMI）等。

探索性问题解决。他们赞助发起了一个为期几天的"雷达之下"的会议。其目标则是聚集尽可能多的利害相关者，以能够从尽可能多的方面对该问题进行探讨，并通过子团队将问题分解成不同的子任务。大约20个组织参与了此次会议，并将其自称为医疗资源对话联盟（HRCC）。

规模化的问题解决。有了更明确的子任务后，子团队得以招募有兴趣参与的成员。如承诺的那样，赞助商赞助举办了第二次"更高调的"为期两天半的会议。这次会议有近60家赞助企业、医疗服务提供者、政府代表和公认意见领袖参加，团队提交了一份经自我组建的志愿者核心团队修正的规划方案。

持续落实。随后，他们形成了一个独立协会（HRCC），以开展独立的组织化行动。这一团体致力于准备与推动示例法律和法规、规范化语言以及定义问题和子问题。其结果是将最佳管理实践以更一致的形式输送至众多政府与非政府组织中。最明显的成果则是在供应企业与消费企业间建立起直接而坦诚的联系。

总结。核心志愿者团队回顾了持续性对话的构建，以及行动方案向个体组织的回归。随后得出的一点是，专业人员的参与相当必要，而HRCC也发展成为规格更高的组织——美国医师协会。

这一案例中最明显的经验可能是有专业知识、受人爱戴的领导者在项目进展中的重要性，这样的角色能在推动结果的发展中发挥重要的作用。该行动也在社会上激发了信心，即药物污染问题是完全能够解决的。尽管很难进行量化，团队成员还是持续报告了该行动的巨大价值。梅奥诊所的特里·霍恩斯沃斯（Terry Hornsworth）报告说："最明显的好处是，我个人对创造式思维过程有了很好的认识，同时也了解了这类创造性能够被应用在这类问题中。"乔本人谈到这些也非常满意："一个全新的、统一的医疗组织最终得以成立。"

最终，具体成果包括致力于教育的医疗资源对话联盟的成立，以及州与当地立法机关的改革。这一组织在全美医师协会成立前发挥了多年作用。同时，在微观层面，杜邦公司也开始了倡导最终演变为杜邦"环保型设计"战略的早期努力［与杰弗逊诊所服务支持高级经理爱德华·巴尔（Edward Barr）联合开展］。"环保型设计"现在也已经成了无数杜邦产品开发工作的基础，在行业中则成了环境保护人士的黄金标准。

建议与陷阱

- 知识丰富、广受尊重的职业领导人不能简简单单进行"指派"，他或她必须是创始人。关注乔是否存在，你是（或你能发现）乔吗？
- 组织和领导人必须积极支持探索性工作，即便这类工作可能开始目标尚不清晰或看起来与组织最佳利益不符。在本案例中，经过近十年的实验性问题解决方案探索后，具体目标才最终浮现并得以确认。鉴于探索性工作耗时远超普通业务，拥有坚定的赞助商便变得相当重要。
- 社会交往过程是至关重要的。它可能持续几个月，但更可能要进行多年甚至数十年，甚至也可能包括书籍出版的时间（如乔所做的那样）。免费提供的食物与饮料都有其价值，这听起来可能太陈词滥调，但在工作日结束时的一次提供食物的社交时间，能产生更深层次的对话和思考。
- 保证流程的明确界定和协商一致。本案例中并没有长期的协商决定的流程。所采取的每一步都应伴随着对该流程是否还能再进一步思考，并且下一步应采取的措施也需要团队的进一步探讨。本案例中具有活力和魅力的领导人推进了模糊前端方法的使用，但该实践不能被复制到其他地方。

阶段二　夭折药物——纳曲酮®的问题诊断与流程设计

20世纪70年代至80年代可以算作药物开发的黄金时代，那时正值从20年代至60年代以来研究成果大丰收时期。突然出现的复合物，如立普妥、氯吡格雷、埃索美拉唑等药物似乎遍布各地。速度似乎成了企业和世界所需要的解决其问题的最重要要素。

但是这一潮流的冲击波是什么呢？药物寿命的明显延长，将药物视作主要的"治愈"方法使得医药企业成了医疗行业规模最大的部分。当市场饱和后，没有明显商业机遇的复合药物被弃之一旁、无人问津。很多药物还未送到用户手中就失去了其知识产权保护。没有厂商必要的指示和指导，失去保护的药物流入市场，会造成更大的危害。

1994年，杜邦-默克医药合资企业决定重新开发"夭折药"，这些药物最有可能迎来第二次机遇。他们回顾从前的资料发现，有一种复合药物曾在欧洲部分地区得到了广泛、非处方使用，即用来治疗酒精依赖症。早期的但相当有限的研究也印证了该说法。不幸的是，纳曲酮药物正处于保护状态❶。因为法律、条例和经济上的原因，他们的分析认为该业务要实现收支相抵，推出纳曲酮药物需要在18个月内，在至少5个主要市场进行相关声明——这是一项几乎不可能完成的任务。然而，他们也能觉察到强劲的市场需求和由此产生的外部助推力，而且这正是此次合作所应该做的工作——给予实际工作者一种治疗疾病的新工具。在本案例中，这就意味着要使纳曲酮（甚至是全球的）在治疗酒精依赖症的工作人员中得到认可。相应的困难则是要避免营销和销售新产品通常所需的漫长等待。如果他们成功地缩短了这一时间，就很可能会获得潜在的用户。

一位具备超强工作能力的项目经理卢·马利肯（Lou Mulliken）被任命负责此事。他采访了曾在药物研究领域取得成功的团队成员，以寻求最好的行动方式和缩短进入市场时间的建议。卢听取了关于应选取的人员和所需技能的建议，最终促成了一个包含公司及其他相关人员的大型核心团队的建立。团队还逐渐吸纳了积极参与这一进程的相关领域的教授。组织内外来自五国的游说人、律师、康复专家、医生、食品及药物管理局（FDA）官员、咨询师、营销人员、操作人员、包装人员和技术员等都得到了雇佣，随后举办的交流与行动方案确定会议则变得更像是小型的研讨会。举办此次会议只获得了相对有限的探索工作预算，因此很多参与者需要自行安排费用和时间，原因则是"所做的是正确的事"。部分人也因此拒绝了此次会议邀请。

从一开始就很明显，要想获得成功需要对药物发现、开发和分销过程进行再造。迅速展开的工作重点关注"为什么纳曲酮开发工作没有什么前景，为什么不至少试一试"。一系列详尽的问题马上被提出来，但其中只有少部分是从"专业"角度出发："我们有大量的市场需求和满足市场需求的技术"其他相对"顾客化"角度的问题则列举了困难点、障碍和未知要素。在随后的几天里，每一个问题都在整个团队、子团队或个人工作中被不断探讨。这种密集的协同工作迅速产生了效果。团队使用了一系列的流程和创意生成技能，并在几天内解答了所能提出的所有问题。

放弃该项目的声音从未中断过。可能这看起来有点反常，但反对的声音实际上也帮助其推动了团队工作的进展，尤其是促使他们考虑到了那些不太可能发生的、非传统问题的解决方法。在常规产品开发中不太可能出现的问题和障碍都得到了处理，并被转换为相对简洁的行动方案。团队的结论之一，即为获得成功，大部分团队都需要进行独立工作。而为了实现这一点，团队领导人就需要给出简单而明确的指令。但这也意味着要拒绝很多本有助于开发工作的好创意。

此后再也没有举办过其他的团体会议。剩下的项目工作则需要项目经理迅速、不断地回顾并参考之前的行动方案进行。在11个月内，更名为纳曲酮（ReVia）的产品成功打入五大主要市场，并开始了它在世界其他地区的迅速发展。宾夕法尼亚大学的约瑟夫·沃尔皮塞利（Joseph Volpicelli）博士即项目拓展团队的成员和产品的用户之一，他对这个结果表示相当惊奇："我们当时几乎就要失去了一个很重要

---

❶ 默克公司（Merck）在1984年开始注册纳曲酮以治疗海洛因患者，并在一年后正式投入使用。这为他们带来了7年的专有市场，也促使他们在小型市场中开始寻求类似的产品。这种药物也是早期使用包装设计的产品之一。

的工具，而现在我们拥有了明显提升戒酒率的药物方法。"

ReVia于1995年1月7日开始生产。项目花费超出了最初预算源于两大原因：一是由18个月的进入市场时间缩减到11个月；二是产品保护时间增加了7年。ReVia最终被出售给了梯瓦制药公司，至今仍在生产。

建议与陷阱

- 置身于较为危急的处境，并明确可能遭受的失败。创新者痛恨浪费性的失败：浪费了明显与需求相匹配的好技术。
- 不要被传统所限。核心团队成员的数量应由挑战的必要性程度决定，而不是流程管理者的主观认定。
- 规定一个固定的截止期限，不要进行更改。杜邦-默克公司团队很清楚他们需要在18个月内完成需要3—5年才能完成的工作，否则就是失败，结果他们在第11个月时完成了项目。
- 将稳定的、已知的、简单的结构（包装）与信念的提升相结合（一位有知识的领导曾说："我相信我能通过FDA进程获得成功。"）。案例中的团队抵制住了对配方或包装进行改变的意见，而是将精力集中于全球市场、法律与管理上出现的问题。
- 将涉及主要问题的相关人员整合进团队里。在本案例中，法律与管理方面的工作人员始终与消费群体（医生、临床医师、执法部门人员）共同展开工作。

阶段三 建立合作关系以有助于理解未来厨房

20世纪90年代中期，美国人很少做饭，经常外出就餐，同时却又要花费大量金钱在厨房重建上。对于佐治亚·麦考利（Georgette McAuley）——联合利华公司在利普顿的一名研发经理而言，起初接到的订单非常难处理。受到不断成熟的自动化技术和郊区城市化浪潮的影响，美国消费产品设计也逐步发生了改变。尤其是对利普顿"汤杯"这类产品而言，该产品在20世纪60年代被设计供在工作间饮用热茶时所用。随着妇女经济影响力的增强，她们对于家庭资产使用的控制力也在提高。其结果之一是，更多基于食物娱乐性价值而非生产性价值考量的厨房展品出现。

为了理解厨房对于美国家庭正在改变的特点，佐治亚（Georgette）开始与百得公司（电器用具商），以及随后的阿姆斯特朗建筑制品公司和雷诺兹金属公司（食品、食品准备、储存和环境）进行了相应讨论。每家公司各代表一个著名的非竞争性品牌。这一过程相当简要而集中。

- 在项目开始时与参与方签署保密协议和知识产权协议。
- 组建四支跨职能、跨公司的团队，各团队包括5—6名队员和1名队长。
- 成立由4名队长和1名外部协调员构成的规划委员会。
- 各队同时进行独立的工作。
- 不断共享各队研究成果。
- 总结：协商决定结束时间。

工作中最复杂的部分是合作企业的选取。利普顿与百得公司、联合利华公司签署了为期一年的保密协议。其他的合作企业也接受了这类协议或是选择了放弃。对这类项目表示感兴趣的企业并不在少数，但愿意接受实验、分享公司信息同时又没有开展其他类似项目的企业则相对较少。例如，一家电信公司一直都在准备参与项目，但在最后时刻因公司重组不得不退出。

规划团队进行了会面，设计方案并进行了相应准备。他们所确定的流程有四部分。

第一，信息交换。各团队准备好相应的市场和技术信息进行共享。

第二，观点综合。对不同的观点进行讨论，并按主题（场景）进行归类。这些主题即被视作需要解决的问题（图9.1与表9.2）。

第三，针对已识别问题的团队构思。很多创意超出了单一团队范围。其中的很多好想法仅对某一个团队很有价值。其中少数创意借助了其他团队的能力。

第四，四步决策支持流程。

- 全员提名最佳创意（不要事先确定标准）。
- 公司团队基于公司特殊标准进行创意的所有权评估。
- 产品开发：将需要进一步开发的创意从其他想法中挑选出来。
- 协同讨论：那些能够超出企业边界的有趣创意引发了跨企业对话。

阿姆斯特朗团队队长纳伊姆·马利克（Naeem Malick）认为，"这是一个让人非常疲惫的项目。当我们发现一个又一个问题时，我们需要把这些全部整合到项目研究中。结果，我们度过了相当漫长的四天"。某个团队和企业所熟知的信息经常对另一个团队又是全新的。这意味着团队进行简单的展示分享就能产生更令人激动和探索性的创造性对话……有时讨论一直持续到深夜。

随后是场景构建和产品构思，各团队成员在独立的房间会面，讨论各自的创意和合作关系。合作公司则选择适合长远研究的领域。如果团队间有进行合作的意愿，相互之间的便条和人员往来就会不断。"这很有意思"，一名项目经理说："不时就会有人敲门，或是传来一张纸条，上面写着'你是否想与我们团队商讨……'"最终出现了11次跨公司的对话。在随后的一年，全体会议就变为由各公司分别进行展示他们学到了什么，并探索进一步的合作机会。

图9.1　基于企业间信息与经验共享的快速场景描述

表9.2　基于跨企业市场信息与经验共享的场景

成分	1980年	1990年	2000年	2010年
电子通信	帮助厨房成为家庭电子通信中心的电话应答机	PC为家庭办公创造了数字化形式	普遍的两用电视；电子购物，PC和CD	智能包装，智能应用，PC能掌控一切
食品与食品准备	快餐食品激增；意式食品是最具民族风格的食物	食品市场激增；下一代快餐（波士顿）；外带数目超过店内就餐数目；外部就餐超过家庭就餐数目；墨西哥式食物	美国农业部食品监管开始生效；其他拉丁美洲和亚洲风味食物开始受欢迎	可获得生物能食品；一天五餐成为常态。无法承担外出就餐的家庭开始在家做饭；真正多样的类别选择
零售	平价商场；超级市场	购物中心和大型零售商	家庭购物网络，仓储式与食物分类	家庭购物网络，专业化专营与分类
家庭办公		3700万个家庭有人员在家办公的；1/3的美国企业机构精简	40%的美国人在家工作；大范围机构精简持续	50%的美国人在家工作

佐治亚（Georgette）说："我已经记不清那个项目的产品创意了，但在20年后，我仍然记得阿姆斯特朗给了我们一名色彩专家，他对我们展示了色彩及其发展趋势。作为一名食品科学家，这对我是一个完全新颖的主题。此后关注颜色也成了我厨房设计的一部分。"雷诺兹营销专家和人类学者约翰·希弗（John Shiffer）认为："兴趣相仿的非竞争性合作给了我们一种重新看待消费者的视角。这能为我们的业务带来新的内容"。约翰建议人们将这类探索看作科学性的"研究"，而不只是工程和营销方面的"开发"。

建议与陷阱

- 与一个主要伙伴建立起核心的关系，在法律、流程上达成一致，有明确的时间限制（项目章程）。随后吸纳其他的合作方，并与其签订已有的章程和法律协议。
- 在选择团队成员时要符合所有的标准要求：多样化、开放、好奇、乐于分享和倾听。有必要保持学科之间的平衡，对于开展进一步的对话非常重要。
- 开放性将为对话增添价值，但你也不需要与别人分享一切。称其为"开放式"创新是有原因的。你的团队可能会对什么可以分享、可以保持多少坦诚产生疑问。请确保团队在离开基地前的任何对话都限制在团队内部（对在交换阶段前所能分享的内容请进行专家咨询和法律咨询）。
- 重新招募。重组或更换领导在任何时候都会对团队进行重新定向。来自不同企业的五支团队不大可能在3～4个月的各阶段都保持稳定。
- 让合适的小角色参与创造价值。不是每个人都能全程参与。正如佐治亚指出的，尽管那名色彩专家只来了很短的时间，他也为项目创造了足够的价值。

阶段四　在财务巨头间搭建"竞合"桥梁

创新本身并不是冲击波的唯一来源。例如，管理变革也能创造和创新冲击波。里根革命的一个典型结果就是1982年的加恩-圣日耳曼法令。这是一次主要的放松管制举措，结果明显为很多财务机构跨越传统边界创造了机会❶。总部在大费城地区的美国国家自由保险公司（NLC）与总部在威斯康星州麦迪逊地区的信用联盟互助保险公司（CUNA Mutual）利用市场的混乱，通过信用联盟开展了保险产品的联合开发和营销。上述法令得到了双方最高层领导的关注。本案例讨论了高级别协议和产品开发工作所面临的主要问题。

双方经过多年的合作在联合营销上取得了一些进展，但在发挥各自优势联合开发产品上却没取得太大成功。于是双方进行了会面和探讨，甚至用一周时间进行了团队构建规划。双方讨论的结论是，合作双方基本上没有什么共同语言，并且在工作方法和需求上都不一致，以至于他们几乎放弃合作。然而，与领导层的观点相反，团队成员却觉得干劲儿十足。

鉴于由项目合作失败所产生的挫败感，双方的高级营销人员决定再试一次，着手构建一种高结构化的、明确的合作过程，使得合作的关键方都能够参与到项目章程建立与创意的构思过程中。他们停下了之前的全部工作重新开始。新进程中包括了由一名独立仲裁人担任的直接监察员，他负责确认并区分目标。该监察员帮助卸掉了不必要的包袱，废除了"一项产品必须使用合作公司现有资源"的规定，将注意力集中在简单而关键的目标上。

- 对消费者有意义。
- 与市场现有产品不同。
- 与合作的战略目标相符。

这些标准成了建立可实现项目章程的基本出发点。项目章程的其他重要部分则是一个细致安排的流程，一份略去决策者人数的决策协议，以及新团队成员的重新招募。其中一些内容不仅对团队是全新的概念，甚至在整个公司与行业中都是第一次出现❷。

下一步是让20多位利益相关者进行为期3天的创意构思和规划过程。在每一阶段之前，所有的流程细节都被拿出来进行重新探讨和投票。经过一番努力后，流程协议最终形成。在那3天中，对相关创意和观点都进行了开发和阐述，以此针对每一个观点分派了产品开发行动团队。此后，这些内容被转换为产品开发路线图。在研讨会的第三天，每个将要进一步开发的创意概念都得到了一个经过各方同意的迷你章程。每一个行动团队都是一个联合体——由每个公司的一个团队成员组成。行动团队即持有他们从构思到市场测试所需的全部授权。仅当两位团队领导达成一致时，才能决定项目的暂停或终止。

---

❶ 1982年，加恩-圣日耳曼法令旨在允许现有财务公司进入新领域。主要的推动因素是传统的存款借贷模式越来越缺乏竞争力（这类商业模式已完全成熟）。然而在新机会出现时，新的风险也随之而来。该法令要对20世纪80年代的储蓄和贷款破产危机承担部分责任。

❷ 为了获取关于章程和团队的更多信息，可以参考克劳福德（Crawford）和本内德托（Di Benedetto）（2000）以及卡岑巴赫（Katzenbach）和史密斯（Smith）（1993）的研究。

国家自由保险公司的合作营销副总裁卡罗尔·迈尔斯（Carol Myers）认为："高度结构化的创新就是解决困惑已久的问题的答案。当我们对项目流程做出承诺时，我们很快就得到了想要的答案。"这类结构化进程最终通过成果共享实现了真正的团队构建，并最终产生了共有创意。在创造新产品概念路线图的6个月内，合作团队成功开发了一种新的"生活效益"产品——橡果。CUNA Mutual的副总裁贾尼斯·希莉穆恩（Janice Schlimgen）提到："我们的成功是公司内的一个大新闻"。真实产品的开发成就加强了企业间的关系，促成了进一步的共同开发协议，并推动产生了一系列的联合开发产品与服务。

建议与陷阱

- 通过成果共享打造团队。克服文化障碍的最好手段就是市场上的成功。无论早期的失败还是积极的学习经历都是有价值的团队共享成果。
- 不要抵制缺乏经验成员的加入。当你需要创新性观点的时候，尝试考虑新的团队成员或从传统意义上与产品开发无关的领域吸纳团队成员。
- 关注最终目标而非单个成功标准。标准可能产生致命的影响。太多的标准会让注意力从真正重要的事情上转移。
- 关注消费者从而创造出与消费者的合作可能。针对消费者的独立工作能消除组织的困惑。
- 利用经过商定的流程或是高度结构化的方法，以形成创造性成果。结构能解放创造性思维，缺乏结构则会导致拥有强意愿的人破坏项目的进展。
- 当一种高度结构化方式取得成功之后，对其进行解构与改变。

阶段五 作为预测工具与推动技术开发的共享式探索——模具成型技术

想象一下把几块石头同时扔进水塘中，其结果是会产生更复杂、带有更高波峰和波谷的涟漪。1992年，来自软件、电脑硬件、加工技术和材料科学等领域的创新冲击波汇聚在了一起。模具成型技术（现在通常称为3D打印）的发展似乎成了应对该浪潮的技术手段之一。这时激光光刻才刚刚投入使用，替代性的与广泛区别的技术则刚出现。因此，模具成型技术有希望在20年内成为主流制造手段。同样，相关概念仍然没有得到很好的界定，而所需的知识也广泛分散在其他领域中。

然而，亚瑟小型研究公司的先进材料加工部主任彼得·希尔顿（Peter Hilton）认为，绘制出一种技术开发路线图是完全可能的，而且如果不同的研发公司进行广泛协作，从该技术路线图中获得潜在收益的时间将大大缩短。这一简单的构想最终成了开放式创新技术绘图项目的指导原则。

随后，彼得（Peter）组织了一次"新兴技术研讨会"。他从那些可能成为所讨论技术的利益相关者中，以及有兴趣参与联合技术开发的群体中选取了部分参与者。尽管所讨论的主题是自然科学技术，但组织方也鼓励在技术领域之外的社会、政策和经济领域的成员参与，这些领域的成员着重关注技术对社会、政策和经济的影响。

除亚瑟小型研究公司和非亚瑟公司研讨会协调员外，一系列组织也派出了参与团队：美国铝业公司技术中心、福特汽车公司、通用电气研发中心、麻省理工大学、通用电气塑料技术部、3M系统工程系统和技术中心、孟山都公司、桑迪亚国家实验室、美国空军赖特实验室、罗奎普公司、瑞士电力公司、美国国家标准与技术研究院，以及Ampersand公司。将正确的知识与组织汇集起来，让相关人员参与到探索性对话中相当关键。

研讨会采取了多种形式。每位参与者都要提出自己的独到见解，并与其他人进行非正式的讨论，其他人如果觉得合适的话就可以采纳他人的观点。亚瑟小型研究公司提供了模具成型技术的现状分析报告：《模具成型技术：一种先进的处理技术》[亚瑟小型研究公司（Arthur D. Little），1992]，供所有参与者阅览，如果发现问题，还可以提出反馈意见。

在研讨会的讨论过程中，ADL团队围绕三大技术领域展开了一系列讨论。在每一个汇报结束后，都会伴随着广泛的构思过程（产品创意、商务应用、机遇和相关的待解决问题）。每一领域的创意样本可见图9.2a和图9.2b。

在一般讨论过后，团体将被分为三个公司团队，各团队都被要求为该公司创作一个背景故事。其主题则是公司到2010年会发展成什么样子，以及如果团队要获得成功需要什么。各团队都围绕着各公司面临的特定场景进行组建。例如，某团队可能围绕软件开发需求组建，其他团队则可能关注于可能出现的法律和管理问题。各团队都需要提交一份简短的2010年报告，内容包括以下几方面。

- 如果该领域实现，在2010年会出现什么不同。
- 按照1992—2010年的时间表列举出5—10处不同。
- 列出存在于1992年但不会存在于2010年的事物。
- 探讨该场景的必要性。
- 摘选出材料加工领域之外的机遇和问题。

每一份小报告结束后都需进行更深刻的集体讨论。

以这种方式完成全部三个领域后，召开了一个含有20年发展路线和关键里程碑事件的最终会议。其中一些里程碑事件的实现得到了现有发展模式（如摩尔定律）的支持，另一些则是"在这个时间框架中需要的某种新发现"。

所有的参与者都得到了详尽的阶段笔记和成果报告[格林沃尔德（Greenwald）等，1992]。从一开始就很清楚，所有的讨论都应是公开的，其成果也平等地属于每位参与者，他们能以合适的方法进行应用。例如，桑迪亚国家实验室将这本报告用来帮助制作长期规划与预算。但正如其中一位协调员指出的，"团队成员间真的存在一种成果共享和探索的乐趣，成员们非常不愿意结束这次研讨会，重新回到他们日复一日的工作中"。

建议与陷阱

- 考虑到足够长远的未来，以保持个体团队的竞争性。ADL提出了长达20年的未来规划任务。每次当团队成员逐渐靠近现有的研究时，这次对话就应被及时中断。
- 形成明确的知识政策。在本案例中，没有什么机密信息需要分享，不需要签署任何协议，所有对话都是公开的。要让这一点非常明确。

- 价值来源于寻求创意的过程而非创意本身。创意不是现实，关键的学习来自如何获得这类想法，以及对实现想法所需事物所进行的规划，产品创意本身只具有有限的价值。
- 尊重所有学科的投入和互动。每一学科都可能对其他学科产生影响。技术不会凭空产生，商业模式同样不会。另外，为广泛的、差异化的思维之间的对话留有空间。
- 为参与提供奖励，并且让参与富有成效。受邀参与应被视作一种荣誉。参与人和参与组织实际上获取了新理解、新关系这类回报。

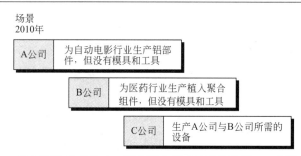

图9.2a 组织团队准备的由一组小样本组成的简单场景——假想的时间

场景	现在	将来
A公司	机器模具 铸件	铸件
B公司	机器部件	利用定向能量固化树脂生产部件
C公司	不存在	生产 ●"快速原型"设备 ●铝件电磁铸件设备

图9.2b 组织团队准备的由一组小样本组成的简单场景——矩阵方法

阶段六 糖尿病治疗的合作与独立行动——IMPACT项目

图9.3 IMPACT项目

资料来源：美国公共卫生协会基金会许可

享受经加工过的食品以及闲暇时间的增多，带来了一个意想不到的后果——糖尿病。现在威胁到7000万美国人的糖尿病也是一种创新冲击波。这一趋势非常明显,即便最乐观的预测也认为这相当可怕。糖尿病问题是远非单个组织所能解决的,它有很多治疗方法,社会因素也没有得到明确界定。简而言之,这是一次很好的开放式创新开始的机会。

本·布鲁默尔(Ben Bluml)是美国药剂师协会基金会研究与创新部的高级副总裁。本早于大多数人觉察到了糖尿病的上升趋势并认识到了其后果。基本上在他的整个职业生涯中,本坚定地认为糖尿病将会危害美国整整一代人的健康状况。他发现,制药师和他的同事能够在这场战役中发挥重要作用,他们能够帮助人们成为更好的自我管理者。同时他也深信,美国32万名制药师能够做好这一工作,而参与这场战役也能强化制药师的职业意识并为其提供机会。

随后的故事就是反复的服务开发过程。需要从四个层面成功开展创新合作,其结果则是以分散的方式产生了越来越多全新的或加强了的服务。

第一个层面的内容是一次小型实验,或称作测试项目,其发生在北卡罗来纳州阿什维尔,也因而被称作"阿什维尔项目"广为人知。该项目始于1996年,一位自保雇主对其雇员提供了关于如糖尿病、哮喘、高血压和高胆固醇等疾病的教育及个人观点。市里拥有相似情况的雇员随后则接受密集教育,并与社区制药师组成了一个团体。参与的制药师需要制订出病人照料服务方案。以意想不到的速度,参与的雇员、退休人员和个体病患开始探索改进糖化血红蛋白(A1C)水平,降低总医保成本和缩短生病时间。与其他实验不同,阿什维尔项目模式是需求推动、以患者为中心的,并将制药师作为其顾问。制药师—顾问模式也是全新的基础服务开发成果。作为一名自保雇主,城市也能够对其财务和职业生涯状况进行细致的追踪监管。

第二个层面的内容是加入了制药师的咨询培训和结构化的咨询项目,这些项目得到了相应的资金支持。由美国公共卫生协会基金会(其财务资助来自英国葛兰素史克公司)赞助成立的糖尿病十城联盟(DTCC)在2005—2009年展开工作。10个城市中的30位自保雇主提供了志愿健康福利,免除了糖尿病药物和供给品的费用,并帮助患者在上百名特殊制药师"教练"的指导下进行日常疾病管理。各程序仍然非常独立,并催生了大量的实验。

2009年6月5日发表于美国制药师联合会期刊[1](JAPhA)的一篇报道,高度认同了雇主与参与者带来的经济和医疗成果。相比于DTCC没有得到应用的情况下,雇主实现了人均1100美元的总医保成本缩减。参与项目的个人同样平均每年要节省约600美元。

参与者在一些糖尿病看护的标准指标上得到显著改善,包括糖化血红蛋白(A1C)、密度脂蛋白(LDL)胆固醇和血压的降低;同时,参与者参加现有流感接种和眼足检查的人数也增加了。在一名经验丰富的NPD人类学家辛西娅·道布(Cynthia Daub)的帮助下,本·布鲁默尔(Ben Bluml)最终进入深入挖掘最好实践形式的领域。人类学家则需要帮助了解哪一种实践形式能够带来最大限度的成功,以及对参与第三阶段程序的参与者提供内部观点。在第二阶段的程序里,超过35个不同的组织参与了项目。

---

[1] www.diabetestencitychallange.com/pdf/dtccfinalreport.pdf.

第三个层面的内容利用了前两个层面的经验，增加了对难管理人群的关注，探索了持续性患者福利的潜在供应情况，并最终确定了项目的领域范围。如果项目需要长期开展，那么就需要自筹资金，这也明确意味着制药师顾问必须得到报酬。作为第三阶段的内容，IMPACT项目是指应对糖尿病——共创美好美国社会[1]，它是履盖25个地区的一项国家计划，旨在通过跨领域社会团队提升对糖尿病患者的照料，团队则包括制药师与深受糖尿病影响的人群。十城联盟的研究对获取资金和赞助非常关键。本谈道："赞助商们，无论是机构还是政府，都非常希望了解事实的真相。这些数字固然重要，但人类学研究提供的视频却揭示了真相。"

在IMPACT项目中，定性与定量的前期与后期研究得到了开展。第三个层面关注的不只是总体上的最好行动方式而是集中在深入探讨为什么在这些案例中的治疗项目能够广泛影响患者群，并根据具体案例提供特定的指导。人类学知识被制成了视频档案，随后得到了相关研究并被广泛共享。这种共享形式使各组织能够独立探索对其最为合适的实践形式，并在组织间进行传播和共享。

再一次，无论是定性还是定量的结果都是正面的。即便是那些难管理的群体，如美国原住民和移民工作者，其A1C和LDL得分也出现了提升，而在他们被分派给某个由制药师指导的照料团队后，也表现出了顺从与坚持的态度。

第四个层面的内容是坚持与推广。在本书写作之时，该团队正着手将观念付诸实践。拓展开放式创新的应用范围对成功非常关键。团队起初的希望是25个社区都能获得当地的支持以将项目扩展到当地其他区域。

而作为推广的重要方法，美国公共卫生协会基金会希望提供引导、指导、训练和协作式支持，同时在多样化的参与组织间鼓励创造性应用。表9.3总结了这一观点。

表9.3 开放式创新的发展循环

项目要素	第一层面	第二层面	第三层面	第四层面
	阿什维尔项目；早期实验	十城联盟；顾问训练	IMPACT项目；利用学习经验	坚持与推广；向其他群体推广
服务开发阶段	探索与界定	设计	发展	传播
赞助商	阿什维尔市，美国公共卫生协会基金会提供出版支持	美国公共卫生协会基金会，顾问委员会	美国公共卫生协会基金会，咨询委员会提供专业支持	待定
资金	美国公共卫生协会基金会	葛兰素史克公司	百时美施贵宝公司基金会	待定
传播	一个城市和超过6名制药师	十个城市，超过30名雇主和超过50名制药师	25个提供照料的地区中心，超过80名制药师	待定
患者与照料家庭数量	136	573	2000多	待定

---

[1] IMPACT项目即由英国葛兰素史克公司对APhA基金会的一项共同应对糖尿病拨款进行资助。APhA基金会则反过来向25个地区提供拨款，支持该项目，并推动最佳实践研究的持续进行。

建议与陷阱

- 不要单独工作。如果你正处理一个大问题，一个值得处理的问题，请思考如何进行共享。要相信大家。
- 不断学习并修正传播过程中的核心收获。探索不应在测试结束后停止。服务的设计应遵循灵活性原则，即允许新实践形式出现并被他人采纳。
- 仰望星空，脚踏实地。如果当地实践者（本案例中的个体制药师）不愿推广该计划并将之据为己有，项目是不会成功的。不论国家标准有多好，都无法克服缺乏创见、僵化的地方风气。
- 为数据添加一个好的吸引人的故事情节。即便是最现实的基金会和立法机构都需要好的、打动人的故事。故事只能来自人类学研究方法，也必须包含能提升商业故事吸引力的定量数据。

9.3 结论

面对不平常的挑战。从前文所述的六个故事中，我们得到的直接信息即不应害怕面对那些值得我们处理的特大问题。正如PDMA创始人默尔·克劳福德（Merle Crawford）所说："没有什么我们所面对的问题是不能通过新产品开发过程而得以改善的。"

一个重大产品开发领域的显著成功同时也对应着一个明显的挑战。在很多案例中，我们面对的挑战让任一单个组织的资源都显得捉襟见肘。此时，创新者就应当考虑组织间的合作。詹姆斯·柯林斯（James Collins）和杰里·波拉斯（Jerry Porras）在1994年的《基业长青：企业永续经营的准则》一书中提出了"宏伟的、大胆的、冒险的目标"（BHAG），同时也是帮助企业通过战略性的、易接受的可视化图表将注意力集中的内部手段。本章讲述了一系列创新者超出原有边界以实现非凡成功的案例。企业、同事间的联合或正式协会等，都有可能构建起协作关系，或解决一系列特殊的问题。

要点

- 确认一名专业领导人。一个知识丰富、受人尊重的领导不是靠选派得到的，他们应是发起人。
- 诊断与设计。置身于较为危急的处境，并明确可能遭受的失败。创新者痛恨浪费性的失败：浪费了明显与需求相匹配的好技术。
- 建立合作关系。与一个主要伙伴建立起核心的关系，在法律、流程上达成一致，有明确的时间限制（项目章程）。随后吸纳其他的合作方，并与其签订已有的章程和法律协议。
- 建立项目章程。利用经过商定的流程或高度结构化的方法，形成创造性成果。结构能解放创造性思维，缺乏结构则会导致拥有强意愿的人破坏项目的进展。

- 共享式探索。考虑到足够长远的未来,以保持个体团队的竞争性。对一个团队而言,来自相邻行业的旧新闻也可能很重要。
- 不要单独工作。如果你正处理一个大问题,一个值得处理的问题,请思考如何进行共享。你的挑战是如何把蛋糕做大,而不是担心你能分得的份额。要对大家保持足够的信任。

上述是一些选择性建议,但也不应限制创新者的创造性。过程服务于内容,这一点在这些案例中表现得尤为明显。这些都是一次性的流程,它们再也没有重新开展过。如果流程没有经过测试,有经验的创新专家就变得相当重要。这些经验也能够在需要时帮助你。

每一次创新都产生了冲击波。经济和社会影响越大,冲击波的力量就越大。一些影响是积极的,其他的则不是。开放式创新与对创新的开放能够提供针对一些消极影响的解决办法。本章作者曾尝试将大量案例展示给读者。其中一些案例是当今社会面临的特大挑战,另一些则是简单的探索性工作,如"将来的厨房可能变成什么样?"仍然也有一些案例是大组织间的明智合作,它们教会我们类似于"应该考虑如何进行合作"的经验教训。我们希望更多的人能够勇于处理我们所面临的特大难题。开放式创新是一种推动力量,在应对这些特大挑战的同时可以获得巨大的成功。

参考文献

[1] Crawford, C., C. Anthony DiBenedetto, 2000, New Products Management, Homewood, IL: Irwin/McGraw-Hill.

[2] Collins, J., J. Porras, 1994, Built to Last: Successful Habits of Visionary Companies, Harper Business Essentials.

[3] Fera, T. BPharm, PharmD; Benjamin M. Bluml, BPharm; William M. Ellis, BPharm, MS, 2009, Diabetes Ten City Challenge: Final Clinical and Economic Results. Journal of the American Pharmacists Association Foundation, 49: 383-391.

[4] Greenwald, C. Gail, S. Auerbach, P. Breardmore, T. Cox, T. W. Eager, L. R. Hepp, R. Nelson, G. Rawlings, H. Schimitt, L. Semiatin, E. T. Smith, L. Sweet, H. T. Yolken, R. Crooker, P. Hilton, P. Kopf, W. D. Lee, J. O'Brien, M. Rona, S.Roudolph, C. W. Miller, K. L. Miller, M. B. Neblett (Arthur D. Little Emerging Technologies staff and conference participants), 1992, Moldless Forming: An Advanced Manufacturing Process, Exeutive Summary, Boston: The Arthur D. Little Company.

[5] Katzenbach, J. R., K. S. Smith, 1993, The Wisdom of Teams, Boston: Harvard Business School Press.

[6] Miller, Christopher W., 2002,Hunting for Hunting Grounds: Forecasting at the Fuzzy Front End, Chapter 2, PDMA Toolbook 1, Paul Belliveau, Abbie Griffin, and Stephen Somermeyer (eds.). pp. 37-62, Hoboken, NJ: John Wiley & Sons, Inc.

［7］Reinersten, D.G., Preston G. Smith, 1991, The strategist's role in shortening product development, The Journal of Business Strategy 12, 4: pp. 18-23.

［8］Stilwell, E. Joseph, R. Clair Canty, Peter W. Kopf, Anthony M. Montrone, 1991, Packaging for the Environment: A Partnership for Progress, Chicago, IL: AMACOM Books.

［9］Wyman, Carolyn., 2004, Better than Homemade: The Amazing Foods that Changed the Way We Eat, Philadelphia, PA: Quirk Books.

作者简介

克里斯托弗·米勒（Christopher Miller）是创新焦点公司的创始人，也是一位致力于推动深入理解创意和有意义创新的精力充沛的研究者、发言人。克里斯托弗曾在2004年担任产品开发与管理协会的主席。他在凯斯西储大学获得了哲学博士学位，其攻读博士期间的研究则关注工程师的长期职业生涯发展。他在指导高绩效跨学科团队应对产品开发、消费者互动和快速项目完成方面拥有超过25年的丰富经验。他因在消费电子设备、出版物和咨询服务上的创业成就获得了安永会计师事务所颁布的"年度企业家"荣誉称号。

第五部分
开放式创新的最佳实践与建议

PART 05

该部分共包含三章,都关注开放式创新管理宏大领域中的一个小点。

- 第10章的作者是唐纳·雷诺万(Donna Rainone)、麦克·雷诺万(Mike Rainone)和路易斯·穆斯卡(Louise Musial),他们思考了大型企业希望与小企业合作以强化其创新实力的原因。三位作者都是一家小企业的管理人员,并与大型企业进行了多次开放式创新合作。作者分享了他们的经验教训。基于他们所在的公司在数十年间为大型企业所提供的产品开发支持,作者描述了理想的开放式创新合作伙伴特征是什么,以及与小企业合作的最佳形式,包括从起初开始确定时间节点直到第一批任务的完成。
- 在第11章中,格哈德·德雷克斯勒(Gerhard Drexler)、安德雷·杜(Andrej Duh)、安德烈亚斯·科恩海尔(Andreas Kornherr)和迪恩·克罗萨克(Dean Korosak)描述了高级经理和管理人员需要周期性地查看什么,以使他们能保持在企业开放式创新行动管理中的权威位置。将近些年来出现的大数据纳入考虑范围非常重要。作者认为企业通过两种方法从大数据中获取需要的信息:其一是雇佣一名数据研究员,由他不断地对企业搜集的数据进行分析;其二则是通过一种结构化方法,将大数据展示给管理人员,以使其对当前状况做出大致判断。他们将这称为你的"每天一杯信息",即一张简单的表格,你可以在每天工作前泡咖啡的时候细致地看看。作者认为,这类搜集的"一杯集体情报信息",通过大数据分析得到新发现的方法,也应依据企业的业务、品牌、技术、发展趋势、市场、消费者、差距分析与竞争对手等不同条件进行特殊的更新改造。
- 最后,克里斯托弗·米勒(Christopher Miller)、安妮·欧尔班(Anne Orban)与他们的同事贝基·帕迪达(Becky Partida)、安德里亚·斯特劳德(Andrea Stroud)及佩奇·莱维特(Paige Leavitt)展示了美国生产力与质量中心2013年关于利用开放式创新创造创意的最佳实践的研究结果。他们区分了与开放式创新战略、角色、过程、测量以及改进等相关联的11种特定类型的最佳实践。对于每一种最佳实践,他们都提供了确切的案例。他们提出了五个要点,尝试提升开放式创新绩效的企业需要对其进行应用。所有的章节都指出了成功的关键和应避免的陷阱。

10

如何通过与小企业的合作提升开放式创新能力

唐纳·雷诺万（Donna Rainone）
PCDworks 公司

麦克·雷诺万（Mike Rainone）
PCDworks 公司

路易斯·穆斯卡（Louise Musial）
PCDworks 公司

10.1 简介

本章所展示的研究成果缺乏统计与方法论支持，甚至不是来自于某项调查，而是来自一家新产品开发（NPD）企业的理解、洞悉与教训。这家企业与全球多家大型企业进行了长达25年的构思、工程、设计与商业化合作。本章没有列表，没有计算和公式，甚至案例研究也很少，文中所讨论的都应被视作具有启发性的，同时也是在为大企业或企业本身进行实实在在的新产品开发与创新中所获取的惨痛教训的成果。

本章将提供关于在开放式创新（OI）实践中整合小型企业的相关内容。这些内容能够成为个人、"企业"与小型企业（"供应商"）之间构建合作关系的基本思维引导。尽管与小型企业合作并利用其外部资源并不新颖，但大型企业不断下降的基础设施投入却使得这一点变得越来越难以实现。然而，我们首选需要明确为什么会这样。

可以很确定的是，大部分在企业工作的人目前都已然认识到，将"美国公司"视作创新的文艺复兴的观点已经失败，或者其至少不再吸引人。在过去的几年里，更确切地说，从2007年经济危机开始，试图推动企业创新的努力已经越来越少。在这几年内，各大媒体的头条都在反复鼓吹创新将会拯救我们。美国公司与创新没有很好地结合，否则它也不会付出现在这样的惨痛代价。根据一项近期的研究，"设备、软件和建筑上的商业投资在2000—2011年仅仅增长了0.5个百分点，而这一数字在1980—1989年是2.7%，在1990—1999年达到5.2%"[阿特金（Atkins）和斯特伍德（Steward），2013]。然而，实施OI实践是企业获取创新成果的方法之一，而不必假装在公司内部打造创新文化。

我们所强调的OI是指实质上的开放性，即企业必须对外部打开大门、内心和思维的做法，以此寻求新创意、学习有效的问题解决方案，以及开发出突破性产品开发所需的颠覆性技术。企业必须克服产品团队中根深蒂固的、有害的"非此处发明"式的反感，这些内部团队已经进行了太长时间的持续工程与渐进式开发工作。这些团队正如他们可能会的那样，阻碍了企业对开放式创新真正精神的理解，因而这些有害事物必须得到清除。请注意，OI可能指代门户、平台与网站，但是真正的开放式创新却意味着要接触外部专家、智库、创新者和产品开发者，他们永远不会根据一道命令就将精力浪费在流程化的工作中。

10.2 定义

在本章开始前，明确OI的定义及相关术语非常重要。对于不同的人来说，"开放式创新"一词可能被使用在不同的语境中。一些人认为它就是众包，另一些人则将它看作寻求外部创意与知识的一种工具。在本章中，开放式创新将被定义为：对外部创意、个体与企业的利用，并与企业内部创意、工具和机遇相结合，进而推动技术开发以创造价值。从这一内容来看，这是一个相当宽泛的总括性术语。任何创新源，无论是众包/竞争平台还是小型咨询公司、大学、车库发明家或制造商等，都可以包括在企业新产品开发方案的开放式创新讨论中。

10.3 开放式创新背景

很多企业都已经开展了多年的开放式创新。当企业从大学引进一名专家以进行材料研究，或是引进一名技术顾问来解决包装问题时，该企业就参与了开放式创新。然而，在2003年，亨利·切撒布鲁夫（Henry Chesbrough）博士撰写了《开放式创新：进行技术创新并从中赢利的新规则》一书，在其中更正式地描述了一个从外部寻求创新机遇的美丽新世界。他谈论到在一个确保减少风险和更快收益的世界，企业更愿意与外部的创新人群进行协作。切撒布鲁夫在试着警告我们，在现有的技术发展速度下，企业永远都跟不上技术更新的步伐。寻求外部帮助是保持企业竞争力的唯一办法。

自从该书出版之后，OI实践就得到了开展。类似于六西格玛和意诺新公司等的众包项目逐一成立，这些项目旨在将你的技术难题交给分布在世界各地的专家，这些外部专家能够帮助企业获得快速的解决办法。这也导致了现在的众包风潮，无论是技术难题，还是从logo到软件的开发，都能通过众包得到处理。资金短缺的创新者甚至能通过Kickstarters这样的众包网站筹集创业基金。

切撒布鲁夫对他的观点有很好的解释。首先也是最重要的，他准确地强调了技术的发展速度让我们无法跟上其步伐，这在今天更加成为事实。尽管很多企业努力保持技术领先，但其也在不断地倒退——通常是以年迈的工程师逐渐退休的形式展现。这种经验累积的智慧不断被淘汰，最终使得世界上以指数形式日益增加的知识无法得到有效利用。即便工程部门能正常运转，大多数工程师也只能以满足用户要求的持续的、渐进式的方式维持企业运转。如果我们认同彼得·德鲁克（Peter Drucker）的看法，即任何企业的两大最重要职能是营销与新产品开发，那么工程师的退休使得经验缺乏的专家开始管理NPD，这也使NPD成了企业主要职能中风险最大的部分。

相比以前，现如今更多的企业被迫重新协调创新产品带来的收益，以及在这类创新中可能存在的风险。我们都知道，创新是模糊的、不可预测的、充满未知的以及有风险的。如果无法预测结束点、最终开发费用或回报，企业会计员也就不能评估相关风险。OI通过让第三方冒险进行探索、开发、在市场中测试新技术等，进而降低了企业所承担的风险。很多企业相信，相对于让那群难以控制的、不可预料的、不妥协的、不肯协作的疯子（也称作NPD研发职员）冒着风险漫无目的地探索，引进已开发完成的、得到市场检验的技术实际上成本更低。

10.4 两种途径：内部创新还是外包

考虑到多数情况下大企业都很难对创新过程进行预测，可选择的途径似乎就有两种：一种途径是至少在其早期阶段，企业可以承认创新的困难并将其进行外包。这也反映在现有的通过并购初创企业以"购买创新"的战略上。同时，这一点也深刻说明了大型企业无法有效实现类似职能的困境。另一种途径是内部创新，即在企业中模拟小型初创企业的成功道路并加以模仿。尽管从某些角度来看，这种方法风险更小，但在企业现有文化中兼容另一种创新文化也相当困难。

如果我们赞同小型企业更擅长创新的观点，那么我们接来下就要对造成这一状况的相关因素进行分析。

小型企业能更灵活地适应环境变化

当进行技术开发和变革性创新时，常识和无数证据都告诉我们应保持较小的团队规模——这对小型创新组织很重要。其中的核心则是创新团队必须保持相当的适应性，以便于改变工作方向或是应对未知事物带来的大变革。组织必须能够迅速变革以应对快速变化的环境，而小型组织或团队在应对环境变革时更为迅速。在创新的世界中，大型企业必须模拟小企业的行动机制，它们必须学习如何变得灵活、有弹性、不被大型实体所限。这看起来对于大企业是一个不可逾越的障碍，而实际上也确实是障碍。幸运的是，承认这一点就能带来改变。

小型企业决策更快

没有人能对大型官僚系统中的决策速度持乐观态度。毫无疑问，大型组织实体中存在一系列因素使得决策缓慢而低效。我们将提出相关的重要原因而不会进行详细讨论，这些原因包括大型组织并不是创业型的、不是"扁平式"的、对可能出现的不良决策要承担更多的损失。即便财务风险很小，大型企业也非常清楚，哪怕是最小的瑕疵都能给企业品牌带来不可估量的损失，特别是在当今像推特与脸书这类社交媒体如此发达的环境下。因此，小型组织的决策风险更小，其效率也更高。除此之外，很明显任何小型组织几乎都不存在官僚系统。之所以能够快速决策，也是因为通常只有一位掌握着实时信息的决策者。

小型组织通常是由对其业务各方面有详尽知识的创业者开办，因此决策所需信息也已经掌握在决策者手中。小型组织的决策者需要进行很多日常性决策，因而对企业流程也就了解得更为清楚，尤其是相对于必须依赖下级报告的信息进行决策的大型组织的高层领导而言。当还需要考虑到可能对利益相关者、董事会和其他相关人员造成的影响时，这种企业决策的速度还会进一步放缓。

小型企业有"不做就死"的心态

大多数小企业都有一个激情四射的领导和一群员工。成功的小型组织通常凝聚力更强，因为将员工团结在领导周围更简单。公司内的每一名员工都是重要的成员。在小型组织中很难隐藏起来，如果你不努力，你就在公司的进展和成功方面拖了后腿，这一点在公司里也会表现得相当明显。同时，参与创造某种新事物的过程也能带给人成就感。

小型组织一般会由那些承受过职业危机的创业者负责运转。这类组织必须擅长各个层面的问题处理，而不仅仅是应对如新产品开发的创新问题。从日常事务来看，他们必须在没有很大预算的情况下吸引新用户，在没有信用额度的情况下为员工发工资，在没有公关团队的情况下保持公司的关注度。大部分创业者都希望参与到某种大事件的决策中，而不只是获得报酬。典型的小型组织的创业者能够识别出企业发展的方向，明确并掌控达到目标所需的步骤而没有企业层级的制约。

多数的大型企业都不喜欢失败，他们将之视作威胁到公司核心业务的风险。不论他们谈到这些失败在多大程度上是可接受的，我们都知道事实并非如此。人们尤其是美国人，不喜欢"我们不是最好的"或"我们犯错了"这类看法。如果将失败看作新产品开发中的常态，那么小型企业的失败则速度更快、成本更小、更为频繁。创新并不总包含失败，但失败必须成为该进程中一个可接受的部分而存在。小企业学到这一教训的次数要比大型企业和非个体企业多得多。创业者就是天生的风险承担者，他们将失败看作常态。

小型企业通常更能保有其人力资本

小型组织很自然就希望留住其职员，尤其是那些从事高度复杂和具有挑战性领域工作的员工。人力资本的重要性永远不可衡量：不是公司在开展创新，开展创新的是公司的员工。没有集体心理这种事物，构建联系的都是个体心理，你也永远不知道下一个构建起这类联系的是哪一个个体。因此，保有其智力资产对小型企业而言就格外重要，而这类资产即存在于企业员工的头脑思维中。通常小型创新企业会奋斗在前沿地带或"流血的边缘"，前者指的是技术开发的最前沿，后者则"比喻切至流血"，指代因为技术的不可靠性而不断增加的风险。通常来说，小企业中的商业秘密要比专利知识产权更具价值。小型企业能提供大企业所不能提供的长久性与持续性。大型企业创新的难题之一，是一旦创新团队取得成功，大部分已经成为某种产品"创始人"的队员都不希望再从事其他创新工作。如果没有持续性的创新渠道，留住拥有累积性智慧的人力资本就变得相当困难。

大型企业能从小企业学到什么？

在所有能从小型创业公司学到的经验教训中，最重要的一项是创业精神。从美国到欧洲的企业，所有人都在标榜成为创业者的重要性。那么，究竟什么是创业精神呢？如果你是一名创业者，很可能会观察每天发生的事件，并将其与在大企业没有出现的事件进行比较。一种假设认为，创业者的天性就是不断前行，不断主动寻求解决方案而不是被迫这样做。成为创业者需要满怀热情、承担风险、富有激情，同时具备某种大企业很少具备的、在一般情况下很难获取的品质，即主人翁精神。最后，真正的创业精神就是一种主人翁精神、一种舍我其谁的态度。这种真正的创业精神需要员工像主人翁那样行事。"如果你想成为主人翁，那就表现得像个主人。"这样必然的结论就是，如果你希望员工表现得像个主人翁，那就要像对待主人翁那样对待他们！

那么，是什么阻碍了大企业中的员工成为创业者呢？答案可以分为结构上的、财务上的和情感上的。

在结构上，企业深陷官僚系统之中。当员工不得不穿越官僚系统去获取答案、进行采购或获取做任何事的许可时，很明显该结构就阻碍了创造力与创新。因此，我们称为创业精神的主人翁精神就受到了阻碍。尽管创业者行事也需要获得相应的许可，但不存在阻碍决策制定的内部官僚系统。

在财务方面，大型公司拥有大量资源，并能够从股东处进行借贷。创业者很少有这类支持，在最近银行系统的经济危机背景下，有很多创业者甚至借不到钱。尽管很难说他们会享受这种缺乏财务支持的感觉，但这也确实为其提供了动力。

第三类原因是压抑公司员工的巨大精神压力。从工作稳定到担心失败，企业给予了员工太多压力，这同样妨碍了他们成为创业者。当然，创业者也有各式各样的情绪压力，如薪酬负担、寻找新领域、与其他企业开展合作以及寻求银行支持等，这些都是为了他们的生存。

从企业的产品、财务到公关各个方面，创业者都必须知其然且知其所以然。清楚了解这些商业活动的价值，对于成为一名成功的创新者是非常必要的。大企业的结构并不利于产生这样的结果。

尽管我们倾向于认为大型企业也有可能推动主人翁意识或创业思维的形成，但这种看法也不应太过乐观。这并不是说世界上没有相应的成功案例，但这样的成功更多是例外而非常态。组织中对创业倾向的支持（或反对）也只是个人的选择。发起行动、给出承诺的都是企业的高层，然而他们却被大型企业中需要实现的生产任务和市场要求弄得意志消沉。当问到这一点时，他们从不认为自己在为公司工作，而更倾向于认为是与公司一起工作。因此,一旦有机会,他们就会选择离开该企业。

一些大企业也能在内部推动创业精神的形成。这样的案例不止一个,他们既能发现重要的新技术,同时又能够将其成功孵化而成功保留基于内部技术的子公司,有代表性的是壳牌公司,一家世界上最大的石油勘探和生产公司。

> **壳牌公司**
>
> **改变游戏规则**
>
> **问题**:壳牌公司寻求保护创新免遭瓶颈因素制约的途径,并希望这些创新能成功为其带来利润。企业明确了对于新技术的需求,但不知道如何将新技术引入企业而不受到扼杀。
>
> **解决方法**:壳牌公司了解创业者的性质,也明白创新者与将创新引入市场的人之间的特殊联系。鉴于对与大企业合作的重重阻碍的了解,公司倾向于剥离出一些内部创造的技术,以及与这些技术相关的员工。公司照例保留了其中的一小部分,随后让大部分的创新者和员工在外部重新发展。通过这种方式,公司在发现所需的外部技术时,即对该企业进行投资。他们让原来的创业者继续负责,只提供所需的必要资金。公司并不尝试将这些外部企业纳入其庞大的、会计驱动的官僚系统。在过去的多年里,壳牌公司成功地保留了超过150个创新和新创企业,这些企业能够完全自由地创造、成长或是面对失败。壳牌公司的创新行动,即其所称的游戏规则改变行动,已经得到了有效证明。

10.5　如何在大型企业中建立创业精神

我们应在这里强调,企业能够在组织中创造有利于创业精神形成的工作条件,或者也可以称为内部创业精神。关于内部创业精神最为悠久——当然也是最受欢迎的故事,即有关洛克希德马丁公司的高级研制项目以及其创始人凯利·约翰逊(Kelly Johnson),该项目也作为"臭鼬工厂"而为人们所知。除了制造出很多世界最先进的飞行器如SR71黑鸟之外,约翰逊还为内部创新企业建立了相关标准。约翰逊让臭鼬工厂成为公司内独立运转的一个部门,也就是意味着有其独立的会计、合同,能独立选择合作方与项目,从合适的供应商采购所需的物品与部件,以及独立决定员工的任免。

第一,臭鼬工厂是一个针对实际目标的自主组织。除去对允许约翰逊设立臭鼬工厂并独立运转的持续担忧,洛克希德公司的管理工作也足够智能。可以确定的是高层管理工作仍需要一定量的文字工作，公司也希望能够参与臭鼬工厂事务，但他们很清楚约翰逊不会容忍公司的干预。没有约翰逊，就很难产生那些交付给客户的特殊产品，因此不干预能给公司带来最大的利益。这里的经验是：高层管理干预越少，效果越好。

第二，约翰逊有一种紧盯会计事务的意识。通过做到最好，臭鼬工厂的大多数创新工作都为公司带来了大量利润和持续至今的声誉。他们设计建造的每一架飞行器都满足了预算和时间要求。他们完全理解每一笔开支以及还需要完成的紧张任务，随后他们即能达到这些期望。

经验：尽管财务控制是必要的，内部创新团队却需要有权力决定如何及何时使用资金。这并非在说这些团队能够随意开销，但公司预算应该建立在内部团队能够按其需求决定开支的基础上。

第三，约翰逊深知小型的、有结合力的、聚在一起的团队的力量。工程师、机械师与设计人员、生产部门都相距不远，如此安排提升了工作效率，使得错误能够得到迅速纠正，同时每名员工的意见都能得到重视，特别是机械师与制造员通常能提出解决问题的最好办法。

经验：如果你决定构建这一结构，团队中的成员就应保持在同一个工作场所，既是身体上的也是心理上的，为团队成功做出个人贡献。"虚拟创新"认为不在同一工作区域的个体能够进行合作，然而这种观点被证明是错误的。凯利（Kelly）对此很了解，现在谷歌和雅虎也明确了这一点。此外，对多方主体进行报告的责任也是失败的前提。团队每个人的命运都应与团队的成功联系在一起，外部成员不能对其绩效进行适当的评估。

第四，项目要求应及早确定，任何不能或无法固定下来的要求都必须向客户公开。约翰逊深知查尔斯·凯特林（Charles Kettering）的名言："说清了问题就等于解决了一半的问题。"

经验：公司必须对内部创业团队的目标非常清楚。在问题确认上花费的时间越长，结果就越好。好的领导能帮助团队得出明确的问题报告，该报告则有利于目标的声明，以及清晰的、精确的工作方案的产生。

第五，尽管不能确定约翰逊是否是一名"社交天才"，但他的确很善于规避那些尤其是来自美国海军的消极影响。约翰逊利用他的"14条管理法则"来管理臭鼬工厂，这些法则也能通过他的座右铭总结得出，即"保持迅速、保持安静、保证及时"。第15条未写下的有关美国海军的法则也在口口相传："不到饿死不要与该死的海军做生意。他们完全不知道自己要什么，只会在让你身心俱疲之前牢牢困住你。"约翰逊很清楚，需要激励员工进行尝试而不要害怕失败，但也需要让他们了解到，尽管他们很难知道前进路上的每一步，但在开始探索之前必须明确前进的方向。

在所有的创造性冒险中，失败都是不可避免的。事实上，如果你没有失败过，你的冒险旅程就不完整。其中的诀窍是，在一开始就要解决你将面对的最大困难。如果你从简单的问题开始，在最后就不得不在最难的问题上耗费大量的时间与资金。

为了利用约翰逊和臭鼬工厂的经验并构建成功的内部创业团队，企业领导必须掌握有限分离的技巧。有限分离描述了一种大多数企业都很难达到的"涅槃"境界，这种状态能让企业在不干预的情况下进行监管，鼓励内部创业者尝试冒险行为，并理解创新的产生并不是人为计划的。没有对内部团队及其领导的防火墙式保护，内部创业团队就会遭遇失败，公司也会失去团队、失去其领导或失去该产品，甚至同时失去这三者。

我们需要认识到，内部创业已开展了多年并取得了不同程度的成功。然而大多数努力仍然失败了，正如大多数企业的社会实验那样。他们的失败是因为缺乏耐心，缺乏支持，个性冲突，缺乏清晰的要求，缺乏明确的目标，以及其他超出企业或团队控制的种种原因等。当他们取得成功时，其原因则是他们能够界定一条清晰的道路，被鼓励完全自主运转，并得到了一位完全可靠领导的支持。团队领导必须有权根据项目要求修订管理原则，并建立一支合作性的共事团队，而团队领导的奖惩依据是其绩效而非领导所管理的成员的数量。最重要的是，公司高层必须准备好放权，坚持有限分离的观念。有了这些条件，不可思议的事物才能发生，事实上它们也的的确确发生了。

案例 内部创新团队

问题：我们见过的最有趣的一个针对破解心理僵局的案例发生在一家油田客户那里。这家油田客户将六西格玛应用到了极致，但是却丧失了创新活力。问题在于当该公司企图用六西格玛控制一切流程，甚至是新产品开发时，企业发现对于流程各阶段的管控任务变得异常繁重，最终导致整个NPD流程被迫中断。

解决方法：像往常一样，该案例需要组织上的变革，需要由新人来打破僵局。在本案例中，新上任的CEO设置了一个内部团队来开发突破式技术以重启NPD进程，他的做法是对的。第一，他从外部引入了一名熟知快速创新的团队领导。新领导发现，在起步阶段的小投资和迅速摒弃偏离的观点能将风险最小化，也是审查颠覆式观点的最好方法。第二，该领导也像约翰逊那样挑选了自己的团队成员，不仅包含工程师，也包括营销员、制造工程师和知识产权管理员等，以此构建了一支不仅能够进行观点开发，更能理解需要考虑市场所能接受价格的必要性的团队。第三，团队独立于公司，也远离了公司内反对者的影响。第四，得到了需要的财政支持，团队能够根据需要进行新技术的采购。第五，他们并非自生自灭。供应商和公司内高管都时刻关注他们的需求，并对项目进程实时监管。第六，在花费大价钱进行完全开发之前，他们也被容忍快速、频繁的失败。

我们无法得知这支团队能有多成功，但该团队是小型的、新创的，他们有内部VC（风险资本）的支持，从其结构和流程来看，他们能获得最后的成功。

从你的 OI 伙伴能获得什么？

现在你知道了你对 OI 存在着需求，接下来该怎么办呢？对这个困难的问题还没有什么答案。我们也需要在这里再一次强调，问题的界定是寻求小型开放式创新合作伙伴过程中的首要环节。正如之前提到的查尔斯·凯特林说过的，"说清了问题就等于解决了一半的问题"。这也是一个需要一再强调的重要观点。大多数组织对其问题根源的认识都是错误的。真正地理解问题报告与需求，才是理解你的 OI 需求和解决问题的关键所在。第一步是明确问题是什么——你的开放式创新需求在何处？答案可以是任何你需要组织跳出框架进行探索的事物，也可以通过小型咨询公司来获得灵感，或者是在看到其他竞争对手活动时获得灵感，此时可以利用众包平台来明确问题。只有当你明确了开放式创新始于何处，才能开始寻求合适的 OI 伙伴。

小型咨询公司。他们是最原始的开放式创新提供者。这些组织提供了从构思到帮助构建创新方案所需组织结构的广泛功能。这一类型的组织也可以包括工程团队、工业设计企业以及原型制作团队等。当涉及与他们进行合作时，大多数人会借助研讨会、第三方验证或个人经验。这些都是联系那些知名度远不如大型咨询公司的小企业的好办法。很多这类业务也通过大学介绍而进行，需要帮助时，询问同事和熟人也是很直接的方法。另一个寻求外部伙伴的地方就是研讨会，无论他们是否是代表，出席会议的人们都会相互分享其经验和联系。此外，网络也是寻求合适的创新伙伴的高效工具之一。

大学。大部分大学都在进行科学研究。科学或应用研究，对一些 NPD 项目而言都很重要，但大学研究与商业化应用之间通常也存在着巨大的分歧。过去，大部分大学并不关心应用性研究。鉴于大学间"出版或毁灭"的固定结构，大多数研究设备也被用来进行基础研究，尽管这一点正在发生变化。此外，大多数研究者都认识到了经济上的需要，但由于概念和商业化之间的巨大差异，他们也很难突破这一点。随后是知识产权（IP）"问题"。有经验的大学会知道，多数企业或风险投资人不愿意（至少是不愿长期地）与大学法律部门打交道，他们也明白什么时候需要做出让步以推动项目发展。特别是在与小规模的大学进行合作时，其常常高估了 IP 的重要性，即 1% 的灵感，如爱迪生所说，但却忽视了 99% 的努力的重要性，即以合适的方法将 IP 引入市场的商业化努力。

当选择大学作为合作伙伴时，要确保该大学不想将 IP 据为己有，并理解如果没有商业化环节，IP 将毫无价值。要选择那些已经在商业化环节有过成功合作记录的大学作为合作伙伴。

众包。众包的深层含义是，通过有偿或无偿的形式利用一大批人的服务来推动创新，尤其是借助互联网来解决面临的问题。这也是更难掌控的一种方法。鉴于众包所涉及的复杂关系性质，在我们的定义中，众包有利于创意生成而对创意执行的帮助不大。它确实撒出了一张相当大的网，能够知悉其他人（个人与组织）的工作领域及对解决问题可能提供的帮助。知识产权同样是谈到众包时不可回避的话题。多数基于平台的众包会让创新者将 IP 让渡给大型组织。有一些公司很善于利用这一点，但很多有能力解决创新难题的人与组织并不想参与众包项目，其原因则是很难评估专业知识和IP的价值,尤其是在可能面对某个"问题域"的核心问题时。很多人持一种观点,即拥有大事物的小份额要比拥有小事物的大份额要好,但很多创新者和专家意识到,他们的知识价值要远远大于平均得到的回报。

当在众包竞争平台展开工作时,请记住创意执行与创意生成同样重要。要寻求那些有利于成功的资源,那些能够推动创新进程前后阶段开展的资源。

门户。因为知识产权保护法,很多大企业被迫进入开放式创新应用门户,并试着减缓知识产权带来的损失,这有时也被称作IP污染。组织有两种使用门户系统的方法,一种是提交一个创意,即意味着如果你有一个好点子,将它上传;另一种则是提交一个创意以获取招标,即指组织需要借助外部力量来帮助开发创意。门户中也存在专家和消费者。高乐氏公司是门户系统的一个早期应用者,这种方法帮助他们在消费者参与时减少了IP污染带来的损失。宝洁公司的联络与开发也是开放式创新门户应用的一个著名案例。

当在组织中应用门户进行开发时,明确目标非常重要。一些组织仅仅是寻求IP保护,另一些则积极地吸引观众。有一些组织仅针对内部应用构建门户,这同样可以是非常有效的。这种方法也使得通常很难有机会分享创新创意的人有了参与渠道。目标必须始终得到强调,以将开发工作保持在正确的方向上。

与小型企业的合作("专家网络")。大部分大型组织会通过其现有的供应商来推动技术发展。合作中确实存在一定量的信任需求,即便仅仅是展开创新对话。在联系和信任都得到建立之后,很多开始或结束OI协议时的不确定性就被消除。通过利用有名的供应商或是值得信任的专家,参与OI合作的成本与时间也能够减少。

另一个寻求"专家网络"的途径是,可以向长期与你共事的值得信任的同事寻找建议。在LinkedIn或其他的专业网站上,专人人士也能够给出他们的经验和教训。还有一种寻求帮助、建议或介绍的途径是研讨会,研讨会是典型的与各行业代表和服务提供商进行沟通的途径。永远不要低估与潜在服务提供商的面对面沟通所带来的价值,通过这种形式,你能获得大量的关于供应商的知识与产出。

10.6 与小型企业合作的重要意义

技术在今天的发展已经太过迅速,以至于很多事物无法与技术的发展保持同步。大企业需要不断地从外部获取专家支持以保持竞争性。任何组织都没办法了解世界上的所有技术,但借助合适的资源和专家网络,组织能更容易地跟上重大领先技术的发展趋势。与此同时,不仅仅是技术,用户的需求与希望也在不断发生变化。利用外部相关资源与专家使得企业能对未来的发展方向有较为清晰的、全面的了解。现如今,大企业也存在大量需要弥补的知识与技术缺口,而利用小企业以缩小这些差距对于大企业推动创新发展已刻不容缓。

与小型企业合作的最佳实践

小型企业通常会对大企业的底线产生积极影响,这一点的价值也需要大企业通过下列措施进行确认。

第一，提供特殊与（或）具有弹性的合同和支付条款。小企业并不具备大企业同样类型的资源，他们通常也没有大型的法律或会计部门。要使合同流程尽可能清晰，从最开始的时间表安排到对标准合同选项的解释。要用这些节省下来的时间去获取回报、提出问题，而在与小型企业进行合作时，一定要保持足够的弹性，它们也缺乏支付繁杂流程的资金。

事实上，学者也明确了这一点，"首席信息官（CIO）经常引用的外包创新失败的主要原因之一，是供应商对创新的态度充满了不确定性，同时合同设计能力也是造成失败的另一个原因。简言之，大部分合同并不能正确地应对这些经常性、矛盾性需求"。

不时发生在大型企业中的是，将工作外包给小企业的研发经理与其法律和采购部门几乎没有联系。我们处理过类似的例子——一家财富500强的大型企业，公司在创新发现和应用过程中，法律与采购部门无论如何都无法满足研发部门的需求。任何外包订约人都会经历制作工作说明书（SOW）的流程，该程序则必须获得法律团队的认可。法律团队的审核工作可能会持续4～6周，随后采购部门即开始确认订单，这一过程也要持续6周。整个流程最终延缓了创新进程，小企业也开始猜测是否是合作中发生了变故。而当项目最终得到确认之后，小企业曾为项目配备的人力资源也很可能不再适用。小企业曾充满信心地开始，但在最终等待项目确认和所需资源到位的两个月过后，他们很可能逐渐丧失了合作的动力。这就是该500强企业所面临的状况。最终，公司合作结构得到了调整，将小型、快速的创新供应商视作首要的关注对象，支持他们与公司研发团队的创新发展。

第二，图10.1阐明了从初始参与或查询到支付报酬的时间表（多数企业的支付报酬时间是60天）。这一周期可能会持续6周或更久（如在上述财富500强企业案例中的描述）。小型企业则很少能承担如此冗长的周期带来的资本与人力压力。

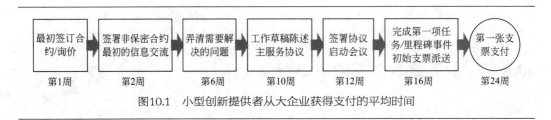

图10.1　小型创新提供者从大企业获得支付的平均时间

第三，确认大企业中有一名合作领导和/或项目经理负责与小企业的合作。这样的安排确保了延续性，以及公司与小型组织之间的联系沟通。企业内常会发生人员变动，因此确保有固定的对项目较为熟悉的人员进行负责非常重要。

公司负责人应有权调整公司层级结构，以顺利处理小企业在合作中可能遇到的问题。这可能包括在定期支票支付或履行下一阶段合同等方面的问题处理。

第四，提供合作的工作环境。定期与小型企业伙伴进行沟通，以此追踪项目进展并获取反馈。为小企业提供迅速而明确的问题或数据回应，明确目标和问题也同样重要。合作能应对任何项目障碍或无法预料的问题。

第五，将小型企业视作重要的合作伙伴，认可他们的工作。合作伙伴的知名度通常与其价格相挂钩，而小企业通常并不介意成为"幕后人员"，他们更在意对工作的贡献、合作的工作环境及最终的认可。而认可他们的最有效方法之一，即为他们提供推荐信和公关支持，并将他们推荐给新客户。没有什么比提供推荐信或介绍信更能体现小型企业价值的方式了。

10.7 结论

没有正确的思维模式、目标理解与组织化购入，开放式创新也只是另一个没有任何支持或产出收益的混沌概念。开放式创新的世界是开放的、成熟的，只要企业结构形式也是支持式的、培养式的。推动产品更快进入市场的合作、联合开发、合作机会数不胜数。而这些也是新产品开发方面开放式创新的目标所在——在组织中创造更大的价值。

启发

- 从一开始就建立起对开放式创新目标与成果的识别机制。在内部购入过程中，战略很重要，理解为什么你要通过 OI 发展非常重要。要建立起相应的文化与思维模式，即认为合作团队具备企业所需的价值并能带来更多的机遇。
- 要确保你的 OI 努力与合作伙伴的能力、优势相匹配。
- 将 OI 合作伙伴视作重要资产。OI 伙伴应得到平等对待，而不是仅仅被当作服务提供商。他们的价值来自其在创新中的高效行动能力。
- 确保与 OI 伙伴的合作具有弹性。必须意识到 OI 中不存在放之四海而皆准的模式。对某一家企业适用的模式不可能完全适用于另一家企业，无论这些组织看起来如何相似。
- 大型组织内部阶段与阶段之间的延续性非常重要。在下一阶段开始前确认或雇佣一名"指挥官"很关键，这样有利于项目的顺利进行。
- 频繁的沟通和交流很有价值。要确保被定义的问题得到了所有参与方的理解，这能使项目进程、关系和最终成果产出变得更加顺利。
- 确保你与外部伙伴都意识到了开放式创新（在应用于内部开发工作时）可能会变得相当复杂。这大体上就是创新的基本性质。
- 发现合适的 OI 伙伴将为你带来前所未有的高效发展和机遇。这能为实现你所有的创新梦想打开一扇大门。

参考文献

［1］Atkins, R., Steward, L., 2013, Restoring America's Lagging investment in Capital Goods, Information Technology and Innovation Foundation.

［2］Chesbrough, Dr. Henry, 2003, Open Innovation: The New Imperative for Creating and Profiting from Technology, Harvard Business School Publishing Corporation, Boston, Massachusetts.

［3］ "Dictionary definition of bleeding edge," technopedia.com, retrieved January 20, 2014.

［4］ OShri, Dr. Ilan, Dr. Julia Kotlarsky, 2012, "Innovation in Outsourcing: A Study on Client Expectations and Commitment," Warwick Business School and Rotterdam School of Management.

作者简介

麦克·雷诺万（Mike Rainone）是PCDworks（一家跨学科创新与研发公司）的首席创新官。他在创新和新产品开发方面有超过20年的经验。麦克对新兴技术有广泛的了解，同时他也在心理学与设计方面有很深的背景。他曾执教过建筑学、工业设计、经济学，并为新光、艾佛利丹尼森、3M以及金百利克拉克等公司开发了大量产品。麦克在美国奥斯丁大学获得了建筑学硕士学位，并在北德州大学获得了心理学硕士学位。他同时也是专栏获奖作者，并在最近出版了一本书，名为《恐龙的秘密：创新的演变与发现通往未来的路》。

唐纳·雷诺万（Donna Rainone）是PCDworks的总裁，他曾依据"新产品开发的执行与创新前沿同样重要"这一观点成立了一个组织。唐纳也参与建造了77英亩的创新园，这一场所拥有7项科学与仪表检测设施，在同一个区域内形成了最大的现场工程与分析实验室的结合体。唐纳曾是一名针对几百万美元医疗设备的设计师，通过该工作锻炼了她的设计和管理技巧。她获得了建筑学学士学位，其工作成果也被发表在一系列期刊上，包括A/A建筑学杂志等。唐纳还拥有奥斯丁大学的建筑学硕士学位。她在PCDworks创新园召集了众多的工程师和科学家，也因此获得了"创新园之母"的头衔。

路易斯·穆斯卡（Louise Musial）是PCDworks的商业开发副总裁，她一直致力于打造公司品牌，在工程、开放式创新与行业趋势之间建立联系。她在技术期刊上署名发表了大量文章，是产品设计与开发（PD&D）期刊的重要投稿者，并于近期为一家有前途的创新公司主持了20段网站系列故事。同时，她也经常教授创新、开放式创新及研发商业趋势方面的课程。除此之外，她已经成了PCDworks与野外医疗指南的董事。

11

利用大数据推动开放式创新发展

格哈德·德雷克斯勒（Gerhard Drexler）

蒙迪无涂层精细纸公司

安德雷·杜（Andrej Duh）

马里博尔大学

安德烈亚斯·科恩海尔（Andreas Kornherr）

蒙迪无涂层精细纸公司

迪恩·克罗萨克（Dean Korosak）

马里博尔大学

11.1 开放式创新与大数据

大数据指的是大部分非结构化数据集，这些数据集的规模超出了一些典型数据库软件工具捕获、储存、管理以及分析数据的能力。搜集与分析海量数据能力的出现，也是由大数据带来的主要转变之一。本章将对上述转变展开探讨，并从战略预见方面对大数据的利用途径进行分析。

在如今这个知识广泛分布的世界里，创新企业再也无法仅仅依靠自身的知识与研究获得发展。开放式创新（OI）需要有直观的工具和方法，这类工具能将数据整合进日常流程，并将其转化为可实现的商业行动。为了将内外部资源、创意与技术相结合，组织需要经常面对外部知识识别中的困难。开放式创新很大程度上也要依赖于审视、诠释、协调外部知识与伙伴的能力。很多企业已经开始寻求提升创新效率和作用的新途径。例如，通过积极寻求企业外部的新技术与新创意，能够推动企业创新活动，但通过与供应商和竞争对手的合作也能实现这一点。另一个重要方面是，公司可以对拥有的、与自身战略并不相符的创意与技术进行二次开发或进行对外许可。一些企业也开始着手应对这些问题，他们会在科学期刊中检测出版物、分析专利、参与研讨会与讲座等。此外，管理者也需要处理其他方面的问题，如寻求新创意，评估特定机会的市场潜能，招募合适的合作伙伴，从商业化中获取价值，以及与外部伙伴共同开展创新活动等。鉴于对外部知识的识别与利用是 OI 技术开发进程中的重要部分，与外部知识源的互动也对企业提升创新绩效非常关键。如果大量资源都必须用来处理这些困难，企业就会面临困境：如何关注最重要的外部知识源，同时又不忽略更具预测性的和基础性的知识？换句话说，关注最有可能产生短期效益的技术与创意很重要，而寻求能够带来突破式创新的、面向未来的选择同样相当关键。

开放式创新作为一种与外部伙伴的联合创造与联合开发过程，始终在寻求内外部知识与技术的整合。负责开放式创新的管理者可能以两种形式应对这些挑战：一是在创新环境中引入组织变革；二是引入并利用大数据技术。

在充斥着大量无结构化数据的世界中，进行创新环境重组包含了在组织中建立数据科学方法，或是使用外部的数据科学团队。很多组织已经将高级主管职位与数据科学相挂钩，如 CDO（首席数据官）。尽管"数据科学家"一词确实比较模糊，但很多企业也在考虑雇佣或建立数据科学团队，因此明确其目标对管理者非常重要。对数据科学家的较为准确的描述来自 IBM（www-01.ibm.com/software/data/inforsphere/data-scientist/）："数据科学家将筛选所有的输入数据，致力于发现重要的未被发现的见解，而这反过来又能增强企业的竞争优势或解决企业正在面临的商业难题。数据科学家不是简单地对数据进行搜集和上报，而是要从多个角度进行分析，探索数据的含义，随后提出应用数据的合适方法。"

社交媒体技术与数据挖掘工具为创意的产生、创意分享、创意反馈的监测提供了可能。产品开发流程可以通过移动计算机处理技术进行工作分配、快速原型制作以及测试，进而得到提升。先进分析法同样可以检测新产品的作用、消费者意见和用户反馈，并以此支持市场启动阶段的工作。

数据科学包括一系列的原则，它们为从数据到信息与知识的定向有效转换提供了支持和指引。数据科学涉及原则、流程与技术，它通过数据分析推动了对各类现象的识别与理解。

现有的一种新兴的方法是获取数字资源，包括邮件、博客、脸书和推特在内的媒体资源，以及对先前不相关的无结构化数据的整合。这就是"大数据"方法。这些海量数据的可获得性，以及已有的或新颖的统计工具，为理解世界提供了一种新方法（图 11.1）。

根据最近一项对超过 1100 名商务与 IT 人员的联合调查，可以发现大多数组织都处在应用大数据的早期阶段（47% 的组织正进行规划，28% 的组织刚刚起步，24% 的组织暂未推行大数据行动）。接近一半的回答（49%）认为涉及大数据时，组织最先考虑的应是以用户为中心的目标 [其他的职能目标分别是：运营优化（18%）、风险/财务管理（14%）、新商业模式（14%）以及员工合作（4%）]。因此，组织将大数据视为能够生成"对用户偏好和需求的更全面的图景；通过这一更深刻的理解，各类型的组织得以寻求发掘现有用户与潜在用户的新方法"[施罗克（Schroeck）等，2012]。

现在的问题是：组织或企业如何使用大数据来找到实现有价值创新的投入要素，获取针对早期决策的新视角，或是识别出联合研究与开发的最佳伙伴呢？本章关注于利用不同数据渠道和社交媒体，以此实现互动知识数据流的自行产生。随后，本章描述了开放式集体智慧的设计与应用，它有利于从数量庞大的数据渠道和社会网

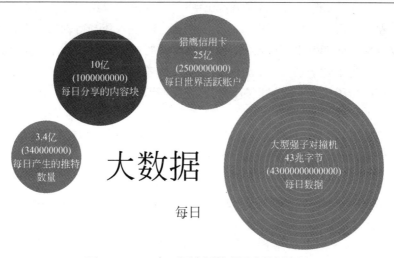

图11.1　2012年不同来源的世界大数据流量

络数据中检测出重要信息。组织必须能够搜集、区分、诠释及从无结构化的多媒体源中进行信息探索，并在现有业务领域中保留与高预期价值开发相关的结构化知识和信息。上述流程通过两个案例研究得到了详细讨论。新工具的应用同样帮助企业克服了其盲点：无论企业将注意力集中于特定市场区域的细节并尝试获取尽可能多的信息，还是关注不同的市场区域以获得整体性视角。前者常常因视角过于狭隘、高估了大量挑战与机遇而可能导致企业陷入困境，后者则能带来较为全面的分析，但也容易因忽视细节而流于表面。

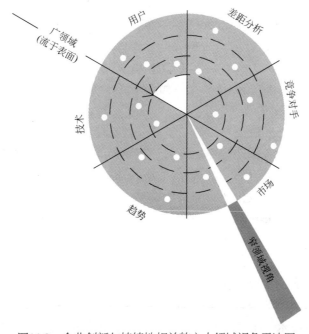

图11.2　企业创新与持续性相关的六大领域视角雷达图

图11.2借助雷达图中的6个不同部分描述了影响企业成功的重要因素——趋势、技术、用户、差距分析、竞争对手以及市场。例如，用户兴趣与行为的发展趋势应及早得到确认，以确保企业能够生产出合适的新产品与服务。同样地，技术主导型企业必须保持并发展其技术竞争力。企业在选择分析技术（如差距分析）以确定应采取什么措施以使得企业从目前阶段进入下一发展阶段时，就需要识别出现有环境中的特征因素，以及实现未来目标的特征因素。

很多人和组织仍然相信专家的报告、预测和言论，其原因可被归结到所谓的"光环效应"。专家讲授的言论越令人信服，愿意相信的人就越多。一般来说，人们容易被专家的预测所吸引——他们向公众提供可被理解的解释，从而在一个错综复杂的世界中带来了秩序。专家倚重的是其经验与专业知识，并由此提出其预测。不幸的是，很多这类预测都是错误的。一名美国数据科学家与作家内特·希尔（Nate Silver）在其作品《信号与杂音：预测学的艺术与科学》一书中深刻地阐述了他的观点：为何有些预测不准确，但有些却很准确。作者分析了公共电视网《麦克劳林团体》节目中的预测精准性。结果一半的专家预测都是错误的，换句话说，听信专家的意见有时并不比掷硬币的方法更好。

当然，这也并不是在说这个世界不需要专家。科学家、医生、技术员等专家身份来自其知识体系与经验，因此相关的数据仍然相当重要。然而，通过数据驱动的方法替代纯粹的本能感觉（即经验）的价值也在不断提升。在政治、经济、管理、科学与医药等领域，"为什么"以及"是什么"这两个问题都很关键。如果这类行动的输入（也就是"是什么"）是基于数据驱动的相关性，且这些数据不仅是很多数据，更是海量数据，那么其分析结果也可能揭示出新的内在属性。数据科学并不是统计学的一部分，而当使用合适的数学与统计模型时，大数据的应用就开始了。

到现在为止，对大数据还没有一个标准的定义，但大多数人都认同大数据科学处理的是海量数据，这些数据既无法通过数据库中的简单电子表格进行分析，更不能借助手动运算。于是，处理、分析这些数据就必须有新的工具。梅耶·舒恩博格（Mayer-Schoenberger）和库吉尔（Cukier）（2013）提出："大数据指代只在大范围发生作用的事物，它们创造了新视野与新的价值形式，并借此改变了市场、组织、政府与民众的关系等。"

很多领先组织努力通过信息和通信工具改善其搜索过程，目的是浏览科学与专利数据库、识别趋势、创意创造与评估、识别有潜力的合作伙伴以及分析社交网络。德雷克斯勒（Drexler）和简丝（Janse）（2013）描述过一系列基于内外部网络分析的相关案例，但大数据远不仅仅是对简单数据源或网络结构的分析。本章中，我们简单地将大数据定义为超出传统数据处理系统工作能力，因而需要新技术应用的数据集。通过合理明确的步骤，有效的信息能够从数据中提取出来用于问题的解决。图11.3展示了从多元的数据源到最终开放式创新的演变过程。大数据在当代最广泛的商业应用可能发生在营销领域，如目标营销、在线广告、消费者行为分析以及交叉销售等，其他应用则关注竞争性的情报与技术预测。但将来最重要的则可能是与新市场需求、新技术的出现和现有技术的集成、开放式创新伙伴快速识别等相关的问题的动态分析。

过去几年里，很多应用都已经通过大数据得到了发展，更多的应用则继续在发生演变,这一点得到了谷歌趋势分析的验证。谷歌趋势显示,以"大数据"为关键词的搜索次数尤其从2011年开始出现了迅速上升(图11.4)。

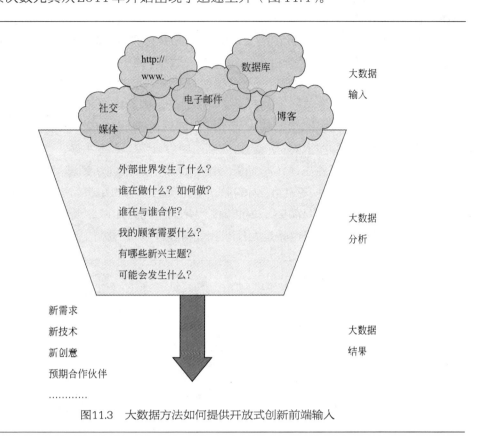

图11.3　大数据方法如何提供开放式创新前端输入

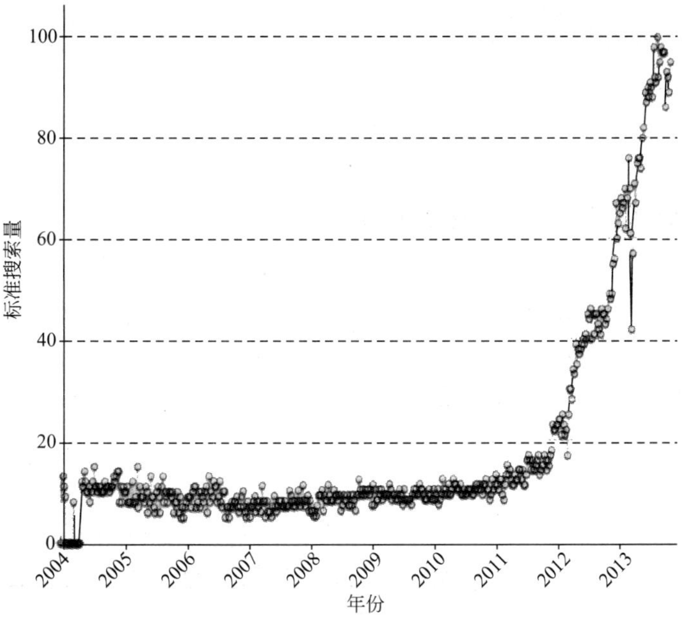

图11.4　2004年1月到2013年8月"大数据"关键词在谷歌趋势(www.google.com/trends)的搜索结果

大数据不只是对数量庞大的数据的描述，它涉及对信息片段的关系与相关性的识别与理解，同时还涉及预测。大数据分析使得组织能够捕获新数据源，进而获取其提供的新视角❶。

理想情况下，大数据分析在需要的时候能提供对现有问题的纵览，将之区分为不同的类别，并对其进行深度分析。这也使得大数据分析对推进开放式创新大有裨益。

图11.5总结了利用大数据工具向高层领导汇报创意的图示。信息与通信技术为我们带来了便利，使我们能够接触、利用信息。对大量无结构化数据的分析能衍生出非常通用而重要的信息片段，高层管理人员可以根据兴趣或公司战略对这些信息进行检索。本章的内容可能涉及从技术筛选、趋势观察到用户反馈等众多主题，图11.5中的6种不同标记云分别代表了这些主题（标记云与图11.2中的六大创新领域类似）。本章的基本概念是，这类大数据工具以高度浓缩的形式提供了结构化的知识与信息。在最好的情况下，这样的工具让你每天只需要5分钟就能消化大量的新知识。大数据工具所需的只是喝一杯咖啡或茶的时间，这也就是为什么我们将其称为"一杯信息"（CoI）。

图11.5 "一杯信息"方法示意图：一种提供基于大数据的专业信息的方法

11.2 大数据在当今世界的应用

大数据的特征可以总结为4V模型：体积、速度、多样性以及真实性。数据体积始终是个问题，多数组织也仍然在数据库规模上面临越来越大的麻烦。体积太大不仅会带来存储上的问题，它同时也使分析工作变得更加困难。速度有两方面内容：数据产生的速度与数据需要处理的速度。由于数据和速度的问题在20世纪90年代早期已经出现，例如，在信用卡工作中，因此大数据开始通过多样化数据整合获取更广泛的关注。3V模型在2001年由道格拉斯·莱尼（Douglas Laney）（2001）提出。真实性是一个重要的特征，因为多数大数据都来自公司外部，它代表了数据源的可靠性，

---

❶ 对科学技术背景有兴趣的读者可以参考数据科学与数据挖掘的相关文献。如果需要获得全面的表述，请参考《大数据：下一个创新、竞争与生产力前沿》[麦肯锡（McKinsey），2011]。

以及进行目标分析的数据的适当性。在很多案例中，使用传统工具与技术即能处理大数据的4V问题，但当新观察的评估推翻了之前的观察时，大数据都的的确确发生了。

用户产生的媒体关注因对品牌的显著影响力而广为人知，同时这也是解释4V模型对现代商业重要性的一个绝佳例子。它迫使企业借助社交媒体等方式与用户进行沟通。正如IBM在其社交商务网站（www.ibm.com/social-business/us/en/）上写的，"当认识到社交技术在推动实际商业价值方面的作用时，商业就能成为一种引领性的事务。从营销与销售到产品与服务创新，社交媒体正在改变人们交流的方式，以及组织成功的方式"。

推特这样的社交媒体的预测能力已经得到了证明。对推文的分析也被用来预测电影票房，即关注度被发现与电影未来的排名具有紧密联系。情绪分析对发展预测也很重要，例如，每天推特搜集到的情绪状况反馈被用来预测DJIA（道琼斯行业指数）收盘价值的变化 [博伦（Bollen），2011]。推文的分析使用了两种工具：意见发觉者（http://mpqa.cs.pitt.edu/opinionfinder/）和谷歌心情记录（GPOMS），以此在六情绪维度（冷静、警惕、肯定、重要、友好、快乐）中进行相关评估。举例来说，DJIA价值与"冷静"维度在时间上有3天的延迟。这类结果表明，搜集到的情绪状况可能对股票市场产生影响，但这一观点也还需要得到进一步的验证（http://sellthenews.tumblr.com/post/21067996377/noitdoesnot）。

除了关注特殊部门或行业外（例如，在先前案例中的财务部门），普雷斯（T.Preis）及其同事（2012）关注了将全国在线特征与经济指标之间的联系进行量化。在他们的研究"量化向前展望的优势"中，作者界定了"未来导向指数"。在每一年里，该指数表示后一年与前一年的搜索量的比率（如2009年的搜索关键词是"2008"与"2010"）。未来导向涉及45个国家，其计算结果则被用来与该国的GDP进行比较。研究证明，一国的用户未来导向与其GDP之间存在较强的关联。作者对此给出了两种解释："首先，这些发现可能反映了对未来与过去关注上的国际差异，即对于未来的关注支持了经济上的成功。其次，这些发现可能反映了在线搜索信息类型的差异，原因可能是经济差异对因特网基础设施可获得性的影响。"

对于产品开发，尤其是在研究与开发的早期阶段，对适当的数据源的分析可能更为复杂。因此，全面的方法对公司非常重要，正如前面所描述的"一杯信息"原则。只有考虑到了与特定商业相关的全部因素，更为新颖成功的产品开发才更有可能。因此，持续性的产品开发远不止观察某些推文趋势，或是利用一些IT工具跟上最新的发展趋势——它是结合了上述所有及更多的数据以获取精确的然而相当广泛的图景。

约翰·格林德（John Grinder）是福特公司的大数据主任，他强调美国的汽车生产商正寻求利用大数据以提升产量。"大数据的基本假设是，数据的量只会不断增长，我们也有机会通过新方法将内外部数据相结合。对于更好地预测或设计产品而言，存在的机会还是相当多的。我们认为，互联网上的数据能够有利于我们理解用户或潜在用户的需求与态度，所以我们在互联网上围绕博客、评论和其他内容进行心情分析。"[希尔纳（Hirner），2012] 福特公司（事实上是所有的汽车制造商）的另一个大数据来源是汽车上大量的感应器，这些感应器用来感应汽车的温度、压力、湿度、局部瓦斯浓度，不要忘了还有摄像头和其他一些设备，它们在今天以及

（尤其是）未来将对汽车的众多指标进行监测。正如格林德进一步谈道的，"仍存在大量我们尚未探索的机会。你能进行更精确的天气预报吗？你能进行更精确的交通状况预测吗？你能控制汽车上的空气流吗？只有当我们获取了全部数据的时候，我们才拥有处理这些问题的运算能力。杀手级应用很可能就在我们尚未预料到的地方。"汽车行业在将来很有可能会提供新服务，传统的像谷歌这样的IT公司也很可能因无人驾驶汽车而广为人知，无人驾驶汽车利用了其庞大的地理空间数据资料。

上述例子表明，大数据流的分析为拓展组织的视野提供了惊人的可能性。那么，组织对大数据分析方法的认可是否对其内部开发、管理流程和内部结构化"小"数据的管理同样重要呢？

此外，杰夫·乔纳斯（Jeff Jonas）（2007）曾提道，有时候组织会遭遇"企业遗忘症"的"某种状况"，即组织忽视了显而易见的事物（如当其他相关的信息存在于组织他处而无法被利用时）而采取了错误的行动……或仅仅是忘记了所掌握的或应该掌握的事物。

图11.6展示了快速增加的观察空间（数据流）与缓慢提升的意会算法之间的差距，这种差距导致了企业记忆缺失。乔纳斯（Jonas）认为，解决这一问题需要以"以数据寻找数据的能力"的形式进行持续分析，这也与利用内外部数据流的技术应用相一致。

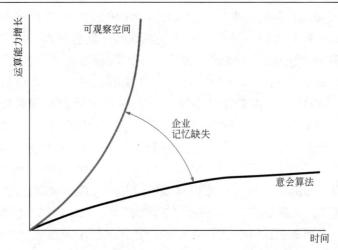

图11.6　迅速增长观察空间（数据流）和缓慢提升的意会算法间的企业记忆缺失效应

11.3　实际中的大数据分析

在《连线》的《利用大数据接近当代移动用户》一文中，纳尔逊·埃斯特拉达（Nelson Estrada）（2013）提出，使用大数据是市场对于日益增多的移动用户的回应，这一数目有望在2014年超过桌面用户。尤其是"企业正利用大数据分析帮助更好地迎合当今的消费者"，因为"当代的消费者希望企业更深刻地理解他们的需求"。特定地域的广告和购物推荐就是相应的例子。

区域性广告依赖于对消费者的区域定位信息。大量的移动电话数据集已经被用来探索人员流动性是否可预测。人员流动性痕迹的唯一性在最近一项名为"独特的人群：人群流动的隐私范围"的研究［德·蒙特乔耶（de Montjoye）及其同事，2013］中得到了解释。借助人员流动的庞大数据集合，他们展示出"人员流动痕迹极高的唯一性"，而"唯一性意味着，即便在零散的、大规模的、粗糙的数据集中，重新识别出特定个体的痕迹也只需要极少的外部信息"。事实上，仅仅需要四个随机的时空点即能够识别出几乎所有（95%）的特定移动痕迹。

购物推荐战略基于用户的浏览记录、物品选择数据，为用户提供新的或相似的产品或服务。在"网上行为的数字记录可能揭示出个人的特点和属性"的研究中，脸书这类社交媒体工具的使用提供了与个人年龄、性别等相关的偏好，使得宗教与政治预测成为可能。用户偏好二元价值矩阵第一次被缩减为用户模式组件矩阵（带有100个组件），也由此得出了新的预测模型。作者提到，"营销与产品推荐的相关性可以通过在现有用户模型中加入心理学策略得到提升"，另外，他们也警告了"基于数字行为记录的预测可能产生消极的后果，尤其是因为忽视了人们的行为内容与注意点"［科辛斯基（Kosinski）等，2013］。

很多创新者正致力于追踪某些人的创意与内容在社交媒体上的传播痕迹，而不是追踪人及其特性。在《传播性媒介：在网络文化中创造价值与意义》一书中，詹金斯（Jenkins）、福特（Ford）和格林（Green）（2013）讨论了通过用户动态网络、分享与协作进行内容传播的特性与过程。与反映了用户量影响的"黏性"相反，覆盖性"代表了个体间社交联系的重要性，以及由社交媒体平台日益显化（及放大）的联系的重要性。这一途径可能还包括对内容传播频度和广度的量化检测，但它确实让贴近用户、增强与用户互动变得相当重要"。

在开放式创新中，创意必须得到传播、分享、整合，或如詹金斯（Jenkins）、福特（Ford）和格林（Green）（2013）所说："我们的观点很简单直接：不传播，就消亡。"因此，我们提出并探讨了一个简单而有效的模型，以描述由用户社交网络推动内容的传播。用户在与这些内容不断互动（创造、改变、升级、评论、喜好、推文、引用等），这些内容可以是文字、视频、图像、声音或混合形式。用户同样创建或归属于某个用于沟通交流的社交网络。要试着将这些内容当作开放式创新世界中的创意。这些创意通过何种转化与吸收途径推动了创新，正是我们亟待解决的问题。我们应用了近来预测移动模式的放射模型［希米尼（Simini）等，2012］，而其中的根本性流程则是基于粒子的排放与吸收。粒子（在我们的案例中指代创意或部分创意）从A区域排放出来，并具备一个特定的吸收阈值，随后则在B区域被吸收，该吸收力（B区域的性质）则要大过吸收阈值。结果证明，在这一模型中，在A、B两区域间的平均粒子流可以得到明确的记录。

这一模型同样能够被视作两种网络的结合：一种是用户与某内容或另一用户的互动社交网络；另一种则是内容网络，其特征则来自由覆盖性检测确定的内容之间的联系。这两种网络既相互结合又相互独立—内容的变化影响了用户与内容的互动，用户行为则能改变这些内容。这一模型在获取"一杯信息"时的应用为组织提供了有价值的预测。除了按用户偏好给出相关建议或内容，以及自动或按用户偏好进行排列之外，这一模型的一个更重要的特征是，能通过内容的传播对其未来的影响力进行预测。图11.7展示了使用上述分析与预测模块的"一杯信息"工具流程图。"一杯信息"是一个聚集的、清晰的、复杂的简单报告，它涉及日常的趋势、主题、社交媒体热点，并与使用者（如组织里的首席体验官）的兴趣和需求相一致。报告自动来自对外部大数据流的监测和分析（图11.5中的六片云），以及外部数据流与内部数据流的关联。内部数据流的起点是能够增添额外关键词的用户网站与社交媒体数据，因此其运转基本上不需要用户参与。内部数据流是定义模块的输入，它能基于内部数据的流动构建出用户的偏好。定义模块的输出则与分析和预测模块的外部大数据源相关。依据用于分析部分的可传播内容模型和预测模块，简单的"一杯信息"报告就准备好了（图11.7），它也可以被扩展为对特定主题的详尽、深度的报告。筛选和聚焦步骤用于对图11.2中展示的"雷达图"进行调整。筛选过程得出的信息可以作为一种反馈机制而发生作用。

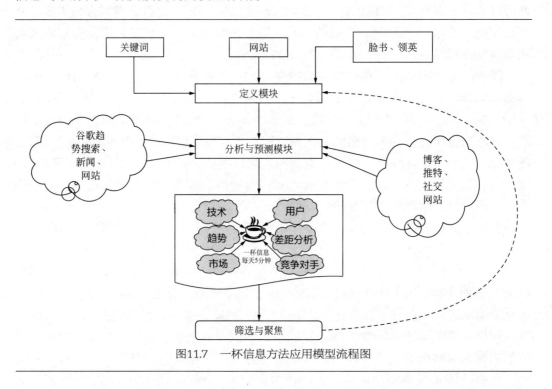

图11.7　一杯信息方法应用模型流程图

利用大数据推动开放式创新

"一杯信息"的方法已经在保险公司等组织的开放式创新过程中得到了应用。日常的"一杯信息"包括很多标准化信息，如竞争对手的新产品、保险方面的政策新闻、消费者就各产品的反馈等，但它也强调了新的、未来的话题，更重要的是，这些话题如何相互关联。例如，一个主要的趋势是高层人士的更高流动性，退休人群利用其闲暇时间去旅游、体验外国文化、参观异国风光，旅游公司提供了越来越多针对该特定人群的旅游规划和优惠政策，并借此推动了这一趋势的稳步发展。鉴于"一杯信息"工具能对保险公司的内部数据库进行分析（图11.8），相关软件也就

"知道"旅游和旅游保险与哪些企业相关。一般来说，它会在外部数据流语义搜索中使用"旅游"作为关键词之一。然而，使用大数据带来的新品质就是这一趋势与其他内外部海量数据之间的联系。

仔细看图11.8中展示的保险公司的趋势云，即可觉察出这些趋势是否可能在未来成为现实（在其他相关的趋势中，通常是在每个云中含有3～5个主题）。如果答案是肯定的，对特定趋势（没有显示在这里）的详细分析就会进一步开展，分析将展现"高层人士的高流动性"与其他如技术、市场、用户等云之间的联系。令人惊讶的是，保险公司的首席体验官意识到，公司与称为"纸流体"的技术存在很强的联系，这是一个公司内部人员未曾发掘的术语。然而，更深刻的观察表明，该技术是开发移动设备的一种潜在的关键技术。利用众多小型、关键部件组成的智能设备，远距离信息输送就成为可能。因此，该公司开始了一个旨在向高龄旅游人士提供全新产品的项目：一种结合了传统旅游保险与新颖、高绩效且低成本诊断设备相结合的业务包，它可以大大降低老年人面临的风险。于是，公司可能会取得一石二鸟的效果：降低成本（使用该设备能更好地监控关键医疗参数，从而避免疾病），同时给用户带来安全感。人们很快就会发现，这家公司在真正关心客户，于是新协议的签署也更为顺畅。该方法带来了一种副产品，即识别整个开放式创新价值链中的合作伙伴。

图11.8　2012年5月17日一家保险公司的"一杯信息"趋势云细节图

大数据的另一种应用在造纸行业得到了研究。就像在其他行业一样，产品开发员必须持续关注新出现的技术。通过监测专利可以实现这一点，但不幸的是，专利搜索只有在相关技术即将商业化的时候才能发挥作用。另一种识别新打印设备的关键是关注初始设备制造商（OEMs）与其他高新技术企业的公告。像佳能、惠普或施乐这些公司，通过其网站可以搜集到相应信息，但探索其内部研发流程如何发生作用却几乎不可能。此外，搜寻大量的小型创新企业的研发活动需要非常努力，而潜在的破坏性产品也很难在其早期阶段进行检测。大数据方法可以借助对网络、数据库和其他社交媒体的监测实现该目标，识别出新术语并将它们与现有的"纸""打印机""图像"等术语联系起来。与保险公司的案例相仿，内部输入也通过公司内部的特殊软件得到推行，按照分配优先性和新增的未来偏好术语得到重新界定。而本案例中的外部输入来自科学数据库、专利数据库、万维网、博客与推文。如本章前文所述，相关软件根据内外部术语的传播速度与相关性进行检测。一名操作员负责该软件的精度维护，负责检查内外部术语的相关性与优先性。软件提供了一系列从公司获取的方案，因此操作员的唯一任务是删除超出公司关注范围的关键词，并按需进行相应术语的添加。操作员也要决定相关矩阵的规模，相关词条的数量，以及权重因子（如相关动态性）。动态性由特定词条在一定时间（如一周或一个月）的被引用量所决定。

图11.9代表了一例成果矩阵图。其中的行列举了内部的关键词，这些关键词从公司提取出来并得到了操作员的再界定。列表示与从内部源提炼出的关键词相关的外部术语。表中的各灰色方块代表不同的术语及其动态性之间相关性强度的权重。如果操作员将鼠标移动一个方块，系统即能自动读取相应的关键词、相应的相关性强度及其动态性。因此，该系统有利于技术情报员按照自己的兴趣领域识别出新的问题。

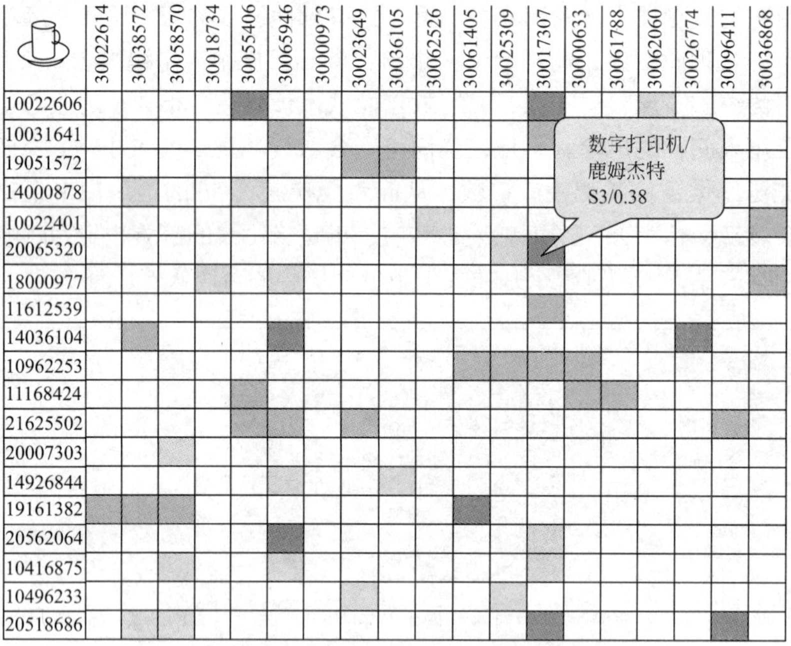

图11.9　造纸商的"一杯信息"词组矩阵细节图

图11.9中的结果显示，一系列内外部词条都具备高相关性与高动态性。最高的结果用黑色方块显示出来，其后则是用不同的颜色深度代表不同层次的结果。举例来说，关键词"鹿姆杰特"在矩阵中与纸、打印机喷头、数码打印机等内部术语显示出了很强的相关性。对相关信息进行更深入的挖掘，即会发现有一家名为鹿姆杰特的企业开发出了一种进行超高质量传真打印输出的新型无墨数码打印机。

接下来，操作员的任务就是要将这种概念转换为对该技术的深度研究，借此探索这一技术是为公司带来机遇还是威胁。

总之，上述保险公司和造纸行业案例研究中描述的这类方法为早期识别新知识以作为产品开发基础提供了机会。操作员并不需要任何程序性知识，他们可以通过调整这些关键词与权重，轻易地对研究成果进行调整使其符合自己的需求。他们的主要任务是区分出优先级别，设立相应的原则，并指导在软件中从数据到信息与知识的转换，以及根据现有的偏好主题检查该程序的输出结果。

11.4　成功的关键及应避免的陷阱

组织成功参与到大数据世界的关键之一，是确保拥有一个有竞争力的数据科学团队，确保这些人在处理大数据与大数据技术。在新书《太大了而不能忽视：大数据商业案例》中，菲尔·西蒙（Phil Simon）列举了一系列关于组织获取、应用大数据技术的案例。带着必要的承诺探讨大数据进程，这一点对于小型与大型企业都是公平有效的，事实就是："在其他条件相同的情况下，相比没有利用大数据技术的企业，以这种方式获取、利用信息的组织将能够意识到大数据带来的巨大效益。"那么，组织如何开始使用大数据呢？作者列出了几个小步骤——设置一些短期的小目标，如从现有及从前的用户搜集无结构化数据，随后通过查询网站、询问现有员工理解用户行为——而长期的关注点则应在大数据的预测能力上，例如，预测哪些产品能够产生吸引力［西蒙（Simon），2013］。而在《数据科学家必读：数据科学家和他们的工作》一书中，作者警告，发现并雇佣数据科学家并非易事："我们对于数据科学家的角色存在两个理解误区。其中一方面的错误是，过度炒作导致其他人开始期待奇迹的诞生，以及奇迹创造者。另一方面的错误是，缺乏对数据科学家多样性的认识，导致企业在挖掘潜力的过程中受挫。"［哈里斯（Harris）等，2013］数据科学家应该具备怎样的背景、技能与知识呢？卢基德斯（Luikides）（2010）曾谈道："数据科学家结合了创业家的耐性，渐进地创造数据产品的意愿，探索以及不断寻求解决方案的能力。他们本质上是跨领域的。他们能处理问题的各个方面，从初始数据搜集与调节到最后得出结论。他们能跳出框架，从不同角度看待问题，或处理非常宽泛的问题：如此多的数据就摆在眼前，你能从中得到什么？"

大数据必然将重点放在数据驱动方法上，通过这种方式寻求产品开发、理解消费者或探索新市场的解决方案。数据驱动方法与依赖于感觉、路线、预感、直觉或公司政策等方面的实践截然不同。这也是管理者在处理大数据与开放式创新时需要牢记的一点。对于利用大数据方法推动开放式创新，我们给出了如下建议。

- 从所需的输入与输出方面定义你的开放式创新流程（如创意应来自哪里，如何发现需求，如何识别合适的合作伙伴等）。
- 允许组织获取并利用多元的海量新数据（如使用来自社交媒体的无结构化数据）。
- 选择有利于发掘新创意、预测商业决策结果的先进分析工具（在这里推荐一些合适的商业工具非常重要，这些工具在应用范围、效果、价格上都有差异，而且最重要的是，它们随着科学与技术的发展也在不断地发展、演变）。
- 确保分析模型的结果被转换成了实际的行动（如推动了下一代产品的开发，或创造了创新型的售后服务方式）。

大数据世界中有一句话叫"知道是什么，不要知道为什么，这就足够了"［梅耶·舒恩博格（Mayer-Schoenberger）和库吉尔（Cukier），2013］，意思是大量相关的、快速的、多方面的数据流提供了快速而清晰的视角，推动了新产品或服务的开发，正如亚马逊在产品间构建联系的推荐系统。然而，为了避免掉入陷阱，我们也需要一直记住，相关性并不必然意味着因果性。

对隐私与安全性的威胁经常被视作大数据带来的消极影响，但还存在第三种威胁，即"成为数据独裁的牺牲者，由于我们过度迷信信息与我们的分析结果，我们可能错误地使用它们。糟糕的是，数据也可以成为有力的工具，并可能被转变为压迫的根源，无论是失望的用户与雇员，还是更糟糕的暴力民众"［梅耶·舒恩博格（Mayer-Schoenberger）和库吉尔（Cukier），2013］。

除去与大数据相关的常见问题和陷阱，我们在这里将关注另一个可能对商业行动产生直接影响的问题，即专家意见垃圾邮件。最近有关品牌认可的调查显示，很多著名品牌正利用假冒品牌或伪造的意见帮助其进行推广，或是打击其竞争对手［德·米歇里（De Michelli）和斯特罗帕（Stroppa），2013］。到现在为止，检测假冒品牌非常简单。然而，伪造的专家意见则很难被直观识别出来。今天的垃圾邮件或宣传人员正试着让我们改变在信任网络中的联系与价值。我们都保有一个精神上的信任网络，它帮助我们决定什么可以相信。虚假的关注者和"爱好"很容易被识别出来。但倘若虚假的意见或观点来自我们信任的某个人或单位（例如，我们最喜欢的零售店），将其识别出来就非常困难了。

大众意见对我们的行为能够产生关键性影响，而大多数意见也通过文字和对话产生于社交互动中。当我们需要进行决策的时候，我们很希望了解其他人的意见。以前，如果需要了解别人的意见，人们会询问朋友或家庭。如今，个体与组织都更多地通过消费者自媒体交换意见。过去的十年里，我们已经获取了以数字形式保存的极其庞大的意见数据。意见的数字搜集则来自每天产生于网站浏览、论坛讨论、博客、微博以及社交网络的信息。

识别虚假意见通常依赖于对不同观点的重复之处或极其相似之处的识别。一封或一组意见垃圾邮件可能对这类关注意见内容的复杂算法产生误导，特别是鉴于现在有太多相似的意见，以至于这些虚假意见可能会看起来很平常。无法识别虚假意见的结果是从虚假数据中推导出了错误的结论。已经有一些研究在探讨如何利用定量的心理语言文字分析工具，并根据这类文件的内容加强对虚假意见文件的识别［杜（Duh）等，2013］。无论如何，识别出这类虚假活动对确保这些网站仍是可信赖的有价值信息源极其重要。

11.5 结论

毫无疑问，大数据正在改变组织看待、理解数据的途径，或如杰弗里·尼达姆（Jeffrey Needham）（2013）在《破坏性的可能性》中提道的那样："大数据将给组织和利益相关者带来破坏性的变革，它将远远超出朋友网络，延伸至覆盖全球的社交网络。但这些变革也伴随着可能性。大数据并不是当季流行的裙摆，它是一股将持续演进下去的不可逆转的潮流。"

在本章，我们探索了分析大量、快速、全面的数据流的不同方法，以此试着理解财务趋势，发现我们在网络上的个人偏好与痕迹，或者通过追踪用户的日常行动来对智能电话用户进行单独监测。我们展示了可被用于预测内容传播并提供建议的模型——"一杯信息"模型。这一模型或类似的工具能帮助组织利用大数据进行新产品、流程与服务的开发,并帮助他们在开放式创新环境中识别合作伙伴、开启新的项目。管理者的前端技能——构建网络,提出问题,观察,进行联合以及实验——可能会得到这些工具的有力支持。我们的案例研究详细解释了两类大数据应用,并探讨了大数据应用如何为开放式创新提供输入。

大多数组织正处于大数据行动的早期阶段,尽管有很多陷阱和危险需要避免,但是,大数据确实太大而不能被忽视。希望与担忧同时存在,即"收益与潜在的危害同时存在……负责任的组织应采取必要的隐私与机密性措施,以最小化大数据可能带来的风险"[西蒙(Simon),2013]。此外,组织也应该谨防大数据的被夸大可能带来如apohenia的产物。这起初是一个应用在临床方面的医学术语,用来指代对并不存在的模式的探索。另外,还应注意到,大数据分析所需的资源应得到仔细的筛选,并按照组织的需求进行分配。对于组织的好消息则是,类似于基于"一杯信息"模型的智能、前沿工具并不需要太多的工作投入,基本能够提供实时的结果。

为了能够在大数据与开放式创新世界中有效贯彻以用户为中心的宗旨,组织在社交媒体上出现并保持活跃很重要,这使得其能利用新工具分析数据并识别出新机遇,同时也能将游戏化模式应用在新产品开发或测试,以及与现有的和新的用户进行互动等方面。企业对待社交媒体的态度经历了由喜好到引领的过程,在参与社交媒体的同时超越了社交媒体。

参考文献

[1] Bollen, J., H. Mao, X. Zeng, 2011,Twitter mood predicts the stock market, Journal of Computational Science, 2,1-8.

[2] De Michelli, C., A. Stroppa, 2013, http://nexa.polito.it/nexacenterfiles/lunch-11-de_micheli-stroppa.pdf. Accessed on June 17, 2013.

[3] De Montjoye, Y.-A., C. A. Hidalgo, M. Verleysen, V. D. Blondel, 2013, Unique in the Crowd: The Privacy Bounds of Human Mobility Sci. Rep. 3,1376; DOI: 10.1038/srep01376.

[4] Drexler, G., B. Janse, 2013, Social Network Analysis—An Important Tool for Innovation Management. In: Brem, A, and E.Viardot. (eds.) Evolution of Innovation Management, New York: Palgrave Macmillan.

[5] Duh, A., G. Stiglic, D. Korosak, 2013, Enhancing (identification of Opinion Spammer Groups, Proceedings of international Conference on Making Sense of Converging New York, New York: Association for Computer Machinery.

[6] Estrada, N., 2013, Leveraging Big Data to Reach Today's Mobile Consumer, Wired, www.wired.corn/insights/2013/08/leveraging-big-data-to-reach-todays-mobile-Consumer-2/. Accessed on Aug 07,2013.

[7] Harris, H. D., S. P. Murphy, M, Vaisman, 2013, Analyzing the Analyzers: An Introspective Survey of Data Scientists and Their Work, Sebastopol, CA: O'Reilly Media.

[8] Hirner, J., 2012, www.zdnet.com/fords-big-data-chief-sees-massive-possibilities-but-the- tools-need-work-7000000322./ Accessed on Aug 07, 2013.

[9] Jenkins, H., S. Ford, J. Green, 2013, Spreadable Media: Creating Value and Meaning in a Networked Culture, New York: New York University Press.

[10] Jonas, J., 2007, http://jeffjonas.typepad.com/jeff_jonas/2007/enterprise_amne.html. Accessed on Aug 07, 2013.

[11] Jonas, J., 2006, http://jeffjonas.typepad.com/jeff_jonas/2007/what_do_you_kno.html. Accessed on Aug 07, 2013.

[12] Kosinski, M., D. Stillwell, T. Graepel, 2013, "Private Traits and Attributes Are Predictable from Digital Records of Human Behavior", 10.1073/pnas.1218772110, PNAS 110, 155802-155805.

[13] Laney, D., 2001, 3D Data Management Controlling Data Volume, Velocity and Variety, Stamford CT: Gartner.

[14] Luikides, M., 2010, What is Data Science?, http://radar.oreilly.com/2010/06/what-is- data-science.html. Accessed on Aug 07, 2013.

[15] Mayer-Schoenberger, V., K. Cukier, 2013, Big Data: A Revolution That Will Transform How We Live, Work and Think. London, UK: John Murray Publishers.

[16] McKinsey, 2011, Big Data:The Next Frontier for Competition, and Productivity. www.mckinsey.com/Insights/business_technology/big_data_the_next_frontier_for_innovation. Accessed on Aug 07, 2013.

[17] Needham, J., 2013, Disruptive Possibilities, Sebastopol, CA: O'Reilly Media.

[18] Preis, T., H. S. Moat, H. E. Stanley, S. R. Bishop, 2012, Quantifying the Advantage of Looking Forward, Sci. Rep. 2,350; DOI:10.1038/srep00350.

[19] Schroeck, M., R. Shockley, J. Smart, D. Romero-Morales, R. Tufano, 2012, Analytics: The Real-World Use of Big Data. IBM institute for Business Value: http://www-935. ibm.com/services/us/gbs/thoughtleadership/ibv-big-data-at-work.html. Accessed on May 15, 2014.

[20] Silver, N., 2012, The Signal and the Noise: Why So many Predictions Fail—But Some Don't, New York, NY: Penguin Press.

[21] Slimini, F., M. C. Gonzalez, A. Maritan, A.-L. Barabasi, 2012, A universal model for mobility and migration patterns, Nature, 484: 96-100.

[22] Simon, P., 2013, Too Big to Ignore: The Business Case for Big Data, Hoboken, NJ: John Wiley&Sons, Inc.

作者简介

格哈德·德雷克斯勒（Gerhard Drexler）（NPDP）是蒙迪无涂层精细纸公司研发部门的负责人，同时也是澳大利亚流程管理协会、创新管理平台、澳洲产品开发与管理协会以及环境管理协会的成员。他拥有超过25年的行业生产、创新与研发工作经验，并获得了利兹城市大学的博士学位与管理学MBA学位。

安德雷·杜（Andrej Duh）是马里博尔大学的一名高级研究员，他现在的研究方向是分配系统、大数据分析与移动通信领域。他从事了20年的行业生产与大学研究工作，并在信息通信技术领域成立了多家新创企业，同时还是一家大型跨国电子通信企业的解决方案主任。他在卢布尔雅那大学获得了博士学位。

安德烈亚斯·科恩海尔（Andreas Kornherr）是蒙迪无涂层精细纸公司研发部门的一名高级科学家，负责领导跨国开发项目。他也是未来机构Mostviertel公司"创新式材料与表面"工作团队的负责人，其作品大量发表在杂志上，并在材料科学方面拥有多项专利。安德烈亚斯（Andreas）目前教授产品开发创新措施课程，并与大学和企业同时展开了合作。他拥有维也纳大学的数学硕士学位和化学博士学位。

迪恩·克罗萨克（Dean Korosak）是马里博尔大学的一名物理学家和教授，也是应用物理学专业的主任。他现在的研究兴趣包括网络理论及其在复杂系统中的应用，以及大数据分析（尤其是大数据与社交媒体的联系）等方面。同时，他还是RAZ:UM的负责人——马里博尔大学研究与艺术中心，负责在整合艺术与科学的过程中创造、协调、推动创新与转换式思维的形成。

致 谢

作者希望对马里博尔大学研究与艺术中心（RAZ:UM）设计团队中负责图表设计的马尔科（Marko）与乌尔斯卡·萨玛克（Urska Samec）表示感谢。

12

美国生产力与质量中心最佳实践研究：利用开放式创新生成创意

克里斯托弗·米勒（Christopher Miller）

创新焦点公司

安妮·欧尔班（Anne Orban）

创新焦点公司

贝基·帕迪达（Becky Partida）

美国生产力与质量中心

安德里亚·斯特劳德（Andrea Stroud）

美国生产力与质量中心

佩奇·莱维特（Paige Leavitt）

美国生产力与质量中心

开放式创新实践已经快速扩散到各个经济部门，如制造行业，包括保险、银行和专业服务的服务类行业，甚至也开始出现在政府组织中。

12.1 开放式创新最佳实践研究

最近关于技术、竞争格局与社交媒体的研究已经为开放合作提供了驱动力和机遇。从允许发展中国家的创业者开发移动医疗和替代能源开始，潜在的机遇及其影响就已经让人们大为震惊。一如既往，引领创新潮的企业将拥有明显的竞争优势。

开放式创新（OI）需要建立适当的网络与机制以推动新创意整合及加速创意审核过程。对于企业而言，理解当今的创新工具、结构与最佳实践形式，并明确如何通过OI投资创造价值，都相当重要。

2012年与2013年，美国生产力与质量中心[1]（APQC）对一些成功企业的实践行动进行了检测，并将一系列的开创性研究结果发表在《开放式创新：通过合作加速创新生成》(2013)中。

APQC的问卷调查集中在组织开放式创新流程与实践方面，并通过询问问题得到了对各组织绩效驱动因素的深刻理解，以及对这些绩效驱动因素与措施之间联系的认识。该问卷包含四部分：战略，构建创新生态系统，成功评估，组织概览。

APQC最终发现了11种涉及OI战略、角色、流程、测度和变革管理活动的最佳实践。调查也发现了5种常见的促动要素，它们为成功的OI实践打下了基础。本章将通过安利、英国电信与思科等公司的最佳实践案例研究来展示这些核心研究成果。

在最佳实践企业中开展的开放式创新已经超出了基础的外部创意源筛选阶段，而进入了利用大量创新工具和技术的阶段。创意来自位于同一价值链中的消费者与利益相关者、企业和团体，以及规模更大然而没有得到很好界定的创新者。这就需要有面向未来的、广泛深远的企业战略。

安利公司战略性地将创新视作创造力、潜在商业价值与战略适应性三者的结合。其开放式创新模型关注于构建得到完全界定的需求，打造外部网络，发现技术并进行评估。

至于英国电信公司的创新战略，该公司通过不同机制获取了多种创新源。战略与投资组合推动了创新日程，创新日程则涵盖了与合作伙伴的内外部开放式创新、与消费者的联合创造、与职员的自下而上的创新、一项集中式研究项目以及与学术机构的联合项目。

思科公司的创新战略，简言之，就是构建、购买以及搭建外部合作关系。该公司致力于构建产品与解决方案，与创新型企业合作，并购买新技术与并购外部企业。

12.2 开放式创新最佳实践

尽管并不存在唯一的开展、管理开放式创新的最佳途径，APQC还是在这些领先企业中发现了一系列的最佳实践形式，它们涉及战略、角色、流程、测度与改善等方面，具体如下所述。

战略

第一，集中于目标导向的、需求导向的开放式创新。
第二，合作伙伴应广泛包含不同的内外部组织。
第三，对组织进行合适的定位以构建并管理关键的关系。
第四，利用开放式创新成熟度的方法来处理知识产权。

---

[1] 美国生产力与质量中心是会员制的非营利机构，也是世界领先的业务标杆、最佳行为与知识管理研究组织代表。美国生产力与质量中心致力于探索提升生产力的有效方法、将发现成果进行广泛传播，并促进个体之间与所需知识之间的互动，以此帮助世界上的组织提升生产力与质量。

角色

第一，构建小型的、集中的专项团队以推动开放式创新。
第二，寻求拥有特殊技能与背景的开放式创新团队成员。

流程

第一，整合并调整开放式创新流程与其他相关流程，以确保在关键时刻重要参与者都包含在内。
第二，积极进行广泛而独特的创意搜寻。
第三，通过多方面的经验邀请其他参与者参与开放式创新。

测度与改善

第一，寻找令人信服的开放式创新测度。
第二，为了开放式创新的持续开展，改变管理模式很关键。

为了增加所搜集到的与创造出的高质量创意的数量，以及提高开放式创新速度，APQC最佳实践组织研究发现，拥有合适的促成实践、流程与工具同样重要。

关键促动因素

APQC研究确认了五种关键促动因素：
第一，寻求高层领导的积极支持。
第二，认可内外部人员提供创意的价值。
第三，将创新组合管理与组织化战略相匹配。
第四，首先关注开放式创新流程与人员，其次寻求有效工具。
第五，铭记所学到的经验教训，并用于持续改善开放式创新流程。

12.3 11种最佳开放式创新实践

开放式创新战略

1. 集中于目标导向的、需求导向的开放式创新

为了获得持续的成功，组织的开放式创新方案必须由需求驱动，并与组织的战略紧密相关。相比于全盘接收所有的外部创意，拥有最佳实践的组织更关注他们在特定需求领域的OI方案。这样能确保组织所需的新创新达到了其商业目标。

最佳实践组织确保了其OI努力与组织战略相一致，以保持对特定商业需求的关注。这意味着组织需要在邻近市场中寻求创新机遇，同时在确保方向正确的前提下拓展组织业务。这些组织也必须明确预期从创新中得到的价值。因此，为了不错过预期之外的邻近市场，领先的开放式创新实践就会在战略层面进行全盘扫描。

安利公司一直很关注开放式创新，其从外部源获取的80%～90%创新都基于组织的特定需求。这为公司提供了探索额外创新成果的自由空间，而同时对公司基本战略需求的关注也得到了满足。在实践中寻求新的创新时，安利公司创建了一种技术简介，即对其所寻求的技术或解决方案的详细说明。这些简介包括以下几方面。

- 所需技术的特征。
- 目的或用途。
- 现有的类似技术。
- 在获取潜在创新中需要淘汰的事物。

安利公司将这些技术简介在公司内部及潜在合作伙伴之间进行分享，通过这种方式，公司精确地了解到了组织的需求并从潜在创新中快速筛选。

思科公司的现有技术团队在与其现有业务相近的市场，以及在组织其他尚未投资的业务领域中寻求新的创新。公司关注于这些新的创新能为组织创造的总体价值。然而，组织的扩展营收目标并不小：其现有技术团队的任务是，培育出具备上亿美元收益潜力的新业务。该目标的设定参考了公司的总体营收规模。同时，组织也在寻求为公司基础业务与其他业务提供增长机遇的创新，并期望从中获取相应的价值。

英国电信公司的创新方案主要关注于在公司内部解决需求，强调通过新服务供给重新吸引消费者。公司的核心创新团队与高层领导进行了交流，确认了组织业务部门的相应需求。随后，该团队对可能与公司合作并有利于实现公司需求的企业展开了调查。

2. 合作伙伴应广泛包含不同的内外部组织

最佳实践组织常常与领域广泛的外部创新团队展开合作。区分最佳实践组织与其他组织的一点是，最佳实践组织对来自外部的建议常常持开放态度。

安利公司的开放式创新网络包括其价值链上的各点，例如，制造商、供应商、零售商、消费者，以及其公司内部的业务单元。该网络同样也包含顾问、专家、安利公司的科学顾问委员会，以及政府职员、新创企业，甚至包括其竞争对手。

举例来说，安利公司利用科学顾问委员会识别、定位出符合公司利益的尖端技术。委员会的很多成员来自学术界，他们为安利的OI团队创始工作提供了极大帮助。而安利公司也一直在与国外政府协商创新组织引进的相关事宜。

英国电信公司的战略关注集中在现有技术的许可与利用等方面，而非在技术开发上进行投资。公司杜比语音广播会议服务的创建就是一例。相比在公司内进行技术开发，组织更倾向于对现有技术进行投资并进行直接利用。

英国电信公司使用了内外部资源以开展创新。其员工也被整合进公司所称的自下而上的创新中，该流程包括其"新创意计划"以及"我的客户挑战杯"。公司将用户视作潜在的创新来源，而"温室项目"与"用户展示"也帮助其开发了与用户合作创新的潜能。公司的内部研究项目是创新的新专利来源之一，公司也与学术机构展开了合作研究。此外，英国电信公司还在全球范围寻求外部创新伙伴，以此获取新技术应用的原型与实验。

3. 对组织进行合适的定位以构建并管理关键的关系

本研究中的最佳实践组织对自身进行了相应的定位，以此获取合作型关系并对其进行有效管理。这包括鼓励个人间的互动，而非仅仅依靠电子通信技术与开放式创新合作伙伴进行交流。对于这些企业而言，在关系开发过程中的频繁接触与开放式创新过程中的高技术开发同样重要。

思科公司起源于硅谷，并逐渐在该区域成长起来。该地区的员工在经历组织并购后常常被保留下来，并常常参与到孵化团队中，该团队通过创意开发来拓展业务。这些团队通常规模较小，资源相对有限，以此保持对环境的适应性，但其也拥有大组织的安全感与机密性。

思科公司的文化鼓励了员工间的合作。最高效的公司员工在组织内部构建了一个广泛的联系网络，这让他们能够互相学习、利用最佳的创意，并迅速克服在创意开发上的困难。

公司的搜寻团队也主要在硅谷开展活动，因为这里汇聚了众多的创新企业。然而，他们也在伦敦、以色列、波士顿地区和亚洲搜寻潜在的创新伙伴。与此同时，团队与其他业务团队保持着频繁联系，借此了解了更多业务部门的创新需求，并将潜在的创新伙伴展示给公司员工。

英国电信公司的应用技术中心通过提供快速原型技术与内部用户进行互动。该中心的员工将创意转换为早期阶段的可视化形象或工作原型产品，这样公司业务部门的员工即能够迅速理解潜在用户的经验并获得收益。工作原型同样为明确某种观念的技术可行性提供了参考，并在业务部门中增强了完成该任务的信心。

4. 利用开放式创新成熟度的方法来处理知识产权

在开放式创新方面拥有成熟经验的企业正在意识到，知识产权的所有权问题是存在不同选择的。APQC搜集到的数据表明，组织对知识产权的处理方法反映了组织的经验水平与开放式创新的成熟度。对于最佳实践组织，对知识产权的处理并不会对创新工作产生干扰。对于那些处在技术经常发生变革行业的组织，考虑到技术变革的速率，知识产权就不那么重要了。在这些行业里，进行快速创新的需求大小影响了知识产权的处理方式。

大学在许可协议方面始终保留着较大的弹性，因此有些协议给予了合作伙伴在特定行业（或特定时间段）的排他性权利。

最佳实践组织是如何做的：思科公司对知识产权的处理方式源于其OI努力，并依据其来源的不同而发生改变。当公司希望占有知识产权时，其通常会并购拥有其所需知识产权的企业。对于应用于I-Prize（组织外部的创新挑战项目）中的知识产权，思科公司会与其律师合作，发展完善其处理知识产权的办法。起初公司希望占有全部的知识产权，而现在公司更看重在未来具备许可可能的创意。当处理I-Prize中的技术许可问题时，思科公司并不是永远追求排他性，公司对战略进行了调整，以确保能尽可能快地执行新创意，并提高外部团体提供其创意的主动性。

公司还发现，很多创业家没有所需的资金，因此他们会寻求对自己创意开发感兴趣的企业。避免排他性能够鼓励这些个体人员与思科公司开展合作，从而使双方受益。

当英国电信公司与现有或潜在的伙伴在其温室项目（为期三天的竞争性创新项

目)中工作时,公司会与明确了对温室最为关键的知识产权的参与方签署协议。这些协议指出,在合作期间新开发的知识产权属于英国电信公司,但如果该合作伙伴被雇佣参与该项目,或是获取的创意能改善合作伙伴现有的技术,该协议条款也可以进行调整。

开放式创新角色

5. 构建小型的、集中的专项团队以推动开放式创新

本研究中的最佳实践组织(平均营收中位数是17亿美元)都将其开放式创新团队保持在相对小的规模。最典型的团队规模包含25名或更少的成员,仅有一些大型组织的团队包含了26～50名成员。

保持这类小规模团队的好处之一,是拥有明确的开放式创新所有权,组织因此能够灵活、直接而持续地实施开放式创新战略。尽管开放式创新团队也可能与组织内其他人紧密合作,但当团队负责全部的开放式创新工作时通常收效更好。

在最佳实践组织中,这些团队通常联系着业务部门与潜在的创新源。专项团队的一个附加好处是,其他业务部门也能应用OI团队开发的工具与资源。

最佳实践组织是如何做的:在思科公司的开发组织中,现有技术团队有一个新技术商业孵化项目,这种技术有利于组织进入新市场。该团队同时还与其他联合开发团队共同在新领域探索新技术与新创企业。这一商业孵化项目也为思科公司的内部新创企业提供了顾问、咨询和支持。

安利公司的OI团队位于组织的研发部门。该部门负责创意的孵化和发展,公司对该部门的时间要求相对没有那么严格,允许有更多的弹性空间。该团队则关注于可能为公司带来更大价值的长期项目。

6. 寻求拥有特殊技能与背景的开放式创新团队成员

在组建开放式创新团队时,最佳实践组织会寻找拥有特殊技能的员工。这些团队成员必须对公司非常熟悉,以便更好地开展合作、识别需求以及进行变革,因此他们往往并非组织新招募的人员。这些组织会关注那些有能力与组织中其他人进行合作,并进而能够识别、交流创新需求的传统研发人员。组织也可能寻求有创业思维的个人,利用他们确保创新团队能够保持高效工作,以及能够迅速利用有限的资源。一些最佳实践组织也已经将交易能力视为关键的成功要素,这种能力对于帮助组织与创新伙伴实现双赢非常重要。

最佳实践组织是如何做的:英国电信公司为其集中创业团队成员开发了一系列标准。所有成员必须拥有足够的技术经验,因而能够指导其他员工关于新的技术特征如何转化为商业利益。成员还必须能够与内外部相关人员建立联系。而对于与外部伙伴合作的开放式创新成员,他们必须拥有项目管理技能,包括关系开发技能及其他传统技能。此外,团队成员还要能够帮助组织内部员工参与开放式创新。

在安利,OI团队是组织研发部门的一部分。大多数团队成员都曾长期负责公司的产品开发工作。因此,该团队的成员对组织及其产品开发流程非常熟悉。

当进行解决方案协商时,团队成员被鼓励去考虑对方的需求,而不是一味地保

证实现公司的利益。团队成员能够进行充分的考虑，如果双方达成一致，公司就会签订协议，反之，团队成员则需要重新考虑能够满足双方需求的办法。

思科公司同样要精心挑选加入现有技术团队的新成员。成功加入团队的成员通常具备创业背景，这使得他们能够理解如何开发一项业务。其他的成员则可能拥有战略顾问背景，这使得他们拥有进行战略性思考并利用不同方式处理问题的能力。这些个体成员同样可以影响其他员工，引导他们将精力投入到新创意开发上。

开放式创新流程

7. 整合并调整开放式创新流程与其他相关流程，以确保在关键时刻重要参与者都包含在内

最佳实践组织在组织文化中通常具备与创新相协调的整体系统。这些组织对其创新定义非常清楚，即创新将创意付诸实践并创造出价值。这些组织同时还是成功的创新者，他们尽可能无缝整合多个创新阶段，二者对于新产品或服务的开发以及商业化都是非常必要的。

最佳实践的开放式创新组织完全利用了正式的新创意培育与审核流程，以此将组织的创新流程与执行框架相结合，因此这些创意能够很快进入市场。与此同时，这些组织也倾向于保持严格的项目管理/产品开发阶段管理的流程。单独的阶段管理流程效果并不明显，但它是在当今市场中竞争的必备要素。

当组织完全调整好相关流程来减少周期时长、最小化交换点上的知识损耗，并带动关键参与人参与时，成功就近在咫尺了。远离参与人将迅速导致开放式创新的失败，在相关阶段确保有合适的参与人很重要。

最佳实践组织是如何做的：英国电信公司使用了一种从概念到市场（C2M）的流程，该流程包含四个阶段：构思、提案、商业案例、交付。公司的开放性创意生成阶段包括了从内部与外部创新源中获取创意。当该构思被认为值得发展为一个商业案例时，公司即进入提案阶段。在提案阶段，该构思得到了计算与批准，并可以包含早期用户测试、用户联合开发以及概念验证等工作。这一阶段大概会持续60天。一旦该阶段结束，相关业务部门批准了该构思，即可以进入随后的商业案例开发阶段。在这一阶段，公司会对产品或服务开展不同的测试，这些测试可以是评估产品或服务工作效果的小规模的测试，也可以是评估消费者将如何使用该产品或服务的大规模测试。从部门批准到用户测试，这一阶段大概持续120天。当这一阶段完成以及完整的商业案例得到开发后，负责该技术的业务部门将确认该项目的正式完成。

在交付阶段，英国电信公司会进行任何必要的开发工作，以确保新产品或服务保质投产。这一阶段以对该产品或服务的完全商业化生产而结束。

对于不需要复杂验证过程的创意，英国电信公司同样也构建了一套称为轻型C2M的加速开发流程。创意需要加速开发可能有以下几种原因：公司需要验证该创意是否侵犯了其他公司的知识产权，是否具备进行验证所需的保密性，或者是否与主流结构相协调。公司创造了轻型C2M流程以建立"失败越快，成本越低"的环

境，这类环境能够使得产品市场验证的效率更高。这一流程通过早期市场测试对潜在产品或服务的最小的市场化特征进行测试与验证。最终结果随后被用于创建相应的商业案例。在流程得到加速后，验证阶段能够缩减为60～90天。

在安利公司，有正式的、贯穿全企业的流程对创新进行引导，也能够被应用于不同类型的创新，包括商业模式创新等。这一流程包含四个直接阶段：技术监测、研发探索、产品开发、商业维系。

技术监测阶段包含创意验证，以及早期概念开发。根据安利公司的资料，每年有成千上万的创意进入其创新渠道，但仅仅只有150个左右的创意会进入第二阶段即研发探索阶段。

在第二阶段，安利公司进一步收缩了其投资策略，并为每一个创意提供了一份提案和商业案例。创意的关键点会展示给公司的技术审核委员会，该委员会将最终决定哪些创意能够获得进一步的投资。

每年有20～30个项目能到达公司的商业案例开发阶段，随后它们将通过一个称为从创意到市场（ITM）的正式阶段得到重新界定。在这一阶段，项目管理部门需提交一份项目简介，即各开发团队与公司的营销部门以及市场代表之间的合约。项目简介界定了各创意在领域、成本、开发与投产时间表等方面的信息。每年有10～15个项目走到这一步，其中的90%都会正式进行产品生产。

安利公司创新流程的商业维系阶段从产品投产开始，主要包括对这些产品的持续评估与改善。

安利公司整合流程的重要一点是，在阶段间存在重叠交接期。这种渐进的交接过程能够帮助团队成员确保相关信息得到充分交流，信息的接收团队有时间吸收这些信息并在项目中保持延续性。

至于思科公司的现有技术团队，他们的初步工作通常是通过开放式创新寻求与新业务相关的新创意。在下一阶段，他们将开发出相关的原型和概念验证，以决定公司是否需要对相应创意继续投资，以及是否需要像风投企业那样，进行种子资金投资以创造相应的新业务。在孵化阶段，公司也发现初创企业团队通常缺乏实现上亿美元规模业务所需的专家。

在思科公司的加速阶段之后，现有技术团队既不会把这些新创企业投入另一个主流业务部门，也不会建议它们完全独立。在任何时候，公司技术团队都倾向于保持3～4家新创企业的运转。然而，公司也并不奢望这些新业务获得100%的成功，当一个项目被取消后，该项目的成员即被分派到其他项目中。

8. 积极进行广泛而独特的创意搜寻

在搜寻新创意时，最佳实践组织会关注它们经常需要的特定需求，以及仍在特定领域中的某种更广泛的趋势。在广泛的探索类型中，指定的员工会监视与组织未来相关的领域。这些探索将汇聚起来，提供现有趋势、可能的或现有的威胁、市场里的新玩家甚至并购目标的相关信息。此外，通过人际关系以及利用有助于新合约确认与建立的工具，该流程的效率也得到了提升。

最佳实践组织是如何做的：英国电信公司的外部搜寻团队有一系列公司感兴趣的技

术（特殊的），同时也在寻求公司可以进一步拓展的相关技术（广泛但目标集中的）。团队成员常常与外部企业的代表会面，借此了解对方的商业模式与技术。公司还通过研讨会、会议、网络事件以及投资团队和行业博客的建议发掘潜在的合作伙伴。

公司的搜寻团队从不同的企业获取数据，并对其进行集中的评估与储存。对于被挑选作为潜在合作伙伴的企业，团队会对其制作一页篇幅的描述，这些描述必须每月在公司内传播与展示。该团队同时还保有探讨公司业务线扩展趋势的相关报告。

英国电信公司的管理高层常常向团队提出与新技术相关的特殊需求，团队成员则进行背景研究以理解需要采取的行动，以及该领域的关键企业与发展趋势。此后，团队识别出需求并与不同企业会面，这些企业可能为该需求提供解决方案，团队也与潜在合作企业组成了核心团队并向管理高层进行展示。团队成员可能会调查5～10家企业，而其中只有一家企业将会展示给高层领导。一旦该企业被选定，高层领导就会与团队成员讨论与该企业合作可能造成的影响。

为了获得电子通信行业的最新开发消息，团队对公司的业界同行设立了标准。这些标准使得团队能够追踪北美电子通信组织中的最新开发信息，并将其应用于公司的欧洲市场。

安利公司的开放式创新团队则非常依赖于技术搜索网络，该网络能够搜寻满足安利公司技术需求的潜在外部创新源。久而久之，该团队明显改善了其外部搜索实践，能够过滤掉大部分明显的创新源。

为了识别更广泛的趋势，安利公司的团队会经常参加学术的、技术的或其他的研讨会，并深入公司的其他网络。为了有效完成工作，团队必须深刻理解他们所处的领域，并与该领域最新的科学与技术发展保持同步。这帮助团队明确了哪些创意是可行的，哪些是真正的创新，哪些可以被用来满足公司的需求。

思科公司则对突破式创意进行了广撒网。现有技术团队通过与消费者和其他外部企业进行交流，了解职员与外部团队的情绪，与投资方展开对话，与市场发展保持同步，以此寻求公司所需的创意。

9. 借助经验邀请其他参与者参与开放式创新

最佳实践企业同样会以实时或虚拟的形式，利用经验上和互动式的项目进行开放式创新搜寻。其中，一些项目针对其员工，另一些则结合了内部员工与一些外部人员，这些项目采取了多种形式。

一些最佳实践组织会赞助那些让其员工远离原有惯例的知识共享项目。尽管这些项目不是惯常工作流程的技术部分，但它们帮助解决了对公司战略与优先级相当关键的相关问题。经验上的搜寻项目包括对员工和外部伙伴的为时数天的测试，这些外部对象可能包含供应商和消费者、全球性或地区性的展销会、含有内部参与的供应商峰会、内部技术研讨会以及虚拟的全球性创新竞争对手。一些经验性的搜索项目也通过特定的产品或服务兴趣进行建构，一些项目也会提供奖品。

参与这些项目的员工将此视作帮助公司实现创新与持续开发目标的机会。本研究中的最佳实践组织对这些实践进行了拓展，进而包含了对类似供应商与消费者的项目和测试。测试与项目创造了紧迫性，推动了社交媒体上热点的形成，通过制造乐趣强化了合作方之间的联系，并给予了参与者相应的回报（通常是以奖品、分数或其他形式）。这些项目也能推动组织文化变得更为开放。

随着开放式创新创意生成流程的不断发展和深化，一些最佳实践组织设计了不同的项目，以推动用户和其他合作者开始利用早期原型或是其他的潜在新产品或服务。

思科公司的I-Prize是一项从企业外部寻求好创意的全球创新竞赛。随着公司高层对其的重视，2007年第一届I-Prize竞赛正式展开，第二届时则由公司CEO来宣布胜利者。这项竞赛已经过多年的发展和完善。思科公司正在不同国家进行地区性的测试，这能帮助公司部门提升各自的开放式创新能力。

从上述测试中，思科公司能得到诸多有形或无形的收益。公司发现了很多有意思的创意，这些创意能够与公司的技术相结合，并帮助提升思科公司的外部创新能力。通过分析所有的测试报告，公司了解了不同的趋势与看法。这些测试同时将公司的技术展现给参赛者及媒体，由此创造出了销售机遇。思科公司已经从该竞赛中获取了处理创新挑战的相关专家，也获取了在界定问题、明确挑战、交流沟通、发掘参与者、找到评判员、帮助人们展开协作以及展示自身技术等方面的相关经验。此外，公司也已发现，明确规划好项目各阶段的负责人员也有利于新参赛者的加入，确保项目的清晰透明。

英国电信公司每年保有40～50个温室项目，其中一半由指定人员进行管理。温室项目是一项为期3天的竞争性项目，包含了80～90名来自不同业务部门和外部团队的个人，他们通常对特殊的产品或服务非常感兴趣。在该项目中，参与者被分为跨领域团队，每个团队各有其需要解决的问题。各团队都会拥有解决问题所需的技术、数据和资料。这3天过后，团队将向业务部门的高层领导进行展示，并被评估是否被保留甚至是面向用户。英国电信公司已经开发出了自我运转的温室项目体系，这使得任何业务部门都能够创造自己的温室项目并进行运转。公司的项目成功率在30%～40%。在一个成功的案例中，一件新产品在12个月内成功上市。

开放式创新的测度与改善

10. 寻找令人信服的开放式创新测度

开展开放式创新测度能让组织测量其开放式创新的实际成效。这些测度工具必须符合公司的利益，同时能够吸引组织成员参与。

最佳实践组织是如何做的：英国电信公司使用综合评价卡来对不同创新阶段的措施进行评估。公司很明白，当涉及创新检测时，将短期成功与长期思维进行平衡是一项特殊的挑战。公司使用了一系列与开放式创新相关的指标，具体包括以下几方面。

- 来自新服务的收入。
- 来自公司创新展示合约的收入。
- 由创新活动所带来的新服务、新系统或新技术导致的成本节约。
- 公司员工通过新创意计划产生的创意带来的成本规避。
- 通过创新展示进入公司内部渠道的创意数量。
- 通过了公司C2M流程各阶段，并能在前一年各阶段基础上带来5%循环周期时间改善的创意数量。

在特定时间点或阶段对创意数量进行检测同样非常重要,这推动了个体创新的展开。

安利公司的开放式创新团队也设立了一系列与开放式创新相关的指标,具体包括以下几方面。

- 被监测的创意数量。
- 展示给组织技术审核委员会的技术数量。
- 通过了三个技术准备度等级(一种帮助OI团队确定项目进程和成熟度的措施)的技术数量及其耗费在各阶段的时间。
- 转换为商业案例的数量。
- 转换为产品的数量。
- 安利公司OI团队也发现,搜集、分享成功的故事对开放式创新与组织间的价值交流帮助很大。

思科公司的新兴技术团队则关注于打造新市场,推动创新更快地发展。公司通过严谨的时间表对项目进程进行追踪。根据创新所处的阶段,思科公司采用了很多不同的测度方式。为了避免项目过早失败,针对新创企业的措施也与针对核心团队的测度存在差异。然而,消费者满意度和产品质量仍在各阶段得到了强调。

11. 使用变革管理以推动开放式创新

当没有出现文化上的冲突时,组织很少会进行变革。开放式创新即大部分组织对其研究与开发方式进行的一种变革。为了让员工接受这种变革,希望与外部伙伴合作的组织必须对这些变革细致管理。而要实现这一点,领导必须在组织内进行宣传,并消除人们对实施开放式创新将使他们失业或地位下降的担忧。

最佳实践组织是如何做的:安利公司付出了很大的努力以管理组织内的变革。当公司决定开启开放式创新项目时,OI团队必须想办法让产品开发部门的高层领导、管理人员和科学家主动参与。鉴于公司在新产品生产和开发上的成功,很多成员不理解改变现有流程的原因。为了推动变革,OI团队进行了一次展示,向公司员工展示了开放式创新的收益,并强调了对现有流程进行调整的原因。然而,如果没有高层推动,变革也很难展开。尽管公司的变革几乎是从底层开始的,但其开放式创新团队也必须向领导层进行正式汇报,以确保团队能获得持续的支持和资助。

安利公司在开展开放式创新时遇到了下述文化障碍。

- "口袋否决"——OI团队识别了某项潜在的技术,但无法让营销与产品开发部门来确认他们是否对其感兴趣。
- "我的需求是保密的"——无法让产品开发、营销和其他业务部门就各自需求和所需的技术进行沟通和交流。
- "口袋太深,胳膊太短"——产品开发和营销部门不想资助他们已经表示过需求或兴趣的特殊技术开发工作。
- "漫长的等待"——产品开发和营销部门迟迟难以决定他们是否有兴趣。
- "非本地发明"——有一种假设认为,在企业内部开发技术更为合适,这就在组织成员间制造了一种担忧,认为外部搜索可能带来风险。
- "我没时间"——由于项目过多,产品开发部门无视OI团队的项目技术需求。

尽管安利公司的OI团队没有克服所有的文化抵触,但其中的一些问题已经得到了解决。安利公司通过一项技术规划流程,要求产品开发、营销部门与其他内部利益相关者就需求进行清晰而精确的交流,以此克服了"我的需求是保密的"问题。同时,公司还采取了大量措施来处理"非本地发明"的问题,员工也已经意识到引进外部技术在创造更多内部产品开发工作方面的价值。

思科公司在新市场中寻求创新时经历了很多挑战,其中一些不得不通过改变组织文化来应对。接下来是思科公司相信大型企业在新市场上寻求创新时常会面临的困难,以及公司的应对策略。

- 资金太多。在进行业务孵化时,思科公司创造了一种紧迫感和刻意的初创品质,从而克服了这一难题。当项目处于起步阶段时,公司团队需要飞速思考,也只有拥有充足的资金才能进入下一阶段。
- 时间太充裕。思科公司加快了从原型制造到试行的项目过程,随着市场速度的提升,公司也试着在12~18个月内将创意推向市场。
- 人员太多。思科公司构建了小型团队,他们的行动更快。这些团队担任新创企业的角色。在产品第一次出货前,公司一直将团队规模保持在50人以下。
- 积极性太高。公司的技术新创企业在前18个月内秘密运转,这使得他们能以最快的速度进入市场。当团队准备好后,项目才会真正开始公开,此时销售与服务组织则参与进来。技术团队随后采取必要的措施将新技术在组织内推行。通过延缓新技术进入市场的时间,公司避免了太多内部团队希望参与这项高营收项目的混乱。
- 各自为政。公司鼓励新兴技术团队对高层领导施加影响,并在孵化阶段团结各新创企业。
- 害群之马。公司的新兴技术团队关注于项目孵化,以及团队所能取得的最好成果。这样的关注度能帮助团队避免被孤立,或是避免在组织中被其他人视为害群之马。

12.4 开放式创新促动因素

为了提高搜索到的和生成的高质量创意数量,加快开放式创新的速度,最佳实践组织利用了合适的实践形式、流程与工具。尽管利用这些促动因素本身并不是一种最佳实践,但它却推动了OI的成功。该研究识别出了5种促动因素。

12.4.1 寻求高层领导的积极支持

热情而积极参与的高层领导在开放式创新方案的成功中扮演了关键角色,他们也加速了企业文化向开放与合作的转变。这种支持可以是对开放式创新的重要性的推广,也可以是在实际上参与开放式创新流程。

领导的支持帮助消除了部分障碍，推动了开放式创新的发展。同时，管理人员也得以拥有更多的时间提升创新生产力。新的OI项目通常有一名研发管理者或指导员，负责召集和组织成员参与，并帮助开发内外部网络。

最佳实践组织是如何做的：思科公司发现，高层领导的强力支持提升了创新水平。最高级别领导的支持在全公司范围内提升了创新水平，同时，对于高层领导而言，处理新创意生成的挑战、开展广泛的交流讨论以推动员工参与创新，应是一种常态。

12.4.2　认可内外部人员提供创意的价值

最佳实践组织会奖励及认可创意提供者，奖励与认可包含了多种正式或非正式的形式。这些组织通常使用一种奖励系统，给予创意提供者指导与专业发展，或让他们参与相关的创新项目。

最佳实践组织是如何做的：思科公司对其工程师进行了调查，试图发现推动他们开展创新的因素。两项主要的因素分别是：在创新创意上工作的时间；创新工作可能给他们带来的好处（受到高层领导重视或获得晋升的机会）。因此，组织会为有明显贡献的人提供创新奖励，即包括领导的重视与职务晋升。这一奖励是对开启创新、坚持、技能提升的认可，获奖者也表述了受到的尊重以及被视作创新者的骄傲。

英国电信公司同样拥有多种识别和奖励创意贡献者的方式。公司对在新创意规划中提供原始创意的员工进行经济奖励。此外，公司还会追踪那些带来创意的关键人员，并对他们分别进行奖励。有了这样一份人员名单，公司即会为这些人员设立一名专业指导员。对于已经超越了效率期望的团队，公司也给予他们足够的时间开展创新，这一时间量由团队研究决定。

另外，除了奖励创新职员之外，思科公司同样对来自外部的创新人员进行了奖励，该奖励由思科公司全球创新竞赛提供。公司的竞赛奖励一般是经济上的，但对于有前景的区域性项目，公司已经打算为其提供指导和实物服务等形式的奖励（如提供企业进一步发展的法律与营销支持等）。

12.4.3　将创新组合管理与组织化战略相匹配

对于开放式创新项目，将创新组合管理的层次和类型与组织战略相匹配非常重要。

与组织中的其他项目一样，开放式创新项目也需要得到监管、资源分配及指导。创新组合管理包括对项目、流程及其他与实现战略业务目标相关事物的识别、优先级确认、管理与控制。对于开放式创新而言，将创新组合管理的层次和类型与组织情境相匹配非常重要。

最佳实践组织是如何做的：安利公司设有技术审核委员会，该委员会负责确定项目的优先级并按优先级进行资源分配。项目总结需提交至该委员会，随后委员会决定是否批准相应的资金与资源。委员会成员包括研发部门的中层管理者，以及来自采购和营销部门的代表（在有需要时）。

除此之外，安利公司的OI团队也使用被称为技术水平等级的方法来确定项目进程与成熟度。而创意的评估则是基于其成效/有效性、市场评价、安全性与管理执行性、知识产权/排他性以及商业上的可行性。

对于思科公司的服务组织，其创新投资组合包含自上而下与自下而上两种。在自下而上模式中，注意力更多地集中在员工参与和消费者满意度上，因此这种模式很少在实践中出现。至于自上而下的模式，思科公司的创新目标通过现有的在服务层面的创新组合管理进行评估。

12.4.4　首先关注于开放式创新流程与人员，其次寻求有效工具

最佳实践组织一开始会使用其已有的工具，随后则随着开放式创新的不断成熟而发展出新的工具。最佳实践组织关注OI所涉及的人员以及流程的工作方式，据此确定相应的标准来选择工具。一旦流程与人员角色确定好，组织即能够全力搜寻更多有助于推动其OI实践的工具。

最佳实践组织是如何做的：思科公司首先关注于组织希望实现的目标，其次才是寻找合适的有助于完成这些目标的工具。为了推动创意的捕获、生成和评估工作，公司也利用了一些可获取的商业化工具，如Brightidea（www.brightidea.com）与Spigit（www.spigit.com）。

为推动参与开放式创新，公司将游戏化机制作为应对外部挑战的工具，而最近该工具也已经在内部使用（鉴于Spigit的市场预测能力，公司选择将其作为竞赛平台）。参加竞赛的团队将得到一定的游戏点数作为虚拟货币，并在模拟的市场中进行运作（更多关于虚拟市场的详细信息可参见第4章）。此外，公司也允许参与者选择小部分能够继续开展的创意，随后创意提供者会说服人们对其创意进行投资，这样他们就能进入项目的下一阶段。

安利公司会把资源和项目放在合适的位置，随后利用工具追踪它们。公司的主要工具是微软公司的SharePoint，这一工具也被用来管理与潜在技术相关的其他内容。此外，安利公司还使用了定制的技术数据库。

12.4.5　铭记所学到的经验教训，并用以持续改善开放式创新流程

在最佳实践组织中，为了持续改善OI流程，组织使用知识管理工具来进行信息的储存与利用，但相比之下，组织人员与合作在这点上发挥的作用更大。最佳实践组织利用了内部合作软件与员工会议，并以此作为捕获及分享开放式创新经验和教训的手段。

最佳实践组织是如何做的：安利公司通常会重新评估其项目，以判断项目是否与公司的发展方向一致。其开放式创新团队则利用事后审核来评估哪些OI工作达到了预期效果，哪些没有实现预期目标，以及相应的原因。这些评估也将在监测阶段

得到利用。公司相信，即便项目被迫终止，也一定能够学到经验。此外，项目也可以在特定时间里保持不公开状态，并在随后正式进入市场。

每一次思科公司开展其竞赛项目，公司领导首先提出的问题都会是，相比上一次，此次的项目在哪些方面能做得更好或进行相应的改变。表12.1展示了公司的经验。

表12.1 思科公司解决创新挑战的经验教训

考虑要素	最佳实践	思科公司的建议
目标	■ 明确的目标 ■ 接下来明确定义的行动	■ 为公司各级别的创新与新创意创造内部动力 ■ 让投资方、技术集群和学术社区明确公司的创新项目
竞赛设计	■ 决定：宽泛的vs特定的挑战 ■ 形成关于挑战的完整框架 ■ 为完成目标和促成期望行为制订激励方案 ■ 设计目的是达到预期产出成果	■ 必须明确需要人们贡献什么 ■ 不是所有的激励都需要是经济上的；认可、领导的赏识、职业奖励等都是很好的动力
参与角色与预期行为	■ 促成协作（80%的工作是用来帮助创意开发而不是提交创意） ■ 主持人推动频繁的交流 ■ 提供反馈	■ 确定参与者、主持人、评估人与评判人 ■ 要求参与者进行评论、投票与创意界定，而不只是提交创意 ■ 主持人/赞助商的积极参与
高层领导	■ 积极的领导赞助非常关键 ■ 明确获胜者的资金/资源奖励	■ 高层赞助人通过设置挑战和参与进行评判（或筛选最佳创意）
评估标准	■ 依据活动创意并与其他相关人进行明确的沟通和交流	■ 评估过程要迅速、简洁 ■ 决定由谁、怎样选择获胜的创意
资源	■ 专项项目管理者 ■ 各阶段指定了解评判标准的负责人 ■ 决定为创意开发/界定提供哪些资源与支持	■ 项目预算包括工具、营销与奖励 ■ 提供资源以帮助支持大部分有潜力的创意
营销方案	■ 交流方案 ■ 利用社交媒体推动参与 ■ 在活动完成后分享成功故事	■ 促成创新文化与新的预期行为
知识产权	■ 将法律部门作为参与伙伴之一 ■ 将知识产权工作并在评估流程中	■ 明确合作伙伴与供应方的知识产权
工具	■ 推动协作；联系能提供帮助的人 ■ 构建社会化/游戏化机制 ■ 利用评估与交流过程	■ 工具支持合作，并加速团队创造 ■ 允许病毒式营销

12.5 结论

随着开放式创新的逐渐成熟，开放式创新已不再是简单的对外部创意的筛选，现在的开放式创新是通过大量的工具与技术对外部所获创意进行实验的过程。大多数人都会赞同，真正希望成为行业领先的企业必须将开放式创新纳入考虑范围。然而很多组织也在这一过程中面临了各种挑战。APQC的开放式创新研究展示了组织能够学习和效仿的最佳实践形式。

该研究指出，创意生成流程与其他流程一样，都是知识的辅助部分。它展示了知识的内容，但也仅此而已。开放式创新是关于你希望去做的事，以及随后帮助达成目标所需的工具与技术。因此，我们确信，开放式创新流程确实非常重要，同时也存在我们能够应用的最佳实践形式框架。

开放式创新的实践还将继续发展演变。在帮助组织提升合作流程与效率上，APQC的开放式创新研究即一个里程碑。研究成果并未明确解答什么样的开放式创新适合某一特定组织，但却提供了对开放式创新中创意生成的深刻认识。

参考文献 Open Innovation: Enhancing Idea Generation Through Collaborations, 2013, American Quality and Productivity Center: Houston, TX. Visit www.apqc.org.

作者简介 克里斯托弗·米勒（Christopher Miller）是创新焦点公司的奠基人，也是一名积极致力于推动深入理解创新的引导者与发言人。他在凯斯西储大学获得了心理学博士学位，其博士研究方向是工程师的职业发展。他拥有超过25年的在指导、顾问和跨领域高效团队中进行产品开发、消费者互动以及快速原型制作方面的经验，同时还因其在消费者电子设施、出版和咨询服务等方面的创业努力，获得了安永公司颁布的"年度企业家"称号。

安妮·欧尔班（Anne Orban）是创新焦点公司探索与创新部门的经理。她是一名职业新产品开发师，同时担任公司创意搜索基地、探索与创新、弹弓团队流程以及创新技术关注等方面的流程设计者与指导人。她很善于利用用户沉浸民族志方面的技术来保持团队稳定。她在佐治亚大学获得了戏剧美术硕士学位，并且在天普大学接受了成人训练与组织发展教育。

贝基·帕迪达（Becky Partida）是APQC的一名研究专家。她专注于组织创新、产品开发、供应链管理等方面研究成果的写作与传播工作。她在美国西北大学获得了硕士学位。

安德里亚·斯特劳德（Andrea Stroud）是APQC的一名研究项目经理。她关注于创新、产品开发、供应链管理障碍与最佳实践形式的探索与分享。她在波士顿大学获得了技术通信硕士学位。

佩奇·莱维特（Paige Leavitt）是一名独立作家与编辑，具备教育与商业出版、公司交流等方面的经验。她在加利福尼亚州立大学获得了硕士学位，同时也完成了得克萨斯大学、纽约大学和牛津大学的相关课程。她撰写、合著或代写了16部作品，包括《处理学校问题与领导在知识管理中的角色》一书（APQC）。当没有进行写作工作时，她会参与Annotary.com等网站的研究项目。